NF文庫
ノンフィクション

ナポレオンの戦争

歴史を変えた「軍事の天才」の戦い

松村 劭

潮書房光人新社

はじめに

第二次世界大戦後、学校教育の場においては、英雄・名将、豪傑などについて学生や生徒に紹介することは、GHQの指導もあって、徹底的に否定された。まして、優れた軍人の生涯を教えることは、「軍国主義の復活」を招くとして、日本のほとんどの知識人、マスメディアや教育界から疎外された。

そして、歴史の勉強は、「多数の人間活動の潮流」として捉えることが基本なのだという風潮が教育界のみならず、歴史学界の主流になった。

しかし、歴史を研究すればするほど、一人の偉大なキーパーソンが巨大な足跡を残し、歴史の流れの方向をリードしていると感ずる事例の多いことは否めない。

歴史は〝潮流〟ではなく、〝気象現象〟と例えた方が理解しやすい場合が多いのだ。気象現象のように「現状維持派」という気団と「現状打破派」という気団がせめぎ合う。そこに不連続線が発生し、台風や竜巻が生まれる。その台風に相当する人々が英雄や名将たち、キーパーソンであると考えた方が歴史を理解しやすくする。

歴史に、ｉｆは無いにしても、歴史の研究手法には「もし（What if?）」がある。〝もし、歴史のあるターニング・ポイントに一人のキーパーソンがいなければ――〟と仮説を立ててみると、歴史的事象の意義が明瞭になるときがあるのだ。

歴史上の英雄、名将たちで、数多くの戦闘、会戦を直接指揮した人は大勢いる。戦闘、会戦の数え方をどのように規定するかは難しいが、定説によれば、もっとも多く戦ったのはナポレオンであると言われている。その彼は、

「Man, not men, is the most important Consideration」

とセント・ヘレナ島で語ったと、ある英人記者が伝えている（１８３１年）。その彼が世界史の中でどんな台風であったのかを知ることは無駄ではないだろう。彼も完全な人間ではないが、学ぶものは多いはずだ。

人類の歴史は、戦争の歴史を軸に動いてきたといわれている。そうであればナポレオンを知ろうと思えば、最初に彼の戦史を知らなければならない。事実、彼は戦争を基軸に生涯を過ごした。彼は司法・行政、社会システムでも多くの事跡を残したが、

52年間の生涯の大部分は戦場で過ごした。52年間のうち、士官学校を卒業して砲兵少尉に任官してからセント・ヘレナ島に流刑されるまでの年月は30年、そのうちパリに生活していたのは、合計10年未満で、約20年は戦場往来の生活であった。

さて、わが国でナポレオン戦史が紹介されたのは明治維新の早い時期である。そのあと数冊のナポレオン戦史が史家や軍人によって書かれている。

しかし、残念ながら、文章の表記が文語体であることのみならず、今日ほとんど理解できないような漢字表記による地名や人名が使われている。そしてさらに残念なことには、戦後にナポレオン戦史を正面から取り組んだ本を寡聞にして知らない。外国人が書いたナポレオン関係書の翻訳されたものは出版されているが、焦点は戦史にはない。また戦史を扱ったものが出版されていても解釈論が多い。

そこで、できるだけ解釈を交えず、客観的に時間を追って彼の戦史を書いてみようと思ったのが本書執筆の動機である。したがって、ナポレオンの戦闘を落ちなく調べたものとしては戦後において本書が最初のものだろう。

時間軸を厳密に守るように努力したので、戦場が各地に飛ぶことになるから読みづらいかもしれないが、各地の戦闘の相互関係を理解するために了解していただきたい。

ナポレオンの戦争——目次

第2章 フランス革命戦争から欧州の戦争へ——58

図版作成／佐藤輝宣

ナポレオンの戦争

歴史を変えた「軍事の天才」の戦い

第1章　時代の軍事的背景

軍事の傾向

歴史上、「ナポレオンの時代」として区分されるのは19世紀前半である。この時代区分において、軍事史における三大分水嶺の二つ目を越えた。ナポレオンが実証した軍事発展の方向と刺激によって、火薬をベースとする兵器の運用が理論と実際の合致点に到達した。

すなわち火薬が戦場に出現して以来、兵器と戦闘ドクトリンと戦術が歴史の経験則に相似して合体したのだ。

銃剣付きフリントロック・マスケット銃と滑腔カノン砲はほとんど完成の域に達し

ていた。数世紀の試行錯誤の結果、指揮官は歩兵、騎兵と装備を組み合わせて、最小限のコストで最大の成果を挙げることができるようになった。このような軍事史上の変革現象は過去の13世紀にモンゴル軍とイングランド軍の戦闘システムにみることができる。

13世紀のこのような二つの戦闘システムが頂点に達したときに、火薬が戦場に出現して、それらのシステムを陳腐化しはじめさせたと同じように、19世紀の陸戦においてフランスと英国が到達し、海戦において英国が到達した戦闘システムの頂点は、産業革命によって短い花の命のように陳腐化しはじめた。（同様に、興味深いことであるが、20世紀において産業革命がもたらした戦闘システムが頂点に到達したとき、核兵器が出現して、変革を求められた）

兵器と戦闘ドクトリンと戦術の結合のあり方は19世紀前半に理論化された。しかし、それを実行したのは天才ナポレオン・ボナパルトである。ナポレオンのように、軍事史の時代区分に個人の名前を残すような名将はいない。彼の時代とその次の世紀には、彼の軍事業績と戦いに対する考え方が軍事行動の良否の物差しになった。

ナポレオンほどの影響こそ残さなかったが、同時代では、ホレイシオ・ネルソン (Horatio Nelson) が海戦のあり方の思考と実行のモデルになった。

このような実績でナポレオンは歴史上の名将であるアレキサンダー大王、ハンニバル、ジンギス・カーンと常に比較される。

19世紀には、このナポレオン、ネルソンの二人は別格として、ほかにも優れた軍人たちが輩出した。第一に挙げられるのは、ウェリントン公のアーサー・ウェルズリー（Arthur Wellesley）であり、彼に続いてジョン・ムーア（John Moore）卿、プロイセンの将軍ゲープハルト・L・フォン・ブリュッヘル（Gebhard L. von Blücher）、ヴァースタット（Wahlstadt）公爵、オーストリアのカール（Karl）大公、フランスのルイ・ニコラス・ダヴォー（Louis Nicolas Davout）元帥であろう。

ナポレオン・ボナパルト。近衛猟騎兵大佐の制服を着用（Delpech 画）

ナポレオンを取り巻く元帥の中でダヴォーに続く優れた将軍はニコラ・ジャン・ド・デュ・スルト（Nicolas Jean de Dieu Soult）とアンドレ・マッセナ（Andre Masséna）であった。

三名のアメリカ人を彼らのあとに続くものとして列挙してもよいだろう。それは、アンドリュー・ジャクソン（Andrew Jackson）、ウィンフィールド・スコット（Winfield Scott）、ザカリー・テーラー（Zachary Taylor）である。

産業革命は、この18世紀前期の、戦場と軍隊統率には大きな影響をもたらさなかったが、世紀の後半には大きい影響を及ぼした。しかし、それは産業と農業への衝撃だけではなく、フランス革命戦争に端を発して、国民が政府意思決定に参画するという「戦争の民衆化」と組み合わさって大きい力となることを示した。このような現象はこれまでの歴史の中では、7世紀のイスラム勢力の爆発によってモスレム軍が宗教的熱情に駆られて「ジハード」を戦って以来のことで、装備、補給も大軍の支援に応ずる動員ができたのであった。そしてナポレオンによる刺激とあいまって、産業革命は軍事理論の開発を推進し、この時代において近代的な職業軍人を生むことになった。

兵器

兵器産業にも大きい飛躍があった。1810年にフリードリッヒ・クルップ（Friedrich Krupp）は小さなプロシャ鍛造工場を作った。それはやがて息子アルフレット（Alfred）の代を経て巨大な鉄鋼産業帝国として花開くことになる。

アメリカでは、ロバート・P・パロット（Robert P. Parrott）、ジョン・A・ダールグレン（John A. Dahlgren）、トーマス・J・ロッドマン（Thomas J. Rodman）、英国では、ウイリアム・G・A・ストロング（William G. A. Strong）、ジョゼフ・ホイットワース（Joseph Whitworth）、フランスでは、アンリ・ジョゼフ・パイジャン（Henri Joseph Paixhans）、サルディニアでは、ジョヴァンニ・キャヴァリ（Giovanni Cavalli）たちが兵器廠や鋳造工場でカノン砲の製造に技術開発を推進して、大砲科学の革命を行なった。

小火器では、雷管がフリントロックに取って代わった。そして1835年に回転式弾倉を可能にした。1849年、フランス軍人ミニエは先端が円錐形の銃弾を開発し、そして銃口からの装塡方式を改善して射距離と命中精度を著しく向上させた。こうしてマスケット銃は歩兵の主装備の座を明け渡すことになったはずであった。

しかし現実には、陸戦でも海戦でもこのような発明は19世紀前半には何の影響も現わさなかった。なぜならこのような開発は現役の武器・弾薬として姿を見せなかったからである。ただ一つだけ例外がある。それはロケットだった。それは風変わりな花火のような殺傷兵器として数世紀前から存在していた。それに世間の注目を集めさせたのは英国兵器廠のウイリアム・コングリーヴ卿（Sir William Congreve）であった。彼の努力のお蔭で、米国でも欧州でもフリントロック小銃と大砲の間を埋める中間距離の火力手段として、製造の簡便性と経済性の比較の上で魅力的であるとされたが、何と言っても、本質的に命中精度が悪いことと、最大射程が１３００メートルそこそこに限られることのためにお蔵入りになってしまった。

戦術

（1）ナポレオンの作戦概念

18世紀の終わりまでに、欧州における戦闘は投入兵力がしだいに大きくなり、横隊の戦闘陣形を組んで互いに包囲しようとする定型的な戦術で戦われるようになった。格別な兵器の開発も、軍隊の編制の開発もなかった。もちろん兵器と戦闘ドクトリンの研究は行なわれたが……。

小銃の改善が続き、歩兵が軍の主兵となった。小銃の機構の改良と戦闘射撃法の改善によって小銃の発射速度がしだいに向上した。腔旋銃（ライフル）も実用化されたが、戦闘部隊の一部に組み込まれるだけであった。

騎兵の主兵器はサーベルであったが、一部は騎兵銃（カービン）を装備した。砲兵は性能一杯の支援を行なうようになった。しかし大砲は攻撃において機動部隊の先頭に膚接するような近接した支援を行なうには、精度、発射速度、弾道の安定性がえられなかった。

ナポレオンは、このような戦術の傾向を大々的に改革しようとはしなかった。その代り、このような戦術を基礎にして革命的な戦略概念を開発した。まさに「技が確立して術が定まり、その術を駆使して策に革命を起した」のである。

ナポレオンは、戦闘に先立って戦略的機動によって態勢の優越を獲得し、敵部隊を撃滅する会戦の戦略を模索したのだ。あえてナポレオンの作戦概念を名付ければ「会戦戦略」といえる。

彼の会戦計画は、有力な一部で敵を正面に拘束し、主力をもって側背から包囲攻撃するか、その逆に、有力な一部をもって敵の側背から攻撃して敵主力を拘束し、主力をもって正面突破するものが常套策であった。主攻に対しては砲兵の主火力を指向して支援した。

有力な一部の攻撃に対し、敵が主力をもって対応するように仕向ける。ここが知恵の出しどころであるが、そのためには、「偽騙」と「機動力の発揮」を駆使した。

それにしても有力な一部と主力が「同時に」敵に襲い掛かることは、難しい工夫が必要であった。敵の弱点に対し、主力をもって攻撃することは、机上の空論としては、言うはやすいが、現実には、そんな間抜けな敵はいない。したがって、敵の弱点、または苦痛とするところに有力な部隊をもって「主力による攻撃と見せかけて」攻撃し、それに対する敵の対応の結果として生ずる敵の新たな弱点に対して主力が攻撃できるように仕組んだのだ。言ってみれば、敵の次の一手を読んだ戦略である。いずれにしても戦場に向かう機動も戦場における機動も「速度」が不可欠の要素であった。第一線師団の翼側は、軍団の騎兵によって、さらには軍主力の騎兵予備によって防護した。ナポレオンは戦場において敵部隊を徹底的に撃破しないかぎり、敵国の戦略的要地や政治上の要地を占領しなかった。

地域の占領は、非戦闘員の組織の仕事であった。彼は、

「軍隊の使命は敵部隊の撃滅と戦意の破砕である」

という原則を厳格に守った。

(2) 歩兵戦術

(a) 軽歩兵

軽歩兵は18世紀の欧州に甦った。軽歩兵という概念は真新しいものではなく、古代

ギリシャ時代から歴史の終始を通じて存在していたが、主役の座に帰り咲いたのは久しぶりであった。ただ軽歩兵の役割は、不正規軍としての地位に甘んじていたのが大部分の歴史であった。すなわち、弓兵、投石兵、投槍兵などで、戦闘の幕を切って落とす仕事を果たしたあとは、両側に移動し、主力の決戦には参加しなかった。

火薬が出現して、彼らは小銃を装備するようになったが、主力の戦闘陣形に組み込まれなかった。彼らは規律が悪いとみなされたのである。

18世紀の戦術は、正規歩兵に柔軟性を求めず、厳格に直線形の戦闘陣形を組むことを要求した。18世紀の長い期間、このような正規歩兵が陣形を整えるときが脆弱で敵の襲撃に対して遮掩幕を必要とした。

また、軍を支援する補給所や輸送段列も防護を必要としたが、正規歩兵には不向きな任務であった。これは重要な経験則である。このような防護は、定型化しない不規則な行動が最適なのである。結果的にわが方の補給幹線を防護し、襲撃、捕虜の獲得、敵の背後連絡線を脅かすには、不規則に行動する軽歩兵がきわめて有効であった。

こうして軽歩兵は18世紀中ごろに欧州各国に採用された。そしてすぐに小銃の組射撃で本隊の翼側を援護する任務や主力の前方において遮掩幕を構成する任務が加わった。

欧州において最初に軽歩兵が大規模に甦ったのは、オーストリア継承戦争（1740〜1748）であった。1740年、マリア・テレジア女帝はフリードリヒ大王のみならず同盟したフランス、バイエルン軍から圧迫され、問題を処理するために野性的なクロアチア兵や残忍きわまりない国境守備隊のクロアチア兵（パンドール・pandour）を急募した。

彼らの働きは目覚しかった。これに衝撃を受けた欧州諸国は軽歩兵を採用しはじめたのである。パンドールに対抗するために、プロイセンは軽騎兵と不正規の〝自由〟軽歩兵大隊を採用した。「毒には、毒を」の原則である。

フランスは、通常〝レジョン（legion）〟と呼ばれる数個の独立軽連隊を編制した。英国は軽装備部隊を編制しなかったが、1750年代にアメリカ大陸で勤務していた歩兵大隊が臨時の軽歩兵部隊を編成した。

このような部隊は、不正規部隊、国境警備隊、自由大隊または軍団、によって性格を異にし、さらに厳しい訓練を与えれば、支作戦部隊、前衛、襲撃部隊、強襲部隊として運用することができた。このような運用の中で国境警備／守備隊に不正規部隊が有益であったことは注目すべきであろう。

1770年からあと、軽（歩兵）中隊と擲弾兵中隊（手榴弾を投げて突撃の先導する兵士）は欧州において大隊の中に正規の編制として組み込まれるようになったが、これらの中隊はアメリカ独立戦争における苦い経験から戦闘陣形の一部とするのではなく、独立的に運用された。これらの部隊は正規軍の中で急速にエリート部隊として成長した。ときには、翼側中隊と呼ばれ、しばしば特別任務に運用された。

しかし、それでも軽歩兵は軍の主兵とはならなかった。プロイセンでは、フリードリヒ大王は、集団の集中射撃に信頼をおき、軍需資源の大部分を発射速度の向上に費やした。プロイセンは多くのフュージリア（火打石銃）部隊を編制したが、彼らは横隊陣形の中に組み込んで運用された。オーストリアも国境守備隊にこのような部隊を陣形の中に入れて運用した。

英陸軍でも同じような傾向に走ったが、突然、保守派からの鋭い抵抗があって18世紀末には、軽歩兵を陣形に組み込むことをあきらめた。

このような後ろ向きの改革の風潮に対して違った動きを見せたのはフランスだった。フランス革命のまえからフランス軍では横隊陣形で突撃するよりは、縦深の陣形で突撃するのがよいと広く認められていた。

たとえば小銃の挿弾に必要な時間を3分とし、第1列が射撃したあと後尾に下がり第2列が5歩前進して第1線に出て5秒間で照準・射撃するとすれば、毎分6斉射をつづけるには、18列の縦深が必要である。1斉射ごとに毎分約30歩（歩幅0・9メートル）で攻撃前進とすれば、時速約1・6キロとなる。これは当時としては大変な突破速度であった。

問題は、攻撃前進を支援するためにどれほどの火力量で支援すべきかであって、それを横隊陣形からの射撃に期待するのか、横陣と自由に行動する軽歩兵の両者に期待するのか、すべて軽歩兵（陣形を組まない散兵群）に期待するのかであった。

各級指揮官も状況も、戦闘ドクトリンとして密集の縦隊と散兵群の組み合わせを最終的に採用することになった。フランス革命のときの歩兵もナポレオン戦争のときの歩兵もこの戦闘ドクトリンに落ち着いた。散兵群が敵軍を拘束したので、突撃する密集した縦隊は、さほど敵火に曝されることはなかった。

第1次対仏同盟戦争（1792〜1798）で散兵戦術・戦闘ドクトリンは、全フランス軍の常識になった。そして1793年までに全フランス歩兵大隊は軽歩兵になった。これから後、フランスの歩兵部隊といえば「軽歩兵部隊」を意味すると理解されたい。そして歩兵大隊が戦闘に参加するときは自動的に散兵式に展開した。このような歩兵戦術はしばしば〝群れ戦術（Horde tactics）〟と呼ばれた。しかし、1795年、適切に統制された突撃縦隊の戦闘ドクトリンが開発され、散兵戦術は突撃縦隊の前方や側方において突撃縦隊を援護し、敵陣をかく乱するのに使われるようになった。

フランス軍のこのような傾向から、やがて軽歩兵が特別な部隊ではなくなり、それまで戦闘陣形を組んで戦うのが一般歩兵と言う概念が消え、歩兵はいっそう柔軟で広く応用性のある部隊に変質していった。

しかしその結果、軽歩兵が一般歩兵として溶け込んで消滅したわけではなく、偵察、警戒、襲撃などの特殊任務に最適の部隊として19世紀半ばまで生き残ることになった。

フランス革命の政治的影響を受けて、新しい軽歩兵戦闘ドクトリンは画期的に広まった。フランス革命陸軍と英陸軍は18世紀の硬直した戦闘ドクトリンを捨てた。

軽歩兵（多目的歩兵）は、小グループで比較的自由に行動できる統制で戦うことになり、各級指揮官の強制力の必要性は少なくなった。このことは、軍隊における統制と規律の役割を連隊意識、士気、愛国心に譲ることでもあった。このことは、理屈ではなく、高い士気や第六感、あるいは勘などが相対的に規律の代役をすることであり、場合によっては、規律の維持と反する行動の動機にもなることを示している。

ライフル（腔旋銃）の導入は軽歩兵の戦闘要領に変化を与えた。散開隊形の軽歩兵は正確な射撃を行ない、敵火による損害を少なくした。しかし、ライフルは高価で挿弾に多くの時間がかかった。結局、19世紀にこの問題が解決されるまでは、特定の兵士にしか装備されなかった。

（b）フランス歩兵の突撃縦隊

フランス革命戦争におけるフランス歩兵戦闘ドクトリンとして〝突撃縦隊〟は18世紀中ごろ、戦闘経験からサックス（Saxe）元帥によって部分的に導入された。それは訓練不十分な義勇兵の群れを効果的に運用するために始められた。

起源がそうであってもフランスの陸相カルノー（Carnot）によって積極的に活用され、ナポレオンによって完成された。それはスペイン方陣を改良したものではない。それは大隊を単位とする横隊の陣形を縦深に配置したもので、必要に応じ、すぐに横隊陣形に展開して戦闘できるものであった。こうして物理的にも心理的にも攻撃の重心（主攻）を形成した。この突撃縦隊の価値は、その柔軟性と多様性にあった。こうして指揮官は、大部隊の統制が容易になり、迅速に部隊を運用できるようになった。突撃縦隊は山地の戦闘にも適用でき、いつでも必要に応じて違った戦闘陣形に転換できた。特に、行進縦隊から戦闘（突撃）縦隊への展開がきわめて容易で、行進縦隊から18世紀の横隊陣形を整えるよりもはるかに短時間で戦闘準備を完了した。

散兵部隊は、簡単な信号命令で突撃縦隊の両側を防護するために展開した。それは2列または3列の射撃線を構成した。以前のように硬直した横隊陣形の両側に密接に並んで防護する必要性は少なくなり、戦術態勢はそれだけダイナミックになった。

突撃縦隊は二つの主機能を有している。第1は、密集した部隊を迅速に敵に接近させることである。この近接の準備は、主として砲兵火力の適切な支援と、巧妙な散兵部隊の活躍にかかっている。突撃縦隊の損害は突撃行為よりも火力の不足によるものであった。

突撃縦隊の第2の機能は、突撃することよりも戦場における支撓点を形成できることである。それは縦隊から散兵部隊を射撃戦に出撃させ、また、散兵部隊を配置しておいて交替させ、さらに突撃縦隊自体が予備の機能を果たすことである。もし、散兵部隊が強力な抵抗に遭遇すれば、突撃縦隊が横隊に展開して射撃戦を展開することになる。そしてひとたび敵陣が動揺を見せれば、たちどころに攻撃前進に移行するか、本来の突撃縦隊の陣形で進撃できた。

(C)　英軍方式

このようなフランス軍の改革に対して最も効果的に対抗したのは英国の軽歩兵の運

用方式であった。横陣と密接に連携した散兵の統制射撃方式である。ジョン・ムーア(John Moore)卿とアーサー・ウェルズレー(Arthur Wellesley)卿(のちのウェリントン公爵)の指導のもとに、丘の稜線を利用して2列横隊を一対として展開し、相互に援護しつつ射撃する方式である。英散兵(軽歩兵)は、ライフルを装備し、各個兵士ごとに、あるいは小グループごとに運用することができた。それが多用途歩兵の始まりとなった。

もう一つのタイプの軽歩兵用マスケット銃は、特別の目的のために設計され、弾丸が軽量で〝ブラウン・ベス〟銃よりいくぶんか精度が良かったが、銃身は短かった。ブラウン・ベス装備の横隊陣形は、大陸のマスケット銃横隊陣よりも優れていると考えられていた。銃剣は長く、断面が三角形であったが、銃に装着すると照準視野を制限した。

軍曹は、マスケット銃を持たず、サーベルか、短槍・鉾槍などを持ち、指揮信号や集合場所の指示に使用した。

フランス軍の突撃縦隊が成功していたにもかかわらず、英軍では、この一対の2列横隊を数段重ねる横隊陣形を維持した。なぜなら、正面に対する火力量が大きいからである。ウェリントンが成功したのは、この戦闘ドクトリンを活用した彼の戦術にあった。

彼はナポレオンの戦術に勝るために三つの工夫をした。一つは、戦闘開始まで彼の歩兵陣を砲撃にさらさないこと。二つ目は、敵の散兵の妨害から歩兵陣を守ること。三つ目は、翼側を防護することであった。すなわち、第1のためには、どんなときでも丘の味方側斜面に歩兵を展開することに努めた。第2のためには、英散兵を使用した。そして第3のためには、地形障害に翼側を依託するとともに、相対的に弱体であった英騎兵を翼の防護に使用した。

英軍は慢性的に騎兵兵力量に不足していた。そこでウェリントンはフランス騎兵からの攻撃に対する防御に多大の考慮を払った。英歩兵の堅固な陣形の保持と正確な射撃で何とかフランス騎兵の襲撃を撃退することができた。イベリア半島では、英歩兵がフランス騎兵に対して攻撃前進し戦場から撃退したことがあった。また方陣を組んだ英国軽歩兵師団は4個フランス騎兵旅団の襲撃に曝されながら、5つの方陣でわずか35名の損害で整斉と3・2キロを退却して不敗の栄光を記録した。

(3) 騎兵戦術

騎兵はサーベルと長槍装備で「衝撃行動」部隊としてこの世紀前半は生き残った。

かなりの頑丈な鎧を着用した〝重騎兵〟と敏捷性で衝撃行動と擾乱攻撃を機能とする〝軽騎兵〟である。

ナポレオンは騎兵が牽引する砲兵を敵騎兵・歩兵部隊に対し大量に集中運用し効果的に奇襲した。騎兵による襲撃は敵歩兵陣が砲兵射撃か、フランス歩兵の突撃縦隊の攻撃によって萎縮しているか、瓦解寸前の状態にあるときに行なわれた。そして特に敵軍が退却しているときには効果的であった。

しかし、敵の歩兵陣が方陣を組んでいるときには成功がおぼつかなかった。優れた指揮官に指揮され、衝撃力を発揮できるように運用されたときのフランス騎兵は欧州随一の威力を持っていた。特に騎兵の襲撃が電撃的に行なわれたときは最小限の損害で戦果を最大限に拡張した。これがナポレオン騎兵である。そして彼は騎兵を偵察や警戒・援護に巧妙に運用した。

ナポレオン戦争の初期段階では、フランス騎兵は抜群の能力を保持していた。しかし、年とともにしだいに損害が増えるようになった。ナポレオンはフランス騎兵の優越性をいつまでも保持できないことを認識していた。ナポレオンの敵も、騎兵の編制と訓練を改善するとともにフランス騎兵の編制、戦術、戦闘ドクトリンを真似たのである。

たとえばイベリア半島の戦争では、英騎兵はほとんど役立たずであったが、ワーテルローの会戦では、英騎兵がフランス騎兵の襲撃を撃退した。

（4）砲兵戦術

フランス革命軍はグリボーヴァル（Gribeauval）の野砲システムの伝統を受け継いでいた。この砲兵システムの最大の特色は、砲身を短くして軽くし、砲車の重量を減らして機動力を増していることであった。砲車の車軸を鉄とし、大きい車輪をつけていた。射撃精度は弾丸の製法を改良することによって維持した。規格化された薬莢で発射速度を向上させていた。砲車を牽引する曳き馬は2列に配置した。6頭立ては12ポンド砲に、4頭立ては8ポンド、4ポンド砲と6インチ榴弾砲に使用された。

ナポレオンは砲兵の機動力を最大限に活用し、彼の戦闘の切り札とした。彼はグランデ・バッテリー（Grande batterie）と呼ぶ砲兵の集中運用で敵陣を細断してフランス歩兵の攻撃前進を容易にしたのであった。

ウェリントンは砲兵を歩兵陣の前方に分散配置して歩兵陣を援護した。彼は砲兵を攻勢防御（Defensive-Offensive）戦術の道具としていた。

軍事編制

(1) 近代師団と軍団の起源

恒久的な大部隊の戦術・管理組織としての歩兵師団は18世紀のフランスで姿を現わした。1759年、デューク・ド・ブロイ(Duc de Broglie)が歩兵と砲兵を組み合わせて恒久的な師団編制をフランス軍に持ち込んだ。

1794年、フランス革命軍の陸相カルノーは、騎兵、歩兵、砲兵3兵科を組み合わせた師団編制を定め、独立戦闘能力を付与した。1796年までに師団編制はナポレオンによって全フランス軍に普及した。ナポレオンは彼の機動戦、運動戦にその能力を最大限に活用した。将兵は迅速な機動の訓練を受け、兵站支援は機動戦に適用できるように改善された。戦場における機動は砲兵の火力支援によって高められた。

軍の規模が20万のレベルになったとき、軍の管理の便宜性を図るために師団のグループ化が必要になった。それは1800年にモロー(Moreau)がライン河正面軍の11個師団を4個グループに仕分けたのが最初になった。ナポレオンは1804年にこのグループを恒久的な編制「軍団（Corps）」とし、それまで師団を運用していたように軍団を運用するようになった。歩兵と砲兵で組織される師団は戦闘における機動部隊としての「基本任務（使命）」を持って残った。軍団には騎兵が組み込まれ、軍団全体の偵察・警戒を「使命」とすることになった。また、騎兵師団、騎兵軍団も編制された。

ナポレオンの歩兵師団は、2～3個旅団と1個砲兵旅団から成り、各歩兵旅団は2個歩兵連隊、砲兵旅団は2個砲兵大隊（Batteries）で、各砲兵大隊はカノン砲4門、榴弾砲2門であった。

（2）英軍の編制

英陸軍が師団編制を採用したのは1807年から後である。それまでは、旅団編制であった。また、イベリア半島で戦っていたウェリントン軍が師団編制を採り入れたのは1809年である。その大きな理由は英陸軍は志願制であったので、全体兵力がフランス軍よりはるかに小規模であったからである。その代わり志願兵は十分に訓練できるので、個々の兵士の練度はフランス軍より優れていた。

〝ナポレオンの潰瘍〟と言われたイベリア会戦（1807～1814）の初めの頃、

英ウェリントン軍は8個旅団を保有していた。各旅団は2~3個大隊であった。やがて兵力が増強されて7個師団に再編された。そのうち、軽歩兵師団1個と騎兵師団1個が独立的に編成された。各師団の中身は少しずつ違っていたが、原則として2個英旅団と1個ポルトガル旅団で各旅団は3個大隊編成であった。師団兵力は約6000である。騎兵師団は3個旅団で各旅団は2個連隊である。

軽歩兵師団は、英派遣軍の全般的な前衛として、主力から遠く離れて運用された。ウェリントン遠征軍のもっとも特色のある編制は、各旅団に大隊と並列して1個ライフル中隊を組み込んだことである。この結果、ともすれば硬直しがちな旅団の運用が、きわめて柔軟になった。この中隊が旅団相互の粘着材になったり、間隙を埋めたり、遮掩幕となったりした。この編制の伝統は今日の英軍に残っている。

(3) 兵站支援

ナポレオンは兵站支援システム改善の名人であった。作戦開始に先立って計画されるその兵站計画は、補給処と交付所の作戦配置および補給所要の見積りがきわめて優れていた。ナポレオン軍は野外に機動するときでも宿泊は街や村落をしばしば利用し、住民たちに糧食の提供を求めた。しかし、兵士と兵站段列(補給・整備・後送などの移動部隊）は四日分の非常用糧食を携行していた。そして主補給基地（base）、中間補給基地はもちろん、作戦部隊に随伴する前方段列にも所要の補給品を準備し、常続的に追送していた。

このような深慮遠謀のもとにナポレオン軍は、驚くほど迅速に機動した。最も代表的なものは、1805年、フランス北部海岸から西部ヨーロッパを横断してウルム、ウィーン、アウステルリッツに至る約800キロの戦略的機動であった。約20万の兵力が1日平均20～25キロの機動を5週間続けたのだ。この時代では驚異的な機動速度である。これはこの800キロに限って言えば、ジンギス・カーン軍の機動速度に匹敵する。

この兵站支援システムは1812年のロシア会戦まで十分に機能した。ロシア会戦は、ロシアの道路事情が最悪であったこと、ゲリラが活動したこと、ロシアの町や村落が貧困であったことに加えて、退却するロシア軍によって生活物資が収奪されていたことで機能しなかった。輸送用の四輪荷車が通過可能な道路網がなかったのだ。

軍事理論と戦略

（1）ナポレオン

ジンギス・カーン以来、久しぶりに論理的で明白な戦争遂行の新しい概念がイタリアとエジプト戦線におけるナポレオンの作戦で提示された。その概念は19世紀前半を支配した。

ナポレオンの相手はできるかぎりナポレオンのシステムを真似たが、彼等は、ナポレオンが戦争遂行について心の奥深くに持っていた革命的な戦争に対する考え方を理解してはいなかった。

同盟軍がフランス軍より兵力優勢であった1814年のときでさえ、ウェリントンかブリュッヘルのいずれか（多分ブリュッヘル）が、

「ナポレオンが戦場に出てくれば、4万の兵力と同等の戦力的価値がある」

と言わしめたように、同盟軍はナポレオンを畏敬し恐れた。ナポレオンは彼の考えをまとめて書き残さなかったが、彼が言い残した戦略と戦術に関する115の格言は「ナポレオンの金言」としてまとめられている。

この金言全体としては、不均衡な体裁をなしていて、あるものは金言とはいえ、当たり前のことを述べているものも含まれている。また、その当時としてはきわめて有

益な格言ではあるが、今日では当たり前のことになっているものもある。したがってこの「金言集」を読むときには、当時の状況の解説が必要で、金言の背景とあわせてみれば、永遠の価値を理解することができる。

しかし、ナポレオンの戦争遂行の方法とその背景にある哲学は、ナポレオンの実績から演繹的に推論できる。ナポレオンの敵も味方もナポレオンが歴史の舞台から去った後も、その課題に取り組んだ。

彼の敵は初期の敗北を分析して彼の考え方の一部を理解してナポレオンを崩壊に送り込む一助にした。そして次の十数年間に3名の分析者が、ナポレオン戦略・戦術の本質について、それぞれ偉大な業績を残した。曰く、

「ナポレオンは、どんな会戦・戦闘においても常識的な策案を避け、敵が予期できないだろうという策案を計画することに努めた。それにもかかわらずナポレオン自身が述べているように、彼の考え方は簡単明瞭な戦いの原則に基礎をおいていた。それは彼の会戦や戦闘を見れば明らかである」

ある軍事史家はナポレオンはアレキサンダー大王、ハンニバル、シーザーより数多く戦闘し、勝利したと主張している。もっとも、記録のベースや戦闘の定義によって異なるのでいちがいには言えないが……。

可能なかぎりナポレオンは会戦において初動に勝利しようとした。その手段は「偽騙」と「迅速な機動」であり、これによって敵の翼側をすり抜けて背後連絡線に迫ろうとした。そして、突然、作戦方向を主力に向けて不利な態勢にある敵に戦闘を強要した。彼のこのような典型的な戦例はマレンゴ、ウルム、イエナの会戦である。

ナポレオンは「偽騙」によって敵に相対的に勝る戦闘力を集中した。また、偽騙は迅速な機動を容易にし、効果的な軍需物資の徴発を容易にした。このため、ナポレオンは緊要な時機と場所における決戦の瞬間まで戦闘力を分散配置した。

「優れた相対的戦闘力の集中は、優れた戦闘力の分散から迅速な機動によって可能になる」

という原則を地で行ったのだ。リヴォリ、フリートラント、ドレスデンの会戦は、その典型的な戦例である。


また、敵に弱点を示して決戦に誘い込み、各個に撃破するのが得意だった。その典型的な策案は、二つの敵の間に主力を配置し、ナポレオン軍を挟撃しようとするように敵を誘致して、各個に撃破する「内線作戦」である。全般作戦態勢上、止むなく内線態勢になるのではなく、自分から求めて内線態勢に入るのだから、当然、最悪事態になることを覚悟し、ひそかに秘密の対策も講じていた。不利な態勢と見せかけて不敗の態勢をとっていたのだ。

典型的な戦例は、モンテノットとワーテルローの会戦である。もっともワーテルローでは失敗した。その原因は、ブリュッヘルに対する戦闘において部下の不手際によって敵を決戦に引きずり込めなかったからであった。

(2) ナポレオンの相手たち

ナポレオンによって受けた最初の敗北のあと、欧州各国の軍事指導者たちはナポレオンを真似ようとした。彼らは師団、軍団編制を採り入れ、英軍を除いて横隊陣形方式から突撃縦隊方式を真似た。また、予備を配置することも知った。戦局の緊要な時機と場所に戦闘力を集中することも学んだ。

彼らはナポレオンと戦って多くのものを学び、数年かけて軍隊を改造したが、それでもナポレオンに対抗できなかった。その訳は、軍事的天才の秘訣をつかむことができなかったのだ。最後には、圧倒的な兵力の優勢と、フランスの疲弊によって勝利したが、それはナポレオンの外交の失敗によるものであることは追跡し証明されている。

国際政治は「外交と軍事は車の両輪」で行なわれるのだが、ナポレオンは軍事的天才ではあったが、外交の天才ではなかったのだ。〝天は英雄と言えども二物を与えず〟だった。さらにナポレオンの天才は「大陸国家」の軍事思考にあって、「海洋国家」の軍事戦略は感覚的に認識できなかった。

（3）ジョミニ

アントワーヌ・アンリ・ジョミニ（Dawe 画）

1779年スイス生まれのアントワーヌ・アンリ・ジョミニ（Antoine Henri Jomini）は、ナポレオンの勇敢な子分であったミッシェル・ネー（Michel Ney）元帥のもとで青年将校として勤務した。

ナポレオンの参謀長ルイ・アレクサンドル・ベルティエの不公平な取り扱いを受けたため、フランス軍を辞任して1813年の会戦においてロシア軍に転職した。彼はロシア軍の要請にかかわらずナポレオンと戦ういかなる作戦に寄与することを拒否した。〝武士は己を知る人に仕えるが裏切りはしない〟という騎士道を守った。

このあとの56年間、彼はロシア軍から将官として優遇を受けて勤務し、ナポレオン作戦の分析と研究に没頭した。彼の軍事研究の著作は膨大である。彼がフランス軍勤務時代に書き著した最初の『大軍作戦についての論文（Treatise on Great Military

Operation)』はナポレオンをして〝これは余の全戦争システムを敵に教えるものだ！〟と驚嘆させた。

そして『戦理の要約（His Summary of the Art of War)』は彼の代表作で、この著作は今日の世界中の軍人が戦いの基本原則として学んでいるものを最初に書き著している。彼はナポレオン戦争から学んだのだから、軍事理論としてはナポレオンの弟子であるといえる。

（4） クラウゼヴィッツ

カール・フォン・クラウゼヴィッツ（Karl von Clausewitz）は1780年にプロイセンのマクデブルクに生まれた。彼は壊滅的なイエナの会戦から勝利のワーテルローの会戦まで、すべてのナポレオンに対するプロイセン軍の戦闘に将校として参戦した。

1818～1830年まで彼はベルリンの戦争大学（Kriegsakademie）の管理部長として勤務し、できるかぎり著作に専念した。その内容はナポレオン戦争の体験に基礎をおいている。彼の著作で最も有名なのは戦理を具体的に述べた『戦争論（On War)』である。その後における戦争に関する世界の論文には彼の理論が影響を及ぼ

カール・フォン・クラウゼヴィッツ（Wach 画）

している。そしてジョミニと同じようにナポレオン戦争から学んだ。その意味で彼もナポレオンの弟子である。

彼もまた「戦いの原則」を発見していたと思われるが、彼は戦争における精神的要素や心理的要素が外部的要因として勝利に働くので、戦いの原則を明文化することに躊躇していた。そのような原則はしばしば〝教条（Dogma）〟化して戦場に使用され悲惨な敗北の結果を生みかねないと考えたのだ。

クラウゼヴィッツは偉大な戦争哲学者である。彼の教示は19世紀のみならず今日の戦争論に引用されている。たとえクラウゼヴィッツの見解に異論を唱える学者さえ、彼の言葉を引用している。不幸にして彼の論説はしばしば捻じ曲げられて解釈されることが多いが、それは彼がこの論文を未完成のまま世を去り、未亡人がクラウゼヴィッツの友人たちに促されてこの書を出版したことにも原因の一端が求められている。

多くの戦争反対論者がこの哲学書の真意を理解しないまま、彼の論旨を時代遅れと主張することが、戦争を理解しない多くの人々を生み、逆に戦争の種を蒔いているこ

とに気がついていない。のちに英国の戦略研究家リデル・ハートは、

「真に平和を欲するなら、戦争を理解せよ」

と述べているように、まずは彼の戦争論を学ぶことが必要である。

(5) デニス・ハート・マハン

デニス・ハート・マハン。米陸軍士官学校教授

彼は第3番目のナポレオンの弟子と呼んでよいだろう。デニス・ハート・マハン（Dennis Hart Mahan）は、彼の息子で有名な海軍戦略家のアルフレッド・セイヤー・マハン（Alfred Thayer Mahan）の陰で見落とされがちであるが、彼はウエスト・ポイント米陸軍工兵学校（のちの士官学校）の教科書として数多くの戦理教程を書き残した。その中で最も有名なのは、学生から〝外哨（Outpost）〟と略称された「戦略・戦術の基本原則にもとづく前衛、外哨、分遣隊（Advanced Guard, Outpost and Detachment Service of Troops, with the Essential Principles of Strategy and Grand Tactics）」である。

彼は1824年にウエスト・ポイントを卒業した

あと、同校の助教授として2年勤務したあとフランスにわたって勉強した。帰国後の1830年に教授になったが、「戦理」に魅せられ、戦史、特にナポレオン戦史の研究に没頭したのだ。のちに南北戦争の両軍の将校たちは彼の教科書で戦ったといってよい。

(6) 軍事学の誕生

首尾一貫した科学的な軍事理論の出現によって軍事学が広まった。そしてこのような軍事理論が組織的な軍事教育の基礎となった。大学卒業生はもちろん、学部学生にとって軍事学は近代人の教養としての基本的な知識要素となった(21世紀になっても日本ではそのレベルに到達していない)。このような教育システムが普及した結果、軍事理論の専門家集団を生むことになった。あたかも、「戦争という病気を予防し治療するには、軍事学という医学が必要である」ように。

他の分野の専門職と同じように、軍事学のこのような発展は、啓蒙の時代であり、産業革命の時代の産物として軍人を専門職としようとする青年たちのための学校が誕生した。英国では1802年にサンドハースト士官学校、フランスでは1808年にサン・シール士官学校、米国では、1802年にウエスト・ポイント陸軍工兵学校である。プロイセンでは、いろいろな士官候補生学校が以前から存在していて先達の役割を果たしていたが、1810年にもう一段レベルの高い戦争大学(Kriegsakademie)が設立された。この結果、プロイセンの幕僚(General Staff)の知的関心を刺激することになった。

海戦

英海軍は世界の波濤を支配しつづけた。これは形式主義から乱戦主義へ脱皮したことによって長生きすることになった。最終的には、慣習と伝統はもちろん〝戦闘教令〟という法律を無視して状況に最適の戦理を適合させて歴史に残る大勝利を挙げたネルソン提督のお蔭であった。

「勝利の策は法理では解を見出せない。勝利の解は戦理による」

というごく当たり前の話であった。彼の才能に華を咲かせたのは前世紀末の英提督ホーム・ポファム(Home Popham)卿が開発した信号旗システムが1800年に公式に英海軍に採用された成果であった。ネルソンの海戦戦術は帆船時代にほぼ完成したといってよい。彼の戦術的勝利には、ほとんど技術開発は寄与していない。

トラファルガルの海戦の2年前にセーヌ河で蒸気船が試験航行に成功してはいたのだが、しかし、保守的な船乗りたちはこの新しい技術を受け入れるのに尻込みしていた。動力源を風に依存することから自由になる海洋国家は、蒸気動力によって航海レンジが狭まると考えた。貯炭場の必要性が植民地を混乱に陥れることを恐れた。そのうえ、船体の木造に比べて鉄製になることに疑いの眉をひそめた。戦術的に考えると一斉射撃の応酬において外輪は砲撃に弱点を形成すると見なされた。

この世紀の中ごろにジョン・エリクソンがスクリュー推進を開発した。これでこの問題点が解決されたが、一部の進歩主義者をのぞいて英国の船乗りたちは、これで勝利の要素としてのシーマンシップ（操船技術）の優越が消えることを恐れた。１８２８年の英国の提督会議は、

「蒸気船の導入は帝国の海上優勢に決定的な一撃を加えるであろう」

と蒸気船の採用を否定した。

フランス革命を巡る国際情勢

（1）英国

英国はジョージ三世の治世であったが、アメリカ独立戦争のあおりで大きい負債を抱え、国王による専制支配のシステムは崩壊し、首相が政治権力を握っていた。議会は二大政党が勢力を争っていた。１７８３年、24歳で首相となったウイリアム・ピットは改革主義路線を推進した。一時下野するが、ナポレオンの脅威を受けて復帰し、対仏強硬路線を掲げて対仏戦争を指導した。

英国は、アイルランドの独立戦争に悩まされたが、弾圧してこれを平定し、１８０１年、大ブリテン・アイルランド連合王国を結成した。英国がフランスと戦った理由は、

ア、植民地争奪の対立
イ、西欧大陸の勢力分断・均衡政策
ウ、ライン河デルタ地帯に対する覇権と経済権益の争奪

であった。

（2）アイルランド

1795～1797年、ウォルフ・トーン（Wolf Tone）、ネイパー・タンディ（Naper Tandy）などによって煽動された民族主義者たちが武装蜂起して英国からの独立を勝ち取るためにゲリラ戦闘を展開した。彼らの成功の条件は外国の支援で、特にフランスの支援を期待していたが、ゲリラに対する渡洋支援は困難であった。フランスの支援は弱いもので何の実りもないものになった。ジェラード・レイク（Gerard Lake）将軍の指揮する英軍の1796～1797年にわたる弾圧作戦は容赦のないもので、反英運動は撲滅された。

（3）オーストリアとハンガリー

ハプスブルグ家は二つの帝国の王冠を維持し続けていた。一つは、神聖ローマ帝国（ドイツ）であり、他はダニューブ流域の支配者である。オーストリアの「国体」は絶対君主が政権を持つというもので、国民は被支配者であった。フランスが主権在民の共和制という「国体」を主張し始めたことは、共存や友好はありえない脅威であった。当時、この二つ王冠を持つ帝国は、一般に「オーストリア帝国」として知られていた。

18世紀から19世紀にかけてオーストリア帝国は西欧と東欧における戦争の主役を演

じた。さらにしばしばトルコ帝国を相手にバルカン半島において戦争を行なった。1789〜1790年、オーストリア領ネーデルラントにおいて帝国政府・軍人の人権侵害が相次いだため、ヘンリー・ヴァン・デル・ヌート（Henry van der Noot）の指導によって国内において武装した抗議騒動がしばしば発生した。反乱は制圧されたが、その目的を達成した。帝国は、改めて以前の憲法と人権の法律を再興した。

（4）プロイセン

フリードリヒ大王の後継者たちは、ドイツにおいてオーストリアに肩を並べる対抗国家として成長していた。1786年、国王となったフリードリヒ・ヴィルヘルム（Friedrich Wilhelm）二世（大王）は、オートスリアに対する対抗姿勢を保ちつつ、ポーランド分割に血道を上げていた。

（5）ポーランド

ポーランド政府は親ロシア派が牛耳っていたが、1768〜1776年、一部の貴族集団がロシアの宗教的、政治的干渉と圧迫に対して武装闘争を展開した。フランス政府は反政府軍を支援するためにドモーアズ（Dumouriez）将軍を送った。

トルコに対するロシアの成功とオーストリアのポーランド介入を防止するため、1772年、フリードリヒ大王は反乱勢力を支援した。このためポーランドは全土にゲリラ戦争が拡がった。これは通常、第1次ポーランド分割と呼ばれている。しかし、最終的に反政府運動は鎮圧された。

二人の英雄の誕生

（1）海の男、ホレイシオ・ネルソン（Horatio Nelson）

ネルソンは、1758年9月29日、ノーフォークの近く、バーンハム・ソープ（Burnham Thorpe）で牧師の息子として生まれた。ナポレオンより11歳年上である。成長に伴う段階的な学校を卒業したのち、1770年、叔父のモーリス・サクリング（Maurice Suckling）大佐の指揮するHMS（英軍艦）「レゾナブル」に海軍士官候補生として乗艦した。翌年、叔父が新しいHMS「トライアンフ」艦長に異動したのに伴なわれて乗艦を変えた。

西インド諸島への航海、北極海への遠征航海（1771〜1774）の経験を積んでHMS「シーホース」に転勤した。そして東インド諸島へ航海（1774〜1776）した。この航海の途中の1775年からアメリカ独立戦争の制圧作戦に参加した。そのあと短期間、フリゲート艦「ウスター」に勤務したあと、HMS「ローストフ」に異動し、海軍大尉に昇任して西インド諸島に作戦航海した。その後、HMS「バジャー」の艦長を勤めたあと、1779年、海軍大佐に昇任し、フリゲート艦「ヒンチンブルック」の艦長となる。ニカラグアのサンホアン要塞に対する作戦の途中に熱病に罹り、本国に送還されて（1780）、約10年間の海上生活に休止符を打った。

ホレイシオ・ネルソン
（Abbott 画）

病気回復後、すぐに海に戻ってHMS「アルベマール」艦長に就任し、北海において輸送船団を護送する任務を果たした後、ふたたび西インド諸島に向かった。そこでフック（Hook）卿とクラーレンス（Clarence）大公（後のウイリアム四世）と面識を得た。

1783年のベルサイユ条約のあと、西インド諸島においてフリゲート艦HMS「ボーリアス」の艦長となり、1787年3月11日にフランセス・ニスベット（Frances Nisbet）と結婚した。彼は29歳である。しかし1793年までの彼の夫人に対する扱いは愛情があるとは見えないものであった。彼は夫人を愛していたが、夫人は彼に対して愛情を示さなかった。彼は夫人に対して夫人からの愛を求めるよりも、それ以上に海軍軍人生活に重点を置いた。

（2）ナポレオン・ボナパルト（Napoleon Bonaparte）

イタリア半島の西側に位置するコルシカ（Corsica）島は、ナポレオンの生地として一躍、世界史に有名になった。その面積は、わずか約3300平方マイルでわが国の四国の約半分の大きさである。ナポレオンが誕生したころの人口は約13万であった。コルシカ島は古代ギリシャの植民地であったころから歴史に姿を見せるようになった。最も長期の支配者はローマであったが、中世にはピサに売却され、さらにジェノヴァがピサから奪おうとして係争の地となった。その結果、島の住民はピサ派とジェノヴァ派に分かれて血の抗争を数百年続け、最終的にジェノヴァが支配した。しかし、住民はジェノヴァの圧政に独立運動という抵抗を続けたので、ジェノヴァはフランスにコルシカ島を売り渡した。独立運動の指導者パオリは英国に逃れた。ナポレオンの父は、フランスに仕えることになる。

ナポレオンは1769年8月15日、この島の小都市アジャクシオ（Ajaccio）において父カルロ（Carlo）・ブオナパルテ（シャルル・ボナパルト）と母マリア・レティツィア（Marie-Letizia）の息子として誕生した。レティツィアは歴史上の賢母と言われている。ナポレオンはイタリア人である。

1779年4月～1784年10月、ブリエンヌの幼年学校に入学した。学校では、数学と歴史と地理に特に優秀な成績を残した。この年、パリの陸軍士官学校に合格して入学し、卒業後1785年9月1日、試験に合格して陸軍砲兵少尉に任官した。そしてラ・フェール砲兵連隊に赴任した。そこで有名な砲術理論家であり、軍事理論家であるドュ・テイル（J. p. du Teil）の教示を受けた。ナポレオンは戦史の勉強に専念し、特にフリードリヒ大王の戦史に傾倒した。

第2章　フランス革命戦争から欧州の戦争へ

フランス国内戦争の周辺（1789〜1791）

ルイ十五世の巨費を投じた対外政策の失敗によって、フランス国家は破産状態になった。王位を継いだ孫のルイ十六世はアメリカの独立戦争を支援して新たに巨額の債務を持つに至った。王は国家経済の立て直しの政策を打つが、英国との通商条約によって英国商品に市場が奪われ、フランス産業は極度の不振に陥った。1789年7月14日、自由と平等を求めるブルジョワジーがルイ十六世の政治に猛反発してバスティーユ（Bastille）の牢獄を襲撃し、武器を獲得し囚人を解放する暴動を起した。フランス革命の始まりである。

フランス革命に全く関心のないロシアはスウェーデンに対する戦争に全力を傾けていた。1788年以来、スウェーデン王グスタフ三世は、ロシア領フィンランドをロシアにもプロイセンにも占領させずに、自らが支配するために戦っていたが、意のごとく進展せず、あまつさえデンマークが介入して苦境に立たされていた。

スベンスクスンドの海戦

1789年8月24日、エーレンスヴァルド（Karl A. Ehrensvard）伯爵の指揮するスウェーデン艦隊はスベンスクスンド沖においてクロセ（Krose）提督の指揮するロシア艦隊に捕捉されて第1次スベンスクスンド（Svensksund）の海戦となった。スウェーデン艦隊は33隻を失ってバルト海の制海権を完全に失った。しかし、グスタフ三世国王の異常な努力によってスウェーデン艦隊は復活した。トルコ軍がボスニアに侵攻したが、オーストリア軍が撃退し、逆にベオグラードを占領した。

このころ、ナポレオンはフランスの混乱に故郷コルシカの将来を憂いて、9月に独立を目指すコルシカ国民革命の主張に染まった。

オーストリアはハンガリーの防衛のため、対トルコ戦争に努力を傾注していたところ、1790年になってトルコ戦争にプロイセンが介入する脅威が発生し、さらに同盟国のロシアがスウェーデンとの戦争のために協力の可能性が少なくなったうえ、オーストリア領ネーデルラント（ベルギー）において広範囲の反帝国運動が発生した。ヨーゼフ皇帝と後継者のレオポルト（Leopold）は7月から9月にかけてトルコと講和交渉を行なった。この成り行きにプロイセンのフリードリヒ・ヴィルヘルム二世は密かにほくそえんでいた。

7月2日、第1次スベンスクスンド海戦の報復に燃えるスウェーデン艦隊総司令官スーデルマニア（Sudermania）提督はロシア艦隊がバルト海の狭い海峡を航行中に縦陣で接近して砲撃戦を仕掛けて、ロシア艦隊の火薬搭載船を撃破して陣形を崩壊させた。その隙にスウェーデン艦隊はスヴェアボルグ（Sveaborg）要塞に退却した。

7月9日、再編成して縦陣で海戦を挑むロシア艦隊151隻に対し、スウェーデン艦隊195隻は三日月陣形で待ち構え第2次スベンスクスンドの海戦となった。海戦ではスウェーデン艦隊の砲撃が優れ、ロシア陣形の間隙を拡大させて各個戦闘に陥らせた。ロシア艦隊の損害は、沈没と拿捕の合計53隻であった。敗北したロシア艦隊総司令官ナッソー・シーゲン（Charles H. N. O. Nassau-Siegen）提督はロシア海軍の中では国際的海洋冒険家として知られていた。

この海戦はスカンジナヴィア軍事史の中では、最大級の名海戦と言われている。また、陰の立役者はスウェーデン艦隊を支援した英海軍のスミス（William Sidney Smith）提督であった。

8月、ロシアと休戦したスウェーデンは、フランス革命に対抗する戦争に関心を払い始めた。

１７９１年２月、ナポレオンはドュ・グルノーブル（du Grenoble）砲兵連隊に転勤し、４月にフランス軍砲兵中尉に昇任した。彼はグルノーブル連隊の中でジャコバン党の活動家となり、９月に休暇を請うて郷里のコルシカ島に旅行した。そしてフランスに反抗するコルシカ国民革命の独立運動に身を投じた。このためにフランス軍は彼を罷免した。

バルカン半島では４月４日、オーストリアがベオグラードをトルコに返還する代わりにトルコは北部ボスニアのベルト地帯をオーストリアに返還することを条件にして両国に講和が成立した。これでオーストリア帝国はフランス革命に対処する余裕を得た。

革命運動が燎原の火のようにフランス国内に拡がり、ルイ十六世の地位が危険になってきたので、プロイセン国王フリードリヒ・ヴィルヘルム二世とオーストリア皇帝レオポルト二世は8月2日、欧州のすべての王制諸国が協力してフランスにゆるぎない王制と王権が甦るように全力で介入することをザクセンのピルニッツ（Pillnitz）において宣言した。絶対王権に基づく〝国体を護持する〟ために共和制の拡大を制圧するという予防戦争である。「国体」の違いが戦争の原因となる典型的な例である。フランス国民議会はこの宣言の基づく脅威に驚いて急いで軍隊を編成して東部国境に展開させた。国益の防衛とは、単に主権を守るだけではなく国体（政治システム）の防衛でもある。

これまで「国家とは政権と軍隊と国民＋庶民（国家について関心を持つ市民＋国家に無関心で自分の周辺にのみ関心を持つ市民）」であって、戦争は現実的には、絶対王権の政権と政権が手段としての軍事力を行使して行なわれてきた。

しかし、フランス革命によって、「国家とは国民が選んだ政権と国民志願兵の軍隊と国家意識に燃えた市民」ということになり、戦争は、このような「国民国家」が戦う時代になったことを意味していた。社会学として戦争を見れば、戦争の革命の始まりにほかならない。

もっとも国民国家の定義には多くの仮説が入っているので、19～21世紀を通して多

第１図　革命戦争時代のフランス

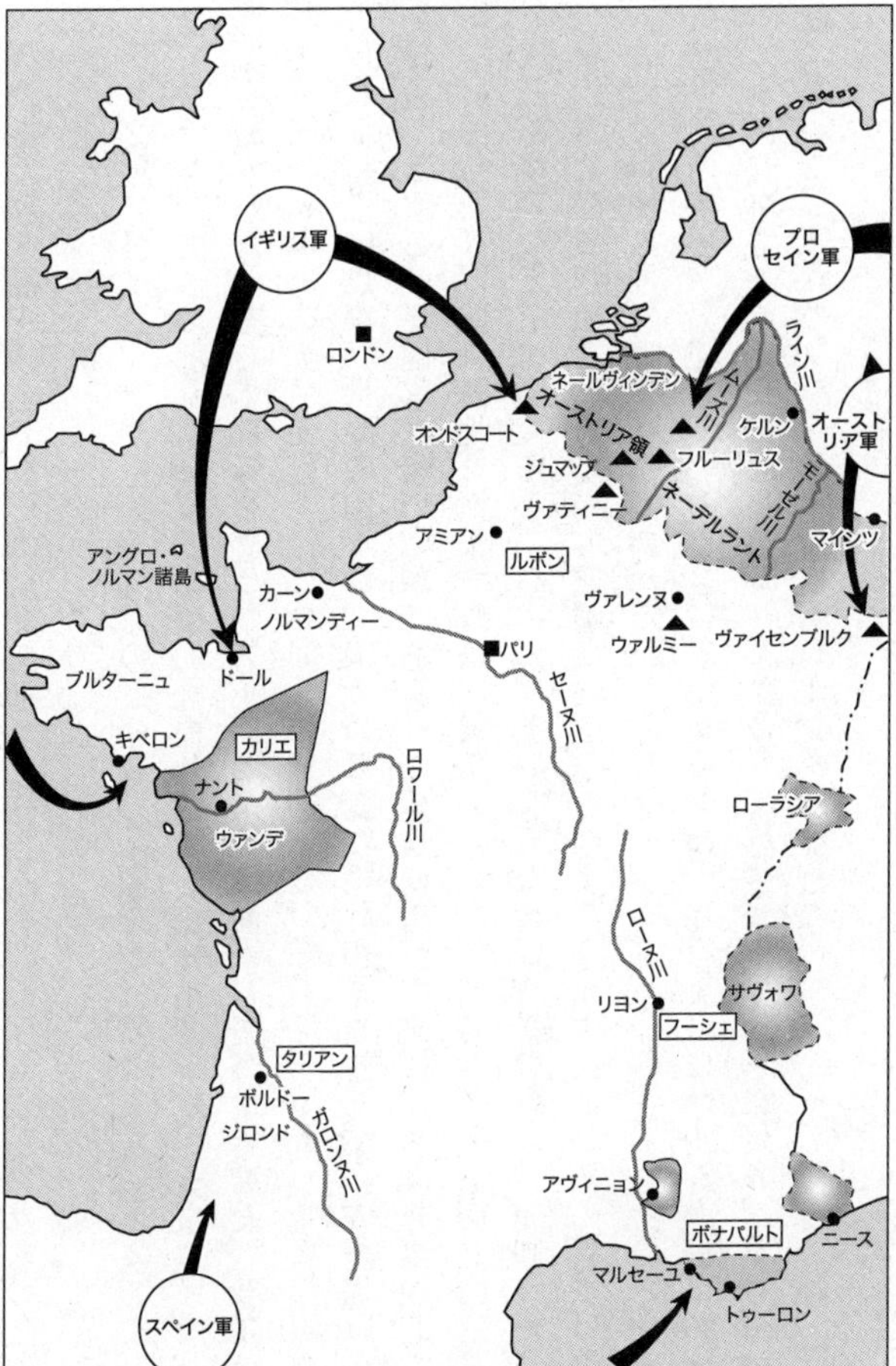

くの行過ぎた理想論を現実の歴史的経験を通して修正を必要とすることになる。

1792年2月7日、フランス王党派の亡命者の請願を受けることを口実にして、また、フランス内部の混乱に乗ずる軍事的好機と判断してオーストリアとプロイセンは同盟を結成した。そして部隊をフランス正面の国境に向かって移動させた。サルディニア王国（ピエモンテ）が直ぐにこの同盟に加わった。

古代ローマ帝国以来、世界の国々は、国境の外側に国防線を設想して「安全保障の緩衝地帯」とするのが国家戦略の常識である。この緩衝地帯に隣国が軍隊を動員して集中・展開したり、防御陣地を構築すれば、戦争の意志を無言のうちに表明したものとして認識することも常識である。さらに、そのような脅威を受ければ、先制攻撃も正当な行為として認められることも常識である。このようなオーストリアの行動はフランスに対する無言の宣戦布告であった。

フランスの情勢が緊迫しているときにナポレオンは、4月1日にコルシカ島においてコルシカ島独立運動のアジャクシォ（Ajaccio）義勇軍の中佐に選ばれ、5月には大佐になった。これでフランス軍はナポレオンを解雇した。

第1次欧州同盟の対フランス戦争（1792〜1798）

1792年4月20日、フランス国民議会は、オーストリアに対して宣戦布告をした。戦闘はフランドルの全正面（フランス北部軍）に広がった。

共和制運動がフランス軍の組織に影響を及ぼしていたが、軍規と優れた将校たちが残っていた。革命運動に情熱を持っている青年たちが志願兵として軍旗の下に集まった。

プロ軍人と素人志願兵の混在は、統制が難しい。すぐにオーストリア軍はリール（Lille）においてフランス北部軍を包囲した。しかも、フランス軍は軍司令官ド・ロッシャムボー（Compte de Lochambeau）元帥の卑劣な行為によって敗北した。彼が逃亡したので中央正面司令官ラファイエットがその後を継いだ。また、中央軍の指揮官にはケレルマン（Francois G. Kellermann）大将が就任した。

ナポレオンはコルシカ島での独立運動に参画していたが成功せず、やむを得ず島のフランス派有力者から口添えの紹介状をもらって1792年5月にパリに上京した。それでも彼は復職できずに貧乏のどん底に陥った。

7月11日、対仏同盟軍は集中を完了し、ブラウンシュワイク（Braunschweig）公のカール・ウイルヘルムが総司令官となった。兵力はプロイセン軍4万2000、オーストリア軍3万などの合計8万である。

外国がフランス革命を潰そうとしているのに怒ったパリの群集は8月10日、チュイルリー（Tuileries）王宮を襲ってスイス傭兵護衛隊を虐殺した。ルイ国王は国民議会とともにパリから逃亡し、わずかに残っていた国王の権威も失われた。

8月19日、オーストリア軍はロンニュー（Longwy）とヴェルダン（Verdun）の砦を占領し、フランス中央軍の気力の抜けた抵抗を排し、緩慢にパリを目指して進撃した。

翌日、フランス軍のラファイエット北部軍司令官はパリに急進して暴動を鎮圧しようと考えたが、成功の見込みがないと判断して司令部を離れるとオーストリアの軍門に投降して亡命してしまった。

パリの騒乱が収まったが、国難のときには強硬派の意見が通る。革命の過激派のジャコバン党が政権を握った。対する野党はオーストリアとの講和を主張する穏便派のジロンド党である。

軍の将校たちも二手に分裂し、ジロンド党に与する将校たちを前線に投入することができなくなってしまった。これでフランス政府軍は将校不足に陥った。このチャンスにナポレオンは願いが聞き届けられて砲兵大尉として復職した。

彼の故郷のコルシカ島では、英国派とフランス派に分かれて抗争が続いていたが、ナポレオンは英国派が故郷の財産を奪ったのでフランス派に転向したのだ。

フランス国民議会は、ドモーアズ（Dumouriez）大将を北部軍司令官に任命した。彼は一軍を率いて南下し、ライン下流正面の防衛を担当する中央軍に増援してブラウンシュワイク軍の前進を阻止しようとした。

9月20日、フランス軍はベテラン戦士と素人志願兵の混在のまま兵力約3万6000となり、オーストリア・プロイセン正規軍3万4000に対抗してヴァルミー（Valmy）の戦闘となった。その他の同盟軍戦力は背後連絡線の警備のために分散していた。

フランス軍にとって幸運なことに歩兵主力が決戦に陥る前に、フランスのベテラン砲兵54門の正確な射撃を浴びてプロイセン軍歩兵が敗走してしまった。フランス侵攻に熱意のないブラウンシュワイク公は、このフランス砲兵の弾幕射撃によって戦意を失い、全軍に対しプロイセンへの撤退命令を発令した。

南部戦線では、フランス軍がピエモンテに侵攻し、全土を蹂躙してニース（Nice）

を占領した。

また、アルザスからキュスタン（Adam Philippe Custine）大将が東方に攻勢をとり、オーストリアに侵攻してマインツ（Mainz）を占領し、さらに進撃してフランクフルト（Frankfurt）まで進出した。

北方戦線ではドモーアズ大将が帰還し、フランドルに同盟軍を圧迫した。

9月21日、フランス国内では、新たに選挙された国民集会は共和政権を宣言して国王制度を廃止した。

11月6日、フランス北部軍の圧迫を受けてオーストリア軍1万3000はリールの包囲を解いてベルギー（オーストリア領ネーデルラント）国境の町ジュマップ（Jemappes）に撤退した。そこはオーストリア軍の冬営キャンプ地だったのだ。この後退に追尾してきた大砲100門を含むフランス軍4万は間髪をいれずに攻撃し、このジュマップの戦闘においてオーストリア軍を撃破した。

この勝利はフランスの共和派を熱狂させた。さらに北部軍は11月16日、ブラッセルを占領する。その1個大隊はアントワープを目指してスケルデ（Scheldt）まで攻め上った。

これは英国に衝撃を与えた。大陸の沿岸は英国の国防線であり、フランドルの沿岸地帯は英国の貿易地帯でもあった。ピット英首相は戦争準備を命じた。

12月、ブラウンシュワイク公は、兵力約4万3000を集中して南部ライン戦線で攻勢をとってキュスタンの指揮するフランス軍を押し返し、2日にフランクフルトを奪回した。キュスタンは退却してマインツを確保し、冬営に入った。

一方、この年のフランス海軍は無残な状態になった。海軍の正規将校は追放された。下士官が海軍をとり仕切ることになったが、なすすべがなく混乱状態になる。政府は商船の幹部を急募したが、彼らは戦術も戦闘法も知らない。結局、艦隊は軍港に繋留されたままになった。こうしてフランス全体で海軍戦力は76隻以下しか航海できなくなってしまった。

これに対して同盟海軍は、スペイン海軍が主要艦艇56隻であったが、海軍兵士たちは練度不十分であった。オランダ海軍は主要艦艇49隻を保有し、その訓練練度は良好であった。

ポトガル海軍は主要艦艇6隻、ナポリ公国は4隻であった。英国海軍は新鋭艦115隻を保有し、優れた提督が指揮官に就任していたが、兵員数は未充足のままであった。英海軍のうち、二つの作戦艦隊は、一つがハウ（Richard Howe）提督の指揮する英国海峡艦隊であり、他の一つがフッド（Samuel Hood）提督の指揮する地中海艦隊であった。しかし、この年には海軍作戦は発生しなかった。

オーストリアではレオポルト皇帝が退位し、フランツ（Franz）二世が即位した。この年、ポーランド王室は、統治力が弱化したので、憲法を改正してロシアの影響力を排除し独立国としての権力を強化しようとした。これに対してロシアはただちに武力介入した。プロイセンもまたただちにポーランドに侵攻し、ロシアによるポーランド併合を阻止した。

1793年1月21日、フランス国王ルイ十六世は急進的な国民議会に捕らえられた。議会が裁判所のようになり、多数決によって国王は断頭台の露と消えた。当時29歳であった。そのあとで王妃も斬首された。

英国の参戦（干渉戦略）

人身保護法を制定していた英国のピット首相は、この処刑は政治を越えた人権侵害であると非難し、駐英フランス大使に国外退去を命じた。口実は内政干渉であったが、その真意はフランドルにおける英国の経済権益の防護であり、地中海の制海権の確保であった。

2月7日、英海軍はネルソンを大砲64門搭載のHMS「アガメムノン」の艦長に任命した。

フランスはこれに対応して英国、オランダ、スペインに対し宣戦布告して、四周を敵にすることになった。この事態に対処してフランスは国民徴兵制度を宣言した。そしてベルギーをフランス領に併合した。フランス北方軍はオランダ侵攻を企てたが、同盟軍は先制攻勢を開始し、兵力約4万のコーブルグ（Saxe-Coburg）公ヨシア（Friedrich Josias）は、すでにミューズ（Meuse）河を渡ってベルギー奪回作戦を開始するとともに、ブラウンシュワイク公の指揮するオーストリア・プロシャ同盟軍約6万はマインツにおいてキュスタン軍を包囲した。

その他の同盟軍はルクセンブルクのライン河を堅固に保持して防勢の態勢をとった。

1793年2月21～26日、ナポレオンは、サルディニア王国におけるカリアリ（Cagliari）に対する遠征部隊に参加した。これは成功の望みの薄い作戦であった。

3月18日、フランス北方軍のドモーアズ大将は、兵力4万5000を集中してネールヴィンデン（Neerwinden）においてコーブルグ軍に対し敵左翼から攻撃した。しかし、統制困難な8個縦隊で前進したため敵の反撃で混乱に陥って敗北した。

4月、オーストリア軍はブラッセルを奪回した。ドモーアズ大将は買収されたのだという讒訴を受けたので軍から脱走し同盟側に亡命した。そこでダンピエール（Picot Dampierre）大将が北方軍司令官に任命された。しかし、彼は5月8日、コーブルグ軍の進撃を阻止しようとしてコンデ（Comde）の戦闘中に戦死した。

キュスタン将軍が崩壊寸前の北方軍の司令官に任命された。フランス軍は、わずか1ヵ月の間に軍司令官が3人も交代するという異常な状態である。しかも5月21～23日、ヴァランシェンヌ（Valencienne）の戦闘に敗北したキュスタン将軍は公安委員会によって斬首処刑にされた。このあと、フランス共和軍軍人は絶えず公安委員会からの脅威に慄くことになった。

ネルソンの乗艦「アガメムノン」は6月にフッド提督の指揮する英地中海艦隊に編入された。

北部フランスでは7月10日、コーブルグの指揮する同盟軍がコンデを占領し、さらに7月29日、ヴァランシェンヌも陥落させた。

北方軍司令官となったホウシャール（Jean Nicolas Houchard）はフランス軍をアラス（Arras）の線まで後退させ戦線を縮小させようとした。

フランス革命「恐怖時代」

フランスは国内外の脅威に曝されて、共和政治は1793年7月に「恐怖時代」に突入した。すなわち、パリで過激派共和主義者のロベスピエール（Maximilien F. de Robespierre）と公安委員会が政権を握った。

8月、フランス革命は崩壊の崖縁に立っていた。同盟軍はマインツを奪回した。ヴァンデ（Vendee）では、フランス王党派が勢力を握った。リヨン（Lyon）とマルセイユ（Marseilles）は王制復活を宣言した。

ド・ゴール（Morad de Galle）提督の指揮するフランス艦隊は、散発的にフランスの大西洋沿岸から出撃したが、ハウ英艦隊との戦闘を回避した。彼は優れた提督であったが、未熟な海軍将校と水兵を扱いかねた。そして9月に彼は提督を辞任した。これでフランス艦隊は軍港に繋留されたままになってしまった。

地中海では、ネルソンがナポリに入港し、ナポリ駐在英大使夫人エマ・ハミルトン（Emma Hamilton）と逢う機会を持った。彼は夫人に恋心を抱き、長く文通を続けることになった。

フランドルでは、英国ヨーク公オーガスタス（Frederick Augustus）の指揮する英・ハノーヴァー連合軍がダンケルクを包囲する一方、オレンジ公の指揮するオランダ軍がヨーク公の英軍に連携した。

崩壊の危機に陥ったフランスの公安委員会は国民皆兵を発令した。14個軍が急速に編成され数週間のうちに前線に配置するというのである。8月23日、フランスの共和過激派はマルセイユを奪還した。このときに国歌「ラ・マルセイエーズ」が誕生した。一方、8月下旬にフランス王党派と共和穏健派は、過激派政府に対抗して各地で反乱の旗を揚げた。

8月27日、地中海では、英フッド提督の指揮する英艦隊21隻とド・ランガラ（Juan de Langara）提督の指揮するスペイン艦隊がトゥーロン軍港を占領した。トゥーロン市は王制復活を宣言する。フッドはフランス海軍戦力の約半分に相当する主要艦艇30隻を含む70隻の艦艇および武器・弾薬を鹵獲《ろかく》した。

9月6日、フランス北方軍4万2000は、ダンケルク東方のホンシュート（Hondschoote）において英・ハノーヴァー連合軍1万3000を強襲した。訓練未熟で群集のようなフランス歩兵が死に物狂いに攻撃したため、同盟軍は散々に敗北した。

勢いを得たフランス（革命）政府軍は9月7日にトゥーロン軍港を包囲したが、攻囲戦はフランス政府軍指揮官の無能によって一向に戦闘が進展しない。

フランドル正面では9月13日、フランス北方軍がメナン（Menin）においてオレンジ公軍を撃破したが、オーストリア軍を東方に撃退することに失敗した。司令官ホウシャールは更迭されて斬首刑にされた。後任はジャン・バプティスト・ジョルダン（Jean Baptiste Jourdan）大将が任命された。指揮官が敗戦するたびに死刑になることとは、歴史上ほとんどなく、革命の狂気を示すものであった。

9月末、公安委員会の戦争相カルノー（Lazare Nicolas Carnot）が軍隊に加わり、コーブルグ公軍3万が包囲しているマウビュージェ（Maubeuge）の奪回をジョルダン大将に命令した。

ロベスピエールに認められたナポレオンは、9月16日に異例の速さで昇進して大佐となって、トゥーロン包囲戦に砲兵指揮官として参加することになった。

ライン河正面では10月15～16日、兵力5万のフランス軍がワッチニー（Wattignies）の戦闘において激戦ののちにオーストリア軍の包囲を解いて東方に撃退した。

〔注〕ホンジューの戦闘、メナンの戦闘、ワッチニーの戦闘は、歩兵戦闘に新しい時代が

到来したことを示していた。訓練未熟なフランス召集兵が素晴らしい戦闘精神を発揮したのである。この勝利の原因は一人の厳格なカルノー将軍の容赦のない敢闘精神の鼓吹であった。カルノーはのちに〝勝利の組織者〟と呼ばれることになった。

フランス共和政府軍ケレルマン将軍は10月20日にリヨン（Lyon）を奪回した。ライン河正面とアルザスでは、フォッシェ（Louis Lazare Hoche）将軍の指揮する南部軍が攻勢に出たが、11月28〜30日の間、ブラウンシュワイク軍に阻止された。

トゥーロン軍港奪回の戦闘

トゥーロン軍港では、2人の無能な指揮官を更迭したドュゴムミェール（Jacques E. Dugommier）大将が若い砲兵旅団長ナポレオン・ボナパルト大佐の作戦案を採用した。

12月16日、彼の示した攻撃地点レキュイレット岬が陥落した。港内を眼下にした政府軍の砲撃に驚いた英・スペイン艦隊は19日にトゥーロン軍港を脱出した。トゥーロン市もまた政府軍の手に落ちた。軍港にはフランス軍艦15隻が残されていた。ナポレオンはこの軍功で12月22日に革命軍の准将に昇任した。この3ヵ月にフランスの反政府勢力は鎮圧された。

ライン南部軍は12月22日、フォッシェヴィラー（Foschwiller）においてプロシャ軍を撃破し、そのあと矛先をアルザスに指向して12月26日にウルムゼル（Dagobert Wurmsar）大将の指揮するオーストリア軍をゲイスベルグ（Gwisberg）において撃破し、年末までにオーストリア軍をライン河の対岸へ追い出した。そしてアルザスとパラチネイト（Palatinate）を掃討し、マインツを再度占領した。

1793年のトゥーロン包囲戦で指揮を執るナポレオン（Detaille画）

スペインとイタリア正面では、不活発な小競り合いが続いていた。

ポーランドはプロイセンとロシアの取引によって分割された。これは通常第2次分割と言われている。

1794年2月7日、ナポレオンはイタリア戦線のマッセナ軍の砲兵司令官に補職された。

ポーランドでは、アメリカ独立戦争に参加していたコシウスコ

（Thaddeus Kosciusko）が帰国して民主主義の原則を唱導し、ロシアとプロイセンに対して独立戦争を煽動した。

ポーランドでは4月3日、コシウスコが草刈鎌や短槍などの貧弱な装備で武装した兵士4000と農夫2000をもって蜂起し、ラクラワイス（Raclawice）において約5000のロシア軍を撃破した。さらに4月17日、数度の市街戦ののちワルシャワのロシア軍駐屯地を占領した。

これに対してプロイセンのフリードリヒ・ヴィルヘルムは兵力2万5000、大砲179門を率いてワルシャワに侵攻した。また、ロシアはフェルセン将軍の指揮する兵力6万5000、大砲74門をもってワルシャワに進撃した。両軍はコシウスコ軍を包囲した。また、別のロシア軍1万1000はヴィッスラ河の右岸を占領した。ポーランドの独立は風前の灯となった。

1794年4月、西インド諸島では、英・フランスの植民地争奪戦が激しく行なわれた。サー・ジョン・ジャーヴィス提督の率いる英艦隊がマルチニーク（Martinique）、セントルシア（St. Lucia）、グァードループ（Guadeloupe）を奪取した。しかし、フランス総督ヒュー（Victor Hugues）がすぐに奪回した。各国商船隊が流入したが、英海軍が制海権を維持し、大量のフランス商船を拿捕した。

5月、地中海では、ネルソンの英艦隊がコルシカ島の近傍バスティア（Basta）沖で作戦し、フランス軍艦を追い回した。

オーストリア軍参謀総長カール・マック・フォン・リーベリッヒ男爵は、作戦計画「殲滅」を提案し、これが受け入れられた。一方、フランス軍陸相カルノーは、フランス領から外国軍を追い払う作戦計画を立てた。敵対する作戦計画が激突することに

第2図　第1次対仏同盟

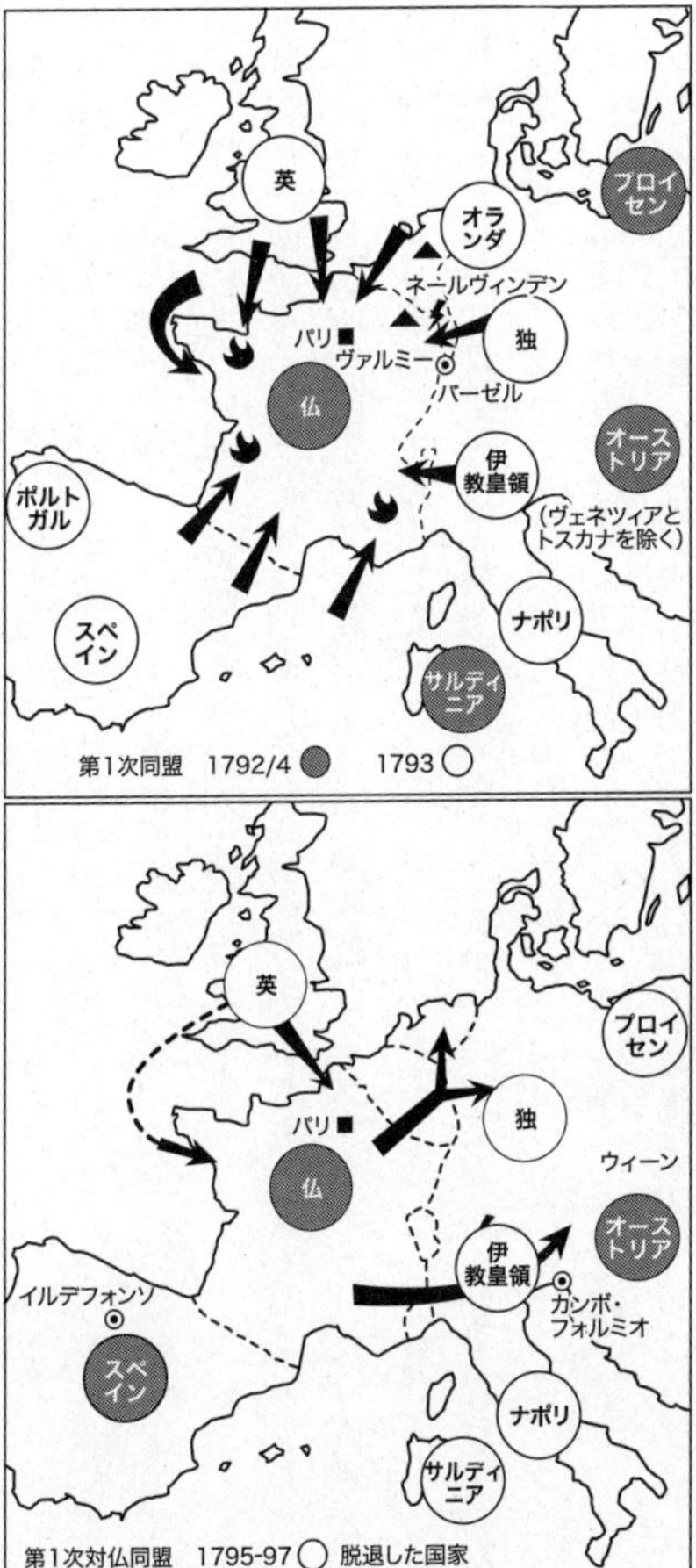

なった。

5月18日、ソーハム（Joseph Souham）大将が一時的に指揮するフランス北部軍はオーストリア軍と英軍とハノーヴァーの連携不十分な軍集中の弱点に乗じてトゥールコアン（Tourcoing）において攻撃した。同盟軍は敗北した。

5月23日、同盟軍とフランス軍はそれぞれ兵力同等の約5万をもってトゥールネー（Tournai）において激突した。激戦であったが勝敗がつかず引き分けた。両軍ともに戦死約3000を出して撤退した。

この年、フランスは飢饉に見舞われていた。そこで4月、米国から約130隻の商船が穀物を満載してフランスに向かって航行していた。

フランス西岸沖の大西洋では、この船団をブレスト港に護衛するため、ド・ジョユーズ（Louis Villaret de Joyeuse）提督の指揮するフランス艦隊が出撃した。ハウ提督の指揮する英艦隊はウェサン（Ushant）沖約720キロの大西洋でフランス艦隊を待ち受けていた。両艦隊は不思議に26隻ずつであった。もっとも最終段階でフランス側は四隻の増援をえた。両艦隊は4日間、平行機動しながら砲撃戦を続けたが、最後にハウは英艦隊の陣形を解いて全艦隊をフランス艦隊陣形に突入させた。こうして壮烈な格闘戦となった。フランス艦隊は6隻が拿捕され、7隻が撃沈された。

フランス艦隊は戦闘から退避してブレストに帰還した。この戦闘間にフランス商船隊は無事にフランスに到着した。フランス海軍は「6月1日」の海戦に敗北したが、海戦目的を達成した。

地中海では、コルシカ島北西部のカルヴィ（Calvi）沖においてネルソン戦隊がフランス艦隊を追い回していた。

フランス北部正面では、6月12日、モーゼル河のジョルダン軍は北方に機動し、ブラッセル南方25キロのシャルルロア（Charleroi）を包囲した。ジョルダンは、ライン中部軍と北方軍を合わせ指揮することになり、その兵力は7万5000～8万となった。

6月17日、フランスのジョルダン軍は救援に来着した同盟軍からフーグレッジェ（Hooglege）において攻撃を受け戦闘は激戦となったが、逆襲に成功したフランス軍は、ほぼ敗北の態勢から勝利を獲得した。同盟軍は北方に退却した。

6月26日、兵力5万2000のコーブルグの指揮する同盟軍は、シャルルロアが前日に陥落してしまっていることに気付かず、救援するために5個縦隊で進撃し、街の外周約32キロに展開しているジョルダン軍とフローリュス（Fleurus）において激突した。

戦闘の初期は全正面においてオーストリア軍に有利に進展した。しかし、ジャン・B・クレーベル（Jean B. Kleber）が指揮するフランス軍の果敢な逆襲によってオレンジ公軍が戦場から駆逐され、同盟軍右翼の攻撃が停止してしまった。そこへジョルダンが直接指揮して中央から逆襲した。同盟軍は過広に展開しているフランス軍に対して左翼が成功しているにかかわらず、コーブルグは攻撃中止を命令した。そして翌日、退却を発令して勝利をジョルダンに譲った。ジョルダンはただちに追撃を開始した。

7月10日、フランス軍はブラッセルに入城した。翌々日にアントワープが陥落した。英遠征軍は海上から本国に撤退した。オーストリアは永遠にベルギーを放棄することになった。

ジョルダンはコーブルグ軍を追ってロール（Roer）河を渡り、ライン河左岸地区のプロイセン軍を緩慢に掃討した。

8月10日、地中海では英艦隊が陸軍と共同し、ナポレオンの故郷コルシカ島を占領した。ネルソンはこの戦闘において右目の視力を失った。

ポーランドでは4月以来、コシウスコ軍が頑強な戦闘を続けていた。そしていよいよ8月26日からワルシャワ防衛戦が始まった。包囲を受けながらポーランド国民の義勇兵は包囲網を潜り抜けて続々と集まり、兵力は3万5000に膨れ上がった。そして二度にわたる攻撃を撃退した。9月6日、ついにロシア軍もプロイセン軍も包囲を解いた。

8月、ベルギーにおいてジョルダン将軍の指揮下から分離し、新たに編成されたライン・モーゼル軍の司令官となったモロー大将（Jean Victor Moreau）の指揮するフランス軍は9月、ラインラントに進撃した。一時的にカイゼルスラウテルン（Kaiserslautern）において撃退されたが、10月までにライン上流正面において同盟軍をライン河西岸地区から追い出し、マインツを占領した。

北部正面では、フランス軍がオランダに侵入した。アルプスと地中海沿岸地区では、フランス軍がサヴォイ公国から同盟軍を追払った。そして東方に圧迫を続け、サヴォナ（Savona）まで進出した。ナポレオンは砲兵司令官として軍功を挙げ、少将に昇任した。

南西正面ではピレネー山脈の両翼においてスペイン陣地を突破して侵入した。ポーランドでは10月10日、コシウスコがわずか兵力7000を率いてマシージョワイス（Maciejowice）を防御していたが、フェルセンの指揮するロシア軍1万5000の攻撃を受けた。ポーランド義勇軍は救援に失敗し、コシウスコ軍は撃破された。

この戦闘でコシウスコが負傷してロシア軍に捕獲された。指導者を失った義勇軍は、たちまち崩壊した。

1795年1月、フランス軍はネーデルラント占領作戦を開始した。ピシェルー（Pichegru）騎兵軍団が凍結したテクセル（Texel）河を奇襲渡河してオランダ艦隊を拿捕した。3月までフランスの衛星国となったオランダは「バタヴィア共和国（Batavian Republic）」と名付けられてフランス軍に協力することになった。

3月14日、地中海では、ネルソン戦隊はホタム（William Hotham）提督の指揮のもとにジェノヴァ沖でフランス艦隊と戦ったが、決定的な勝利を得なかった。このあとネルソン戦隊はスペインがフランス側に立って参戦したので、イタリアにおけるフランス陸軍の背後連絡線を擾乱するためにイタリアのリヴィエラ（Riviera）沿岸を海上封鎖した。

5月5日、フランスはプロイセンと個別に講和の交渉を開始した。戦争で疲弊したプロイセンは長い交渉ののち6月22日、バーゼル（Basel）の講和条約を締結し、同盟陣営から脱落した。これにザクセン、ハノーヴァー、ヘッセーカッセルが追随した。そしてスペインもサント・ドミンゴをフランスに譲渡して講和した。

しかし、英国は戦争を続けた。フランス西岸沖の大西洋では6月12日、コーンウォリス（William Cornwallis）提督の指揮する英艦隊5隻は、フランス提督ヴィラールの艦隊12隻との接触を失った。しかし、英輸送船団は幸運にもヴィラール艦隊による攻撃を逃れた。

6月23日、コーンウォリスの英艦隊12隻は、ヴィラール艦隊とイル・ド・ゴア沖で遭遇して海戦となった。ヴィラールは3隻を失った。

6月27日英国は英艦隊の支援のもとにフランス王党派の亡命軍をキベロン（Quiberon）に上陸させてブリタニー（Brittany）を占領しようとした。しかし、7月16～20日、フォッシェの指揮するフランス西部軍が待ち構えていて決定的に撃滅された。脱出した一部は7月20～21日、英海軍が救出して英国に撤退した。この種の海上から支援する小規模な反政府軍の送り込みはほとんど成功しない。

フランス革命政権の政変

フランスでは1795年8月22日、パリにおいて政変が起こり、独裁的政治の猛威をふるったロベスピエールは、与党の過激派議員とともに逮捕されて斬首された。フランス政府は5人の督政官による集団指導体制に変わった。

ロベスピエールから信任されていたナポレオンは軍職を剥奪され、牢獄にいれられた。その後、彼は囚人としてパリに護送されたが、弁解につとめた結果、罪を許されたものの軍隊からは追放された。

放浪の身となった失意のナポレオンは悲観の極みに陥り、投身自殺しようと死に場所を求めてセーヌ河畔を放心状態で徘徊しているとき、たまたま通り合わせた昔の友人である一貴族が驚いてナポレオンを救った。

その後、ナポレオンは復職運動に努力して軍隊の地図局に復帰できたものの、トルコ軍の改革にアドヴァイザーとして赴任を命ぜられた。

彼はトルコに赴任する直前、ふたたびパリが不穏な状態になったので、トルコ行きを先延ばししてパリの情勢を見守ることにした。

パリでは10月、王党派が4万の国民兵を煽動して暴動を起した。パリ周辺に所在していた革命政府軍はわずかに7～8000で対処不可能であり、政府のチュイルリー宮は包囲される寸前の状態であった。

この危機に国民議会は無能な首都警備司令官ムヌーを更迭し、バラー将軍を任命した。しかし、バラーも対処に自信がない。そこでバラーはトルコ行きを待機中のナポレオンを呼んで副司令官兼砲兵部隊長に任命した。

10月5日、ナポレオンは臨機応変の軍事才能を発揮し、5倍以上の反乱軍を撃破してパリから撃退した。彼は〝ぶどう弾〟（編集部注：複数の子弾を袋に詰めた前装式大砲用の散弾）を暴徒に発射して解散させたのだ。

彼はこの功績によって中将に昇任し、内国軍司令官に任命され、パリ周辺における反政府運動の鎮圧にあたることになった。新政府は陸相カルノーを留任させた。

約10万の兵力を擁するジョルダン将軍はサムブレ河とミューズ河正面の防衛を担当し、コブレンツ（Coblenz）に所在していた。ライン河とモーゼル河正面を担当するピシェルー軍9万はアルザスとパラチネイトにあってマインツを防御していた。

フランス国内は政変で混乱していたが、防衛作戦は順調であった。6月26日から8ヵ月間包囲を続けていたルクセンブルクが陥落した。ジョルダン軍に対抗している同盟軍約10万はクレルファイ（Charles von Clerfayt）元帥が指揮していた。その配下のウルムゼルがライン河上流部の東岸地域に兵力約8万5000を率いて集結した。

9月3〜6日、ジョルダンはドイツ侵攻を企図し、ウルムゼル軍を無視してフランクフルトを目指した。しかし、10月29日、クレルファイは先回りしてマインツ（Mainz）を防御しているピシェルー軍を撃破しパラチネイトに雪崩れ込んだ。

11月15日、ポアトー（Poitou）沖に英遠征軍約2500が接近したが、上陸前にヴァンデのフランス反乱軍が撃破されてしまったので、英軍は撤退した。

北部イタリー戦線では、地中海沿岸にそってシェレル（Barthelemy Scherer）指揮のフランス軍が少しばかり東方と東北方に戦線を推し進めていた。そして11月23～25日、マッセナ（Massena）軍がロアノ（Loano）において同盟軍を追い払った。

ライン河上流正面では12月21日、パラチネイトに侵攻したオーストリア軍が説明できないような現地停戦を締結した。これは指揮官ピシェルーがフランス軍を裏切ったことによるもので、ジョルダンのドイツ侵攻は挫折することになった。

地中海では、ホタム（William Hotham）提督の英艦隊が改装なったトゥーロン軍港を基地とするフランスのマルタン（Pierre Martin）艦隊と二度にわたり遭遇したが、決定的な海戦にならなかった。そこで英海軍は11月、ホタム提督を解任し、西インド諸島で暴れたジャーヴィス提督を地中海艦隊司令官に任命した。

ポーランドはロシアに完全に支配された。第3次ポーランド分割である。

フランスの攻勢作戦

フランスの戦争の性格は、国土防衛から征服戦争へと転換しつつあった。それは

「自由、平等、博愛」の福音を西欧に広めようとする情熱と、軍事兵站の要求という動機によるものであった。国民皆兵によって膨大な兵力を動員したフランスは軍を支える支援力に不足し始めていた。

戦争は二つの主要戦域で実行された。ドイツ戦線とイタリア戦線である。フランスのカルノーは戦争相として、また陸軍参謀総長として辣腕を発揮していた。

カルノーの戦略構想は、オーストリアを2本の刃で挟み切る「ピンサー作戦」であった。それはサムブル・ムーズ河正面の部隊とライン・モーゼル河正面の部隊がドイツを突き抜けて突進し、オーストリアの首都ウィーンにおいてイタリア正面から進撃する部隊と挟撃しようとするものであった。

一方、ライン河とドナウ河の両河川上流地域では、オーストリア側がデュッセルドルフ〜バーゼル〜ラティスボン（Ratisbon）の三角地域において巨大な機動作戦を計画していた。その作戦にはオーストリアの青年指揮官カール大公が総指揮を執ることになった。それはフランスのジョルダン軍、モロー軍に対する内線作戦である。カール大公は機動の自由を確保していた。

それに対してフランス軍は相互連携がとれずバラバラであった。ジョルダンの任務はモロー軍がバイエルンに進撃できるようにオーストリア軍を北方に誘致拘束するというものであった。それが成功したあとでジョルダン軍はオーストリアに侵攻する計画であった。

バラー将軍に抜擢されて内国軍司令官を勤めていたナポレオンは6歳年上で二人の子供を持つボーアルネ子爵未亡人ジョセフィーヌに恋をした。ジョセフィーヌの夫、ボーアルネ子爵は1793年、ルイ十六世とともに国王派の取り巻きの一人として斬首された。未亡人となったジョセフィーヌは貴族出身のバラー将軍を頼り、半ば妾となっていた。

ジョセフィーヌは絶世の美女と言われている。特にその性的魅力は当時のフランス社交界で右に出るものはなかった。

1796年3月2日、ナポレオンはバラー将軍による異例の抜擢により、28歳で一躍、イタリア正面軍司令官に任命された。彼は出陣に先立つ3月9日、バラーに許しを得てジョセフィーヌと結婚した。そして3月11日にイタリアに向かって出征した。

ナポレオンはパリ社交界でバラーに取り入っていたことは確かである。イタリア正面にはかつての上司であり、年配の歴戦の将軍たちがいたが、この補任によって地位が逆転し、ナポレオンの部下となった。マッセナ大将、オージェロー大将などである。

大西洋、英国海峡、ドーバー海峡、北海、バルト海、地中海における海洋の戦いはまさしく「通商破壊戦」であった。国家資源を大陸に求めることができる西欧大陸諸国にとって海洋を経る通商は加算的なものであったが、海洋貿易に国家の存続を賭けている英国、ポルトガル、オランダ、デンマークなどにとって通商破壊は致命的であった。

それぞれの国のフリゲート艦が大活躍し、多くの商船を餌食にした。抵抗する商船や逃走する商船は沈没させられたが、大部分は拿捕された。この3年間を通して通商破壊の戦果は、両側陣営にとって「同等」であったといえる。

ナポレオンの第1次イタリア会戦

1796年、フランス軍の南部正面が活発に動き出した。ナポレオンは3月9日、ニッツアの南部軍司令部に着任した。当時のイタリア戦線のフランス軍は補給がきわめて逼迫して士気が落ち、風紀びん乱、規律弛緩のうえにオーストリア同盟軍に比して兵力劣勢の4万5000であった。南部軍はニースからジェノヴァ近傍まで広い正面のリヴィエラ（Riviera）にそって展開していた。

海洋では、英艦隊はフランスの二つの主要軍港ブレスト（Brest）とトゥーロンを封鎖しようとしたが、完全な封鎖はとてもできなかった。それでもスペインとオランダの艦隊勢力の動向を監視下において英国海峡、ドーバー海峡、地中海の制海権は英艦隊勢力が握っていた。

ロンバルディア平原の南側の丘陵地帯には、2個同盟軍が睨みを効かせていた。一軍はサルディニア（ピエモンテ）軍のコルリ（Colli）男爵の指揮する兵力約2万5000でチェバ付近にあり、もう一つはボーリュウ（Jean Pierre Beaulieu）の指揮するオーストリア軍3万5000で、アレッサンドリアおよびその南方の広い地域に分散展開して増援の来着を待っていた。また、別に約2万のサルディニア軍がフランスのアルペン軍と対峙していた。

ナポレオンは、全軍に対し、

「わが兵士たちよ。われわれは着る服もなく、食べるに十分に食糧もない。……この困苦欠乏の中で諸君が発揮している忍耐と勇気は賞賛するに余りある。予は、諸君を率いて豊穣の地、ロンバルディアを征服するために前進する。名誉と栄光と財宝は諸君のものだ」

と演説した。略奪を許したのである。当時のフランス軍の戦闘序列は、

ラハルプ師団およびマッセナ師団　サボナ付近

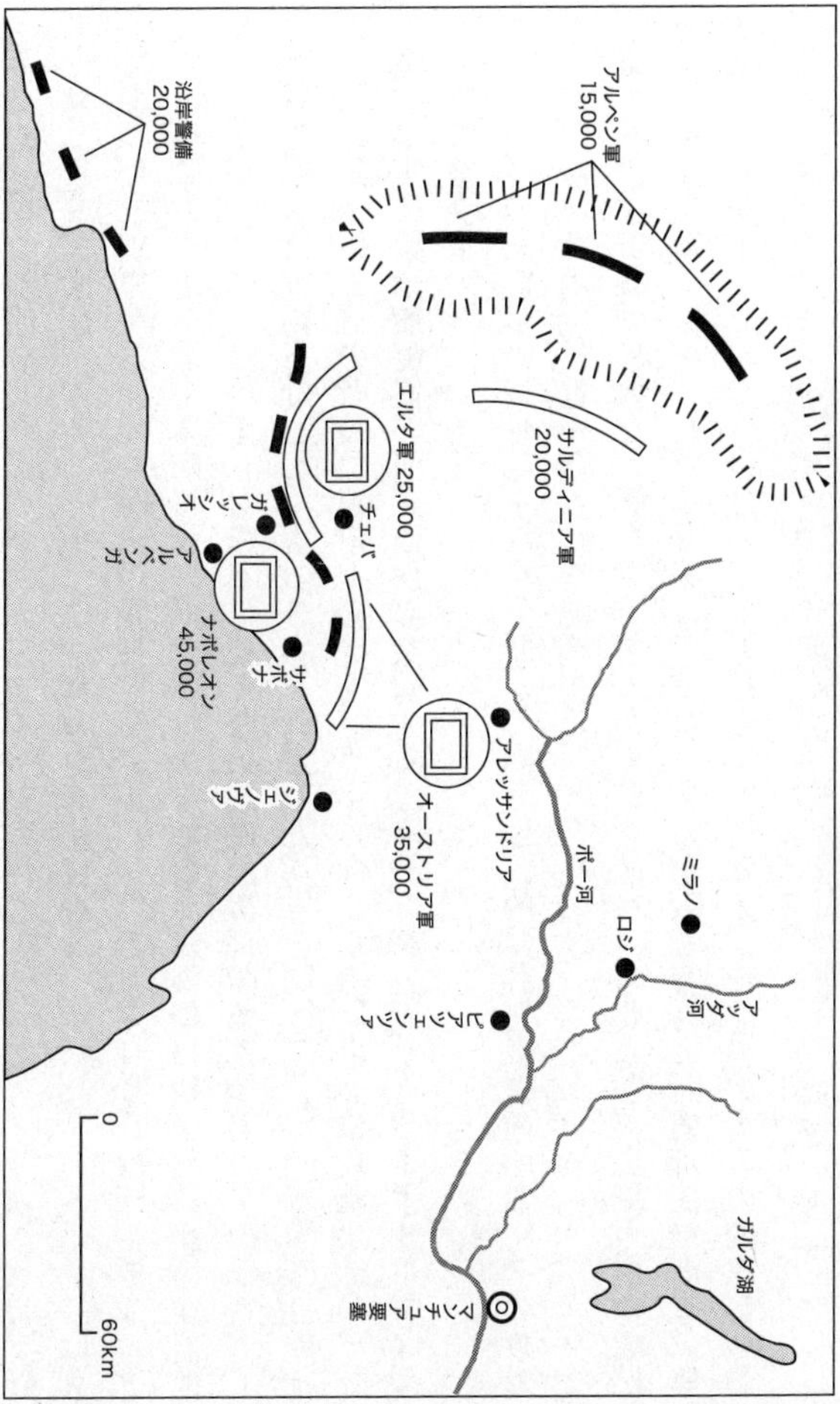

第3図　1796年3月のイタリア戦線の状況

オージェロー師団　　　　　　　　　アルベンガ付近
セリューリエ師団　　　　　　　　　ガレッツシオ付近

であった。別にケレルマン将軍の指揮するアルペン軍1万5000はサルディニア西方山地に、また、ニースから西方トゥーロンまでの海岸警備に約2万の兵力が展開していたが、これらはいずれも作戦に使えない基礎配置部隊であった。

ナポレオンは行動方針として次の3案を列挙した。

(1) 敵軍全般配置の背後に迫るためジェノヴァ方向から海岸沿いに攻勢する。
(2) 堅実に敵全般配置の西正面から突破するためテンダ方面から、まずサルディニア軍を攻撃する
(3) 二つの同盟軍の接合部を攻撃分断し、内戦作戦的に各個に撃破する。その攻撃方向は、サボナ付近から谷地を北進する。

第1案は、奇襲効果大な大胆な案であるが、ジェノヴァの要塞と英海軍力の脅威があり、危険な案でもあった。第2案は、安全であるが敵も容易に対応可能である。第3案は、同盟軍がそれぞれ自分の軍の態勢を第一に考え、全体協力するのは難しい。これは弱点攻撃となる可能性が大きい。

〔注〕現に弱点ではないが、反応行動によって弱点が発生する。戦術の要諦の一つである。

ナポレオンは第3案を採用した。

モンテノットの戦闘

1796年4月12日、ナポレオン軍は一部（セリューリエ師団）をもって西正面から牽制攻撃を行なわせ、主力をもって3個縦隊で敵同盟軍の接合部を目指して前進し、モンテノット（Montenotte）の戦闘においてボーリュウ軍の右（西）翼を打撃した。これで同盟軍の間隙が拡がった。

〔注〕このあとの内線作戦と3個縦隊――菱形陣形――はナポレオン戦術の得意技になる。

同盟軍の弱点に乗じた4月14～15日、デゴ（Dego）の戦闘においてナポレオンは好機を追求し、主導性を失うことなくボーリュウ軍と逆襲の応酬をしてデゴを占領した。

ボーリュウ軍は約30キロ北方のアクイ（Acqui）に後退した。そこでナポレオンは矛先をサルディニア軍左翼に向け西進した。サルディニア軍は退却を始めた。

4月21日、退却中のコルリは一時、モンドヴィ（Mondovi）に踏みとどまってナポレオン軍の左翼縦隊の攻撃を阻止しようとしモンドヴィの戦闘となったが、主力から襲い掛かられて敗走した。ナポレオンは仮借なく追撃する。4月23日、コルリはついに休戦を求めた。これを受け入れたナポレオンは進撃方向を北東に向け、ポー（Po）河に前進した。対岸（北岸）地域にはボーリュウ軍が約100キロにわたって全渡河点を抑えて広く展開していた。4月28日、サルディニアは同盟国から脱落した。

ナポレオンはオーストリア軍の予想に反して一部隊をもってポー河南岸を下流に向かって急進させ、ピアツェンツァ（Piacenza）においてポー河を奇襲渡河させた。北岸の上流部に主力を展開させていたボーリュウはマンチュア（Mantua）要塞に通ずる退路を遮断されることを恐れて全軍に東方に撤退を命じ、ナポレオン主力のポー河渡河に先立ってポー河支流のアッダ（Adda）河以東に退却した。ナポレオン軍はポー河北岸に進出したものの、東進するにはアッダ河が障害になった。アッダ河はアルプスから南流してポー河に合流している。

アッダ河の渡河点は唯一アッダ河西岸のロジ（Lodi）市の橋梁であった。フランス軍前衛はこの橋梁を奪取しようとして突進し、ロジの戦闘となったが撃退された。最

第4図　1796年4月中旬〜5月下旬のイタリア戦線

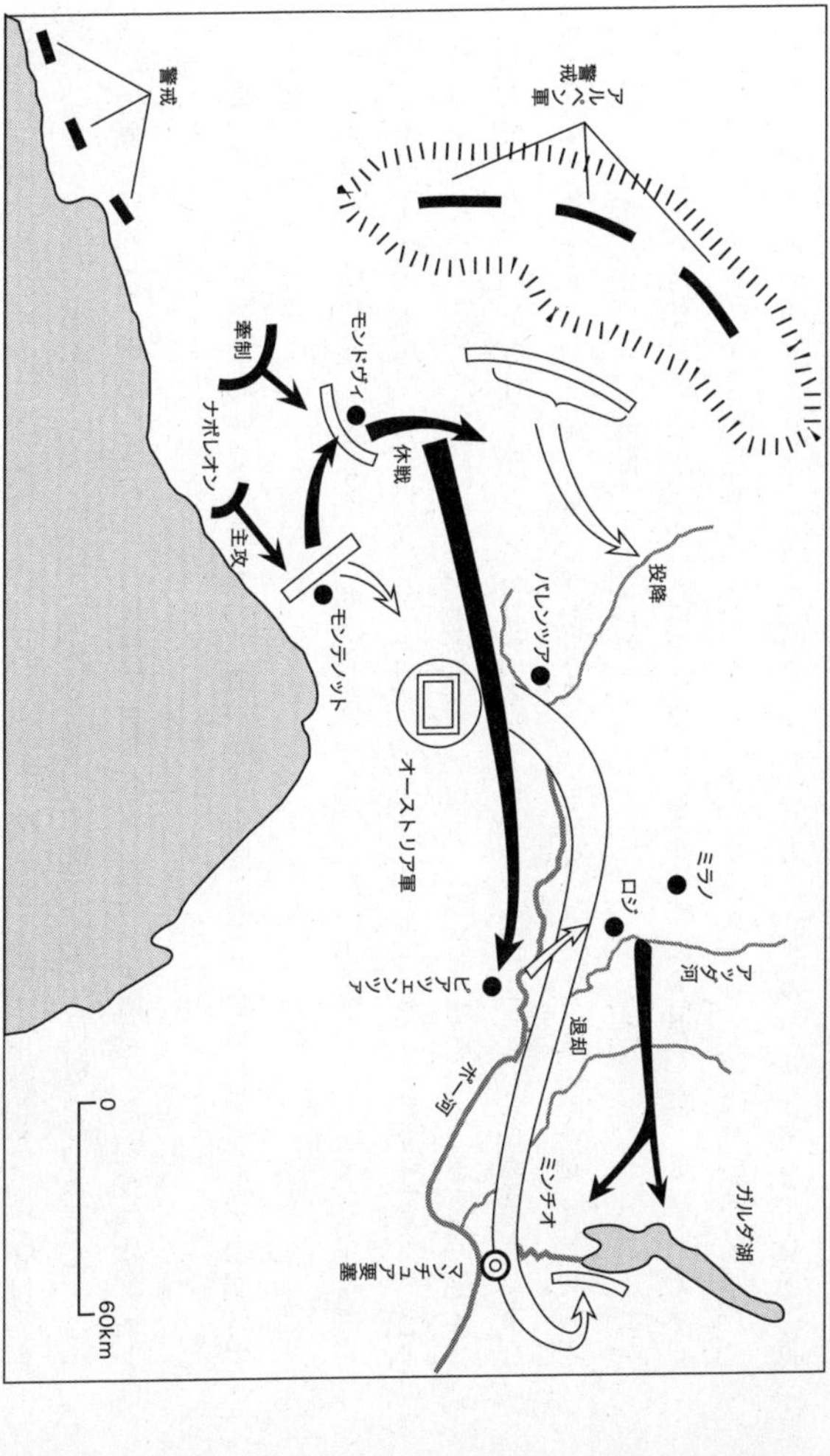

前線に進出したナポレオンは得意の砲兵による制圧射撃を直接指揮し、橋梁守備の敵兵がひるんだ機に勇将ランヌとともに先陣を切って橋を渡り、橋梁を占領した。この陣頭指揮の猛烈さに驚いたフランス将兵はナポレオンに「小伍長」というニックネームをつけた。

古来、名将は陣頭において指揮し、戦機の機微を捉える。ナポレオンもその例外ではなかった。

ボーリュウはチロル（Tyrol）に向かう後退を続けた。当時のオーストリア帝国と北部イタリアを結ぶ戦略経路はオーストリアのクラーゲンフルト（Klagenfurt）からカラワンケン（Karawanken）山脈を越えて東部ロンバルディアのユーデン（Udine）へ進出するか、ハンガリーからジュリアン・アルプス（Julian Alps）を越えてトリエステ（Trieste）に進出するか、チロルからブレナー（Brener）峠を越えてガルダ（Garda）湖に進出する三経路であった。

１７９６年5月15日、ナポレオンはミラノ（Milano）に入城した。ミラノのオーストリア軍駐屯地はすぐに投降したが、ミラノ砦のオーストリア軍は篭城を続けた。

5月21日、ピエモンテはフランスに降伏して講和した。ビクトル・アマデウス二世（Victor Amadeus II）国王は、サヴォイとニースをフランスに割譲し、フランス軍がピエモンテ国内に駐留することを容認することになった。

ナポレオンは、わずか17日間で二つの敵軍を粉砕し、西部ロンバルディア平原の主要地域を占領した。数日間、部隊に休養を与え、再編成したナポレオン軍はオーストリア軍を追って進撃した。

再編成を終えたボーリュウ軍1万9000はガルダ（Garda）湖からマンチュア（Mantua）要塞まで流れるミンチオ（Mincio）河の線まで退却し、そこで防御態勢を敷いた。マンチュア要塞には、別に1万1000が立て篭っていた。

5月29日、ナポレオン軍はミンチオ河西岸まで進出した。そして翌日、兵力約2万8000を一点に集中して敵の一線防御を突破した。ボーリュウはなすすべもなく、アディジェ（Adige）河を越えて退却し、チロルに向かった。

逃げ込んだ兵力によって1万3000に増えたマンチュアは孤立する。これでマンチュアを除いて北イタリアはナポレオンの手に落ちた。ナポレオンは6月4日、一部をもってマンチュアを包囲し、主力はこの包囲戦を援護するためにアディジェ河に沿って展開した。

結婚間もなく、美貌で妖艶な妻をパリに残してきたナポレオンは作戦中もジョセフィーヌのことが気になっていて、頻繁に愛文を送ったが、ジョセフィーヌの返書は素っ気ない。ついにナポレオンは〝どうしてそんなに冷たいのか〟と詰問の手紙を書いたほどである。

当時ミラノには美貌と美声で全欧州を風靡していたオペラ歌手グラッシーナ（24歳）がナポレオンに恋して愛を求めたが、ナポレオンは見向きもせず、ひたすら愛妻を求めジョセフィーヌをイタリアに招くことにした。

ライン河正面では、ジョルダン軍7万2000はデュッセルドルフにおいて6月10日にライン河を渡ってドイツに侵攻し、ヴェッツラー（Wetzlar）を目指した。

これに対してオーストリアのカールは兵力を集中して6月16日、ヴェッツラーにおいて迎撃してフランス軍を撃退し、彼の最初の任務を果たした。

一方、モロー軍7万8000は6月23〜27日、ストラスブール（Strasbourg）においてライン河を渡ってドイツに侵攻した。カール軍はワルテンスレーベン（Alexander H. Wartensleben）の指揮する兵力3万6000をもってジョルダンを監視させるとともに、2万を率いてモローに対処するために機動した。ジョルダンは計画に従ってライン河を再度越えてワルテンスレーベン軍を圧迫した。

イタリア戦線では、ミラノ砦のオーストリア軍が6月29日に降伏した。

一方、ライン河戦線では7月9日、カール軍はマルシュ（Malsch）においてモローのフランス軍を攻撃したが不徹底な戦闘となり、そのあとフランス軍と対峙することになった。

増援を受けたカールはドナウ河を押し渡り、ラトール（Latour）大将の指揮する兵力3万をもってモロー軍を監視させ、兵力2万7000を率いてジョルダン軍に向かい北進した。ジョルダン軍はアンベルグ（Amberg）の近傍においてワルテンスレーベン軍と対峙していた。

マンチュア要塞の救出作戦

イタリア戦線では、ウルムゼル大将がオーストリア軍4万7000を率いてチロルから進出した。カスダノヴィッチ（Quasdanovich）将軍の指揮するオーストリア軍1万8000がガルダ湖の西岸沿いに南下し、ブレシア（Brecia）を占領してナポレオン軍の背後連絡線を遮断させ、主力2万4000をもってガルダ湖東岸を南下し、1個支隊5000をベニス（Venice）西側に注ぐブレンタ（Brenta）河にそって迂回南下し、ナポレオン軍の東翼を攻撃させようとした。三方向からの外線作戦である。

そのとき、ナポレオン軍の配置は、セルリオ師団8000がマンチュアを包囲中で、オージェロー（Pierre F. C. Augereau）の指揮する師団6000はエッチュ河畔のレグナゴ（Legnago）にあって東翼を警戒。マッセナ師団1万5000はガルダ湖東岸のリボリ（Rivoli）にあって北方に対し警戒。残余はヴェローナ（Verona）～マンチュア間に集中していた。そして別にデスピネー師団5000が増援として1796年7月末にミンチオ河畔目指して東進する予定であった。ナポレオン軍は攻囲部隊と増援を含めて4万2000であるが、当面、機動作戦に使用できる兵力は3万4000で、内線作戦の態勢をとっていた

情勢が緊迫しつつあった時期であるが、ナポレオンの妻、ジョセフィーヌがイタリア戦線のマインランドにやってきた。ナポレオンは欣喜した。ジョセフィーヌも女帝のように周囲からもてはやされて虚栄心を満足し、それだけナポレオンに協力的になり、イタリア支配層の人々に対する外交に寄与したと伝えられている。もっとも、護衛の青年将校シャルルと浮気したこともナポレオンに伝えられた。しかし、ナポレオンは不倫した妻を許した。ナポレオンはジョセフィーヌの魅力に勝てなかった。彼女の性的魔力が歴史を動かしたのかも知れない。

7月29日ごろ、ナポレオンはブレンタ河方向から有力な敵の一部が南下中との情報を得たが、敵主力がガルダ湖のどちら側から南下してくるか判らなかった。しかも両

第5図　1796年7月31日～8月5日の北部イタリア戦線の状況

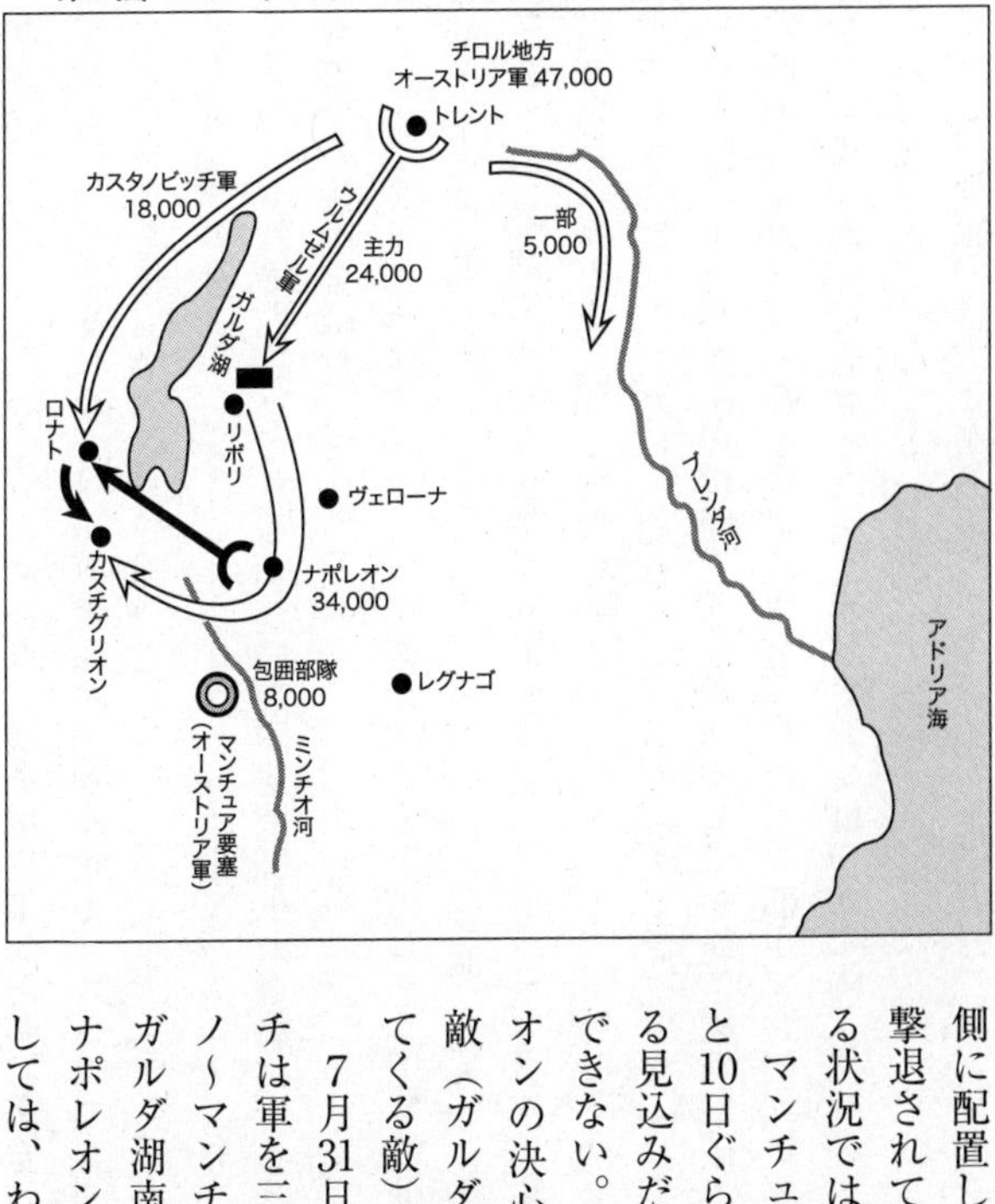

側に配置していた警戒部隊が撃退されて敵兵力を把握できる状況ではなかった。

マンチュア要塞の攻囲はあと10日ぐらいで陥落させられる見込みだが、それは当てにできない。このときのナポレオンの決心は、「先ず危険な敵（ガルダ湖西岸から南下してくる敵）の撃破」であった。

7月31日、カスダノヴィッチは軍を三縦隊に分け、ミラノ～マンチュア道を遮断し、ガルダ湖南端まで進出した。ナポレオンはマンチュアに対しては、わずかの監視部隊で包囲を続け、主力をもってカスダノヴィッチを攻撃したが、決定的に撃破できずに敵は後退した。その隙にオーストリア軍主力を率いるウルムゼルはガルダ湖東岸地域からマンチュアを救出する際まで迫った。

そこでナポレオンは、オージェロー師団をもってウルムゼル軍主力を牽制・抑留させ両敵のいずれでも攻撃できるように中間地域に主力を集結するとともに一部をもって両敵との接触を維持した。

8月1～2日、カスダノヴィッチ軍が主力とともにナポレオン軍を挟撃するために再び南下を開始した。ナポレオンはこの機会を狙っていた。この敵をロナト(Lonato)の戦闘において攻撃して撃破した。カスダノヴィッチ軍は1個縦隊が投降し、残余はガルダ湖北端まで敗走した。

ナポレオンは、ただちに反転して8月5日、カスチグリオン(Castiglione)においてウルムゼル軍を左翼から包囲攻撃した。ミンチオ河に圧倒撃破されたウルムゼル軍主力は損害1万6000を戦場に残し、また、一部がマンチュア要塞に逃げ込んで残余がチロルに向かい退却した。ナポレオンの鮮やかな内線作戦の成功である。ナポレオンは軍を休息させることにした。

ライン河戦線では、オーストリアのカール軍は8月12日、フランス軍から圧迫を受けてウルム（Ulm）とドナウヴェルト（Donauworth）の間のドナウ河南岸に押し下げられた。

スペインはフランス側に立って8月19日、英国に対し戦争を開始した。これで地中海における英海軍の態勢は重要な脅威を受けることになった。そこで英海軍は、いつまでコルシカ島とエルバ島を保持するか、重要な検討事項となった。状況によれば、一時的に地中海の制海権を放棄しなければならないのではないかとまで討議された。

イタリア戦線では、ナポレオンは8月24日、マンチュア要塞の包囲を再興した。マンチュアのオーストリア軍は敗残兵が逃げ込んで兵力が1万７０００に膨れ上がっていた。

ライン河正面では、アンベルグ（Amberg）においてワルテンスレーベン軍が正面から、カール軍がフランス軍の右翼から攻撃した。ジョルダン軍は撃破されて敗走した。一方、モロー軍はフリートベルク（Friedberg）において同盟側のラトール軍を攻撃して撃破した。

この報を聞いたジョルダンはマイン（Main）河畔のヴュルツブルク（Wurzburg）において敗軍を再編成し、カール軍に対抗した。

1796年9月になるとイタリア戦線では、ウルムゼルは再び軍を二つに分け、ダビッドビッチ（Davidovich）の指揮する2万をもってチロルを防御させ、主力2万6000を率いて、今度はブレンダ河を南下しマンチュア北方のナポレオン主力との決戦を回避するように迂回してマンチュアに向かった。

オーストリア軍の作戦計画を読めなかったナポレオンは約1ヵ月間かけて戦力を回復したあと、作戦を再開してマンチュア要塞の包囲に8000を残し、主力3万4000をもってガルダ湖両岸から北進して9月2〜5日、ガルダ湖東北端のロベルト（Rovereto）およびアデジェ河上流のカリアノ（Caliano）付近の戦闘において防御していたオーストリア軍約2万を粉砕した。そしてチロル州の戦略要点トレント（Trento）を占領した。このときナポレオンはウルムゼル軍が主力を率いてブレンタ河を南下中との報を聞いて、すかさずトレントからウルムゼルと同じようにブレンタ河を南下して追いかけオーストリア軍の背後に襲い掛かろうとした。

ライン河正面では9月3日、カール軍がヴュルツブルク（Wurzburg）のフランス軍に対し両翼から包囲攻撃を行なった。オーストリア軍騎兵の行動は目立ち過ぎた。ジョルダンは決戦を回避して一連の運動戦を交えながら一早くライン河に退却した。ここで降伏の休戦が成立した。カールはバイエルンに侵入しているモロー軍に注目し

第6図　1796年9月4日～15日のイタリア戦線の状況

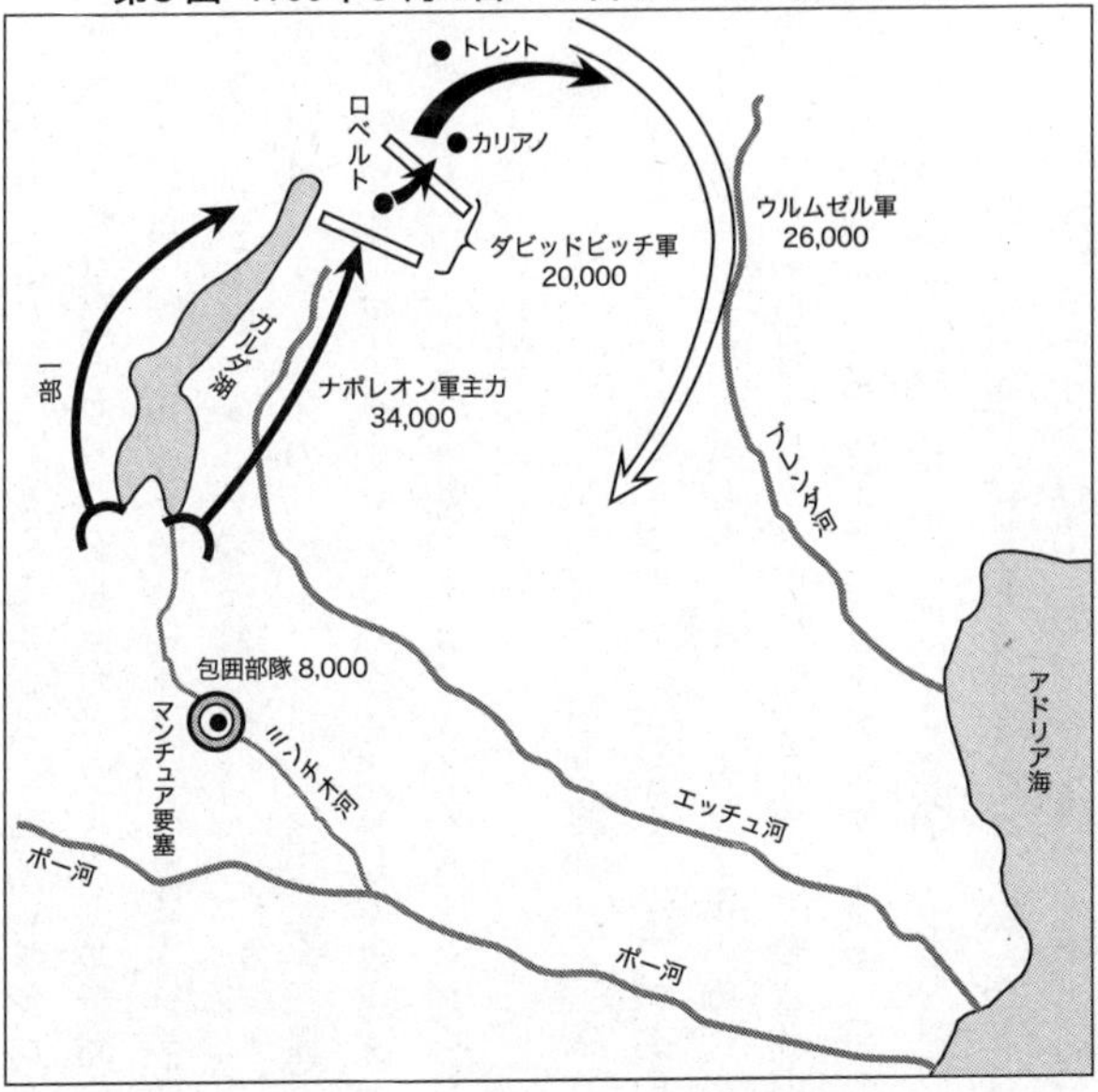

た。一方、ジョルダン軍の敗報を知ったモロー軍はラトール軍に対する追撃を中止し、急いでライン河に向かって退却した。ライン正面の作戦はフランス軍が防勢に陥った。

イタリア戦線では9月8日、バッサノ（Bassano）においてオージェロー師団とマッセナ師団がウルムゼル軍に対し包囲攻撃した。ウルムゼルの1個師団がまるごと降伏した。ほんのわずかの兵力が東方に敗走した。

9月13日、とにかくウルムゼルは残余を率いてマンチュアに到着した。マンチュアの篭城兵力は2万8000を越えた。ウルムゼルは防御地域を拡張しようとしたが、マッセナ将軍とシャルル・カリマイヌ（Charles Kalimaine）将軍の勇戦によって成功せず、狭い要塞に閉じ込められた。

9月14日、フランスのリッシェリー（Richery）提督は、封鎖中の英艦隊の隙を見て小戦隊を率いてトゥーロン軍港から出撃してカナダのニューファンドランドに向かって航海した。そこで多数の英領カナダ漁民を捕虜としてカナダ漁業を攪乱して無事にトゥーロンに帰投した。

ライン河戦線では、結果的にフランス軍がオーストリア軍に押し戻され、モロー軍は10月26日、無事にフンニンゲン（Hunningen）においてライン河を西岸に撤退した。ライン戦線において成功したオーストリア軍のカール大公はイタリア戦線に関心を向けた。そして11月1日、3度目のマンチュア要塞救出作戦を開始することになった。

イタリア戦線では、オーストリアのアルビンチ（Josef Alvintzy）男爵がダビッドビッチ（Davidovich）将軍の指揮する兵力1万6000をもってトレントからアディジェ河に沿ってリボリに進撃させるとともに、自らウーディン（Udine）からパルデノン（Pardenone）に進出し、ブレンタ河の東方のヴィツェンツァ（Vicenza）を目指した。彼はダビッドビッチ軍とヴェローナ（Verona）で合体しようと計画していた。

ナポレオンはマンチュア監視部隊9000を残し機動作戦部隊3万をマンチュア北方に集結していた。アルビンチ軍のイタリア戦線進出の報によってピェール・A・デュボア軍8000をもってダビッドビッチ軍を牽制・抑留させるとともに、予備4000をヴェローナに配置し、主力1万8000を率いてブレンタ河畔においてアルビンチ軍の進出を待った。相対戦力劣勢にかかわらず全般作戦方針は、得意の内線作戦による攻勢である。

デュボア軍はガルダ湖北方の小村ラビスとカルリアンにおいて果敢に拘束目的の攻撃を行なったが撃退され、ガルダ湖南部のリボリに向かい遅滞作戦を強いられた。一方、主力はバッサノ付近においてアルビンチ軍の前衛を攻撃したが、アルビンチ主力が接近してきたので攻撃を中止し、ヴェローナに後退した。

ナポレオンは1796年11月12日、ブレンタ河畔のカルディエーロ（Caldiero）においてアルビンチ軍の主力を攻撃しようと前進し、アルビンチ主力と壮烈な遭遇戦となった。戦闘初期はフランス軍が有利であったが、優勢なアルビンチ軍が次第に戦勢を増し始めたので、ナポレオンは戦闘を中止し、再びヴェローナに退却した。フランス軍の損害は約2000。オーストリア軍は軽微であった。全般態勢はナポレオンに不利である。しかしナポレオンは攻勢の精神を失わない。

ナポレオンは、主力がアルビンチ軍とダビッドビッチ軍から挟撃される危険と、デュボア軍の背後が遮断される危険があると判断し、マンチュア攻囲部隊から3000を抽出してヴェローナの防御に投入するとともに、11月14日、夜陰に隠れてエッチュ河に沿って南方に機動し、次いで15日北方に機動して湿地帯を通り抜けてアルビンチ軍の背後に迫ろうとして夜明けにエッチュ河の支流の街アルコレ（Arcole）に前進した。ここで歴史に「もし」があり、マンチュアのウルムゼルが打って出ればナポレオンの歴史は終わりであった。

アルビンチも勇将であった。暁を衝いてナポレオン軍を求めて前進し、激烈なアルコレ遭遇戦となった。ナポレオンは軍旗をかざしてアルコレのアルポン（Alpone）の橋を奪おうと戦闘したが撃退された。幸い、リボリ正面は敵の攻撃を受けていないとの報告を受けた。すでに戦闘第3日目になっていたがナポレオンは豪胆にも再度渡河攻撃を決断した。オージェロー師団は仮設橋を通って渡河に成功し、マッセナ師団も主橋梁を奪取して渡河した。

そこでナポレオンは奇策を思いついた。約50の騎兵を使ってオーストリア軍の背後

第7図　1796年11月1日〜17日のイタリア戦線の状況

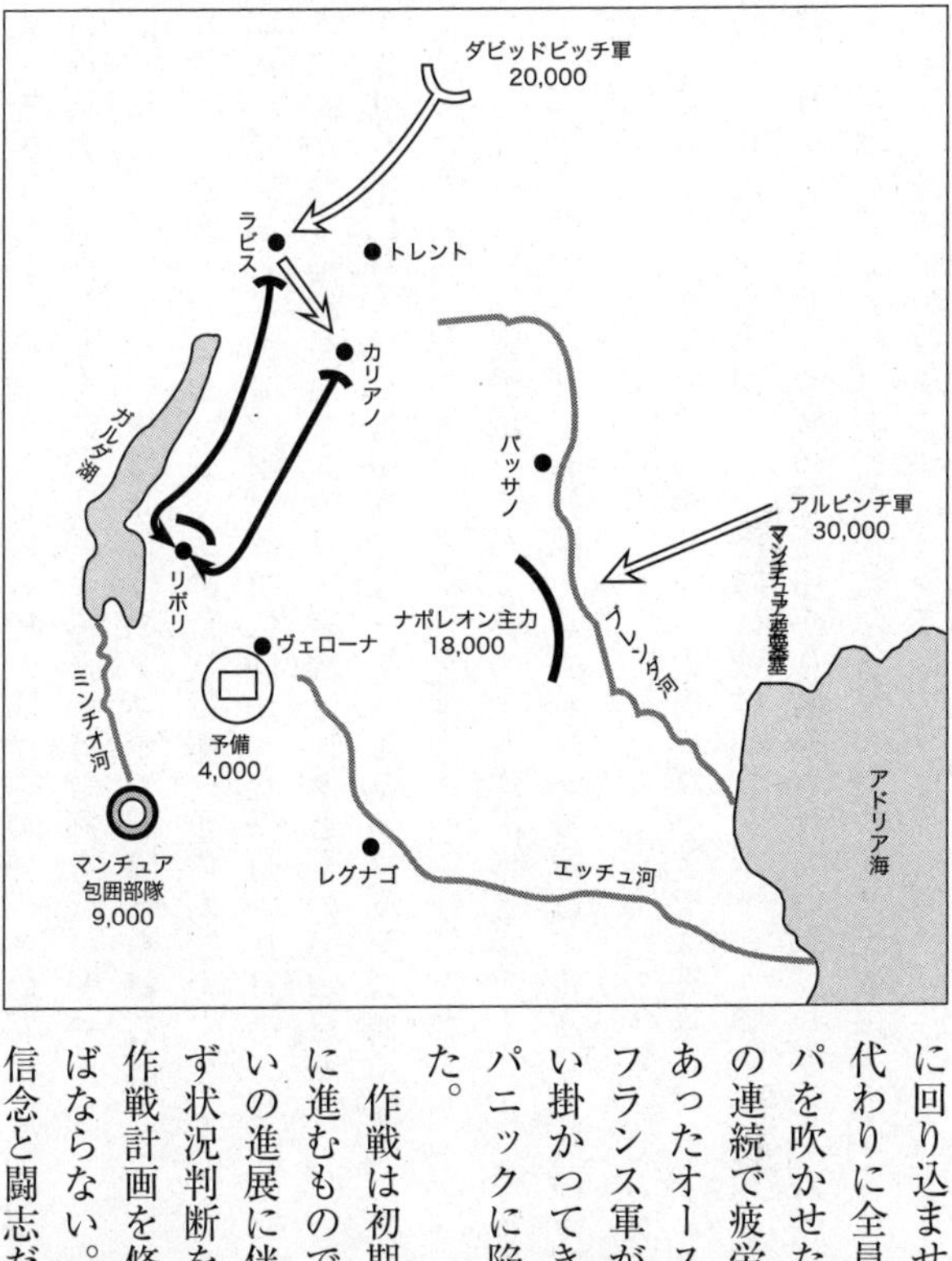

に回り込ませ、攻撃する代わりに全員で突撃ラッパを吹かせたのだ。激戦の連続で疲労困憊の極にあったオーストリア軍はフランス軍が背後から襲い掛かってきたと誤解し、パニックに陥って敗走した。

作戦は初期の計画通りに進むものではない。戦いの進展に伴って、絶えず状況判断を繰りかえし、作戦計画を修正しなければならない。勝利追求の信念と闘志だけでは勝利の女神を摑めない。勝利の女神は戦場を駆け巡っているのだ。この戦闘は最後の5分間に創造力を発揮したものが勝利するという教訓を残している。

同じ日、ダビッドビッチはリボリのデュボア軍陣地を打ち破った。デュボア軍はヴェローナに退却した。ナポレオンの危機は紙一重であった。彼はアルビンチ軍を追撃せずに、軍を返してダビッドビッチに向かった。11月19日、ダビッドビッチ軍はトレントに向かって退却した。イタリア戦線はひとときの静寂を迎えた。

1796年12月1日、地中海では、スペインがフランス側になったのでジャービス(John Jervis)提督の指揮する英艦隊が地中海の制海権を放棄してジブラルタルに引き揚げた。そして作戦海域をスペインの大西洋沿岸とポルトガル沿岸に切り替えた。しかし、フリゲート艦2隻を指揮するネルソン戦隊はエルバ島の英陸軍守備隊の撤退作戦を支援することになった。

12月15日、ド・ガレ提督の指揮する大規模なフランス艦隊は、アイルランド侵攻のためにブレストから出撃した。艦隊は戦艦43隻、ホッシェ将軍の指揮する陸軍約1万3000を分乗させた多数の輸送船から編成されていた。しかし、大艦隊の航海を統制する必要な装備に欠け、未熟な艦隊航海のため、悪天候に遭遇するとたちまち陣形が崩壊し、各艦船が散り散りになってしまった。

12月21日、艦隊の一部はアイルランドのバントリー（Bantry）湾に上陸しようとしたが、荒天のために失敗。５隻が嵐で沈没し、６隻が英艦隊によって拿捕され、残余が撤退し、こうしてアイルランド占領作戦は放棄された。フランス軍は渡洋作戦について経験を積んでいなかったのだ。

1796年11月、ナポレオンを先頭にアルコレの橋を渡るフランス軍（Vernet 画）

渡洋作戦の本質は、制海権を確保し海洋を我が庭としてから未知の陸地を突く感覚が必要なのである。大陸国家の軍隊には、この感覚はない。

地中海に居残ったネルソン艦隊はエルバ島の防衛に努力するとともに、イタリアに作戦するフランス軍の海上連絡線を擾乱した。

１７９７年1月、地中海では、ネルソン戦隊が無事にエルバ島英陸軍守備隊の撤退に成功した。この功績でネルソンは海軍准将に昇任した。

イタリア戦線では、ナポレオン軍の一部８０００がマンチュアを包囲して監視していた。主力４万２０００はヴェローナからガルダ湖の西岸地域一帯に展開してつぎの作戦に備えていた。

オーストリア軍のアルビンチは、4度目のマンチュア救出作戦を開始しようとした。

オーストリア軍が集中した戦力は兵力6万5000で、このほかにマンチュアに2万8000が立て籠っていたから合計するとナポレオン軍の1・86倍となった。その配置は、プロベラ（Provera）軍1万がパドア付近、バヤヒリ軍5000がバッサノ付近、アルビンチ軍主力5万がトレント付近であった。

ナポレオンは南部イタリアを訪れて地方首長に対する鎮撫工作を行なっていたが、北部イタリアの情勢が緊迫してきたので指揮所に帰ってきた。状況報告を受けると早速、作戦行動を開始した。

アルビンチは兵力3万を率いてアディジェ河に沿って南下し、ヴェローナを目指すとともにプロベラ軍とバヤヒリ軍をマンチュア救援に向かわせた。

ナポレオンは主力をリボリ高原に集中した。ジューベル（Berthelemy C. Joubert）軍1万がリボリを抑え、マッセナ（Massena）軍6000がヴェローナから リボリへ移動、レイ（Antoine Rey）軍6000とビクトル軍6000もリボリへ移動し、オージェロー軍9000がアディジェ河畔に展開して東方からの攻撃に備えた。セリューリエ（Jean M. P. Serurier）軍8000がマンチュアを包囲して監視した。

1月14日、アルビンチはリボリを守るジューベル軍に対して6個縦隊による複雑な攻撃を開始した。正面から3個縦隊が攻撃、各1個縦隊が両翼から包囲攻撃、もう1個縦隊が河の東岸を南下して河を西岸に渡ってナポレオン軍の背後に進出して攻撃するというものであった。

ジューベル軍は頑強に抵抗した。東翼から攻撃した縦隊は攻撃開始直後にマッセナ軍によって背後から襲いかかられた。西翼から攻撃した部隊もビクトル軍に逆攻撃されて降伏してしまった。夕刻までにアルビンチ軍は撃破されて北方に敗走した。ナポレオンはレイ師団をもって追撃し、山地機動によって混乱したオーストリア軍の背後を打撃した。その先導部隊はジョアシャン・ミュラ（Joachim Murat）大佐の指揮する歩兵連隊であった。この連隊はガルダ湖を舟艇機動して背後に回り、山地を踏破してアルビンチ軍の再編成の真っ最中に飛び込んで粉砕したのだ。

ナポレオンはただちにマンチュア救援部隊の撃破に転進した。このころ、プロベラ軍9000はオージェロー師団の警戒網を潜ってレグナゴでエッチュ河を渡って西進中であった。またバヤヒリ軍はヴェローナに向かって西進中であった。

1月15日、ナポレオン軍はリボリから真っ直ぐに南下し、マンチュア要塞北方10数キロの地点に到着してプロベラ軍の背後に迫った。

　翌16日、プロベラ軍はマンチュア包囲部隊を攻撃し、マンチュアのウルムゼルも出撃しようとしていた。兵力2万8000を抱えていても要塞からの出口は狭いから出撃先端戦力は強くない。セリューリエ師団はウルムゼルの出撃を撃退して封じ込めた。マッセナ軍に続いてオージェロー軍が戦闘加入してプロベラ軍を包囲した。救援すべきマンチュア要塞を目前にしてプロベラ軍は降伏した。

　マンチュア要塞に対する包囲はしばらく続いたが、ナポレオンはウルムゼルに対し、投降して開城を勧告した。

「ウルムゼル将軍の才能と高齢に敬意を表する。貴官に対しオーストリア皇帝は非難していると聞くが、予は礼をもって貴官を迎えるであろう。開城されたし」

　2月2日、マンチュア要塞が降伏した。2万8000の兵力は1万6000にまで減っていた。要塞の中には3日分の食糧も残っていなかった。

　マンチュア攻防戦における捕虜の総計3万9000、鹵獲大砲約1600門、軍旗24本、包囲中の病死1万8000を数えた。

　ナポレオンは休む間もなかった。ローマ法王が密かにオーストリアと通じ、盛んに反仏宣伝を行なってイタリア人の武装蜂起を煽動した。そこでナポレオンは一軍を率

第8図　1797 年1月9日〜2月2日のイタリア戦線の状況

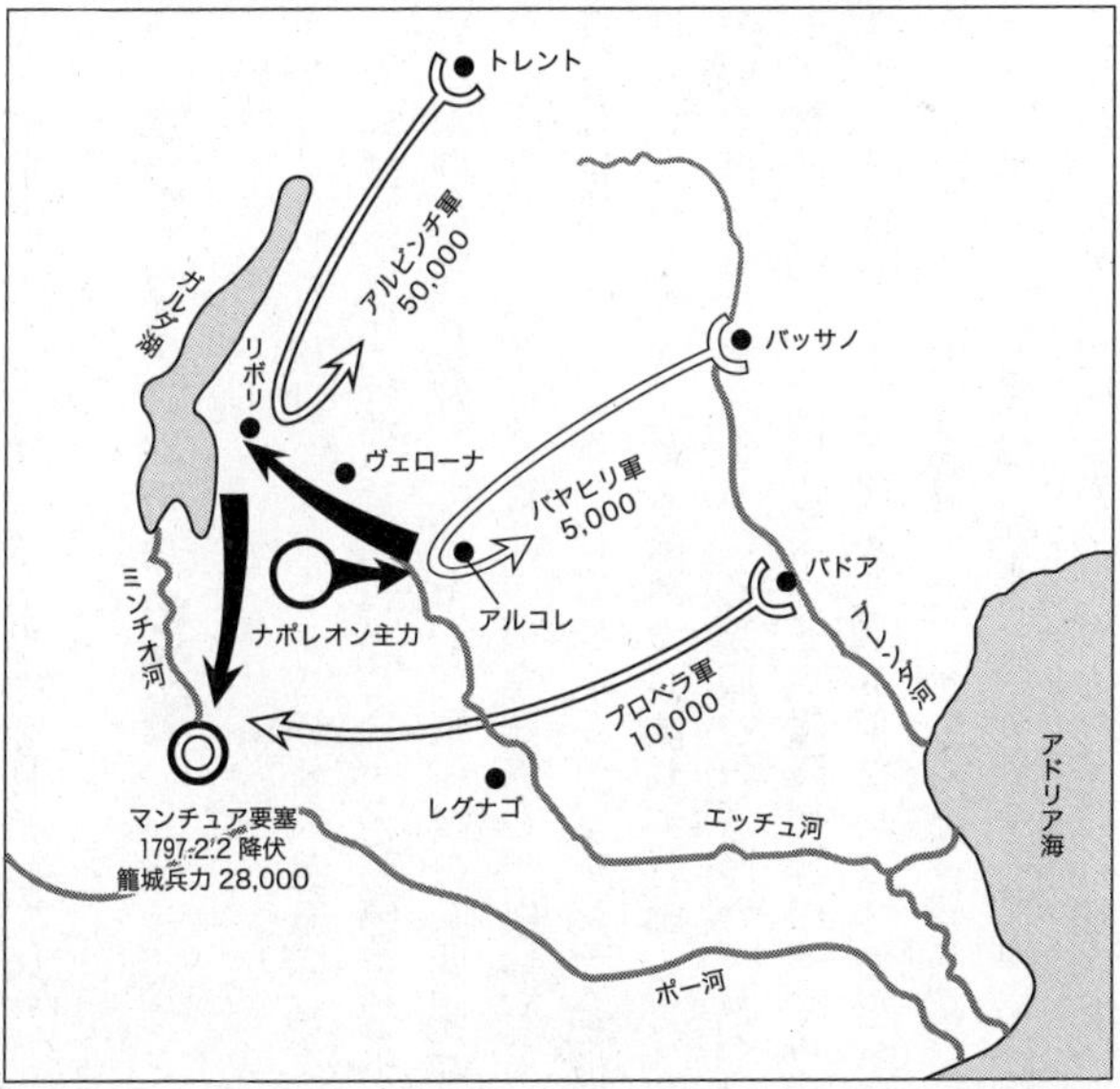

いてローマを砲撃した。驚いた法王はナポレオンに屈したが、ナポレオンは、

「フランス軍兵士は、右手に銃を持つが、左手には、平和・保護・安全を握っている」

と宣言して反乱者を許した。これで一挙に法王はナポレオンの行政に口を挟まなくなった。「政教分離」策である。

スペインのコルドバ（Jose de Cordova）提督は、地中海側から戦艦27隻を率いて出撃し、ジブラルタルを横目に見て大西洋に進出した。彼はフランス艦隊と合同して英国本土を攻撃するためにブレスト軍港を目指していた。

サン・ヴィセンテ沖の海戦

1797年2月14日、ジャービス提督の英艦隊15隻はポルトガルのサン・ヴィセンテ（San Vicente）岬沖においてスペイン艦隊を捕捉した。スペイン艦隊は9隻と18隻の二つの縦陣で航行していたが、乗組員の戦闘訓練の練度は十分でなかった。英艦隊は、スペイン2縦陣の間を航行し、突然、スペイン18隻縦陣に対して接近し戦闘を仕掛けた。ところがHMS「キャプテン」を指揮していたネルソンは、命令を受けることなくジャービス縦陣から離れて行動し、スペイン艦隊の先頭を航行する7隻の頭を抑える態勢をとって砲撃戦を行なった。スペイン艦隊の陣形が崩れる。ジャービス縦陣は混乱しているスペイン艦隊に群がって攻撃した。

スペイン艦隊は4隻が拿捕——ネルソンは2隻を拿捕——されて敗走し翌日にカディス（Cadiz）軍港に退避した。この海戦は英国議会が法律で定めた「海軍戦闘教令」（戦闘の終始を通して縦陣で戦うことを定めていた）に違反して乱戦を行ない勝利を獲得したものであった。それとともに「船乗り魂」の優劣が戦闘の決となることを示した海戦でもあった。英海軍は、「シーマンシップ」の優位によって海戦における戦闘要領に選択の幅を獲得することになった。

ジャービス艦隊のこの勝利によってフランス・スペインによる英国侵攻の企図を破砕した。ネルソンはこの戦功によって海軍少将に昇任し、騎士（Knight）の称号を許された。かれはカディス軍港の封鎖作戦をはじめた。

イタリア戦線で善戦するナポレオンの勇名が轟きはじめた。3月、オーストリアはアルビンチを更迭し、ライン河正面で活躍したカール大公がイタリア戦線の指揮を執ることになった。カールはチロル正面に正規兵1万4000、チロル義勇歩兵1万からなるラウドン軍とケルペン軍を配置し、自ら兵力2万7000の兵力を率いてベニスの東方のタグリアメント（Tagliamento）河に沿って展開し、前衛はピアーヴェ（Piave）河に進出した。

ナポレオンは、ふたたび内線作戦態勢を執った。兵力1万2000のジューベル軍をもってチロルのオーストリア軍を牽制・抑留させるとともに、自ら主力4万1000をもって東進し、3月10日、カール軍の右翼に主攻を指向して決戦を挑んだ。しかるにカールは決戦を回避し、3月18日、イソンゾ（Isonzo）河の線に後退した。

3月23日、マッセナ師団はオーストリア軍支隊をマルボールゲット(Marburghetto)において撃破してカール軍の背後に迫る勢いを見せたので、カールはイソンゾ河の線も放棄して退却した。

追撃態勢に入ったナポレオンは、雪のジュリアン・アルプスとカルニッシュ・アルプス(Carnic Alps)を3縦隊で越えた。3縦隊はナポレオンの得意技になりつつあった。追撃縦隊はクラゲンフルト(Klagenfurt)を経て4月6日、ベニスから約200キロ東方のレオベン(Leoben)を占領した。同時にジューベル軍はチロルのオーストリア軍を撃破し、追撃してカルニッシュ・アルプスを北方で越えてリエンツ(Lienz)を占領し、さらに東方に進撃してナポレオン主力に合流した。オーストリア首都ウィーン(Vienna)までは約150キロである。翌7日に休戦が成り、ことここにおいてオーストリア皇帝はナポレオンの申し出に従って4月10日、使者をユーデンブルヒに派遣し、15日にレオベンにおいて仮条約を締結した。

4月16日、フランス・オーストリア戦争の風向きがフランス軍優位になっていると き、英国南岸のスピットヘッド(Spithead)投錨地において海軍下士官たちが日頃の海軍の粗暴と艦上勤務における給食の貧弱に抗議してフランス艦隊が出撃しないかぎり乗艦拒否を行なった。

第9図　1797年3月上旬～4月上旬の状況

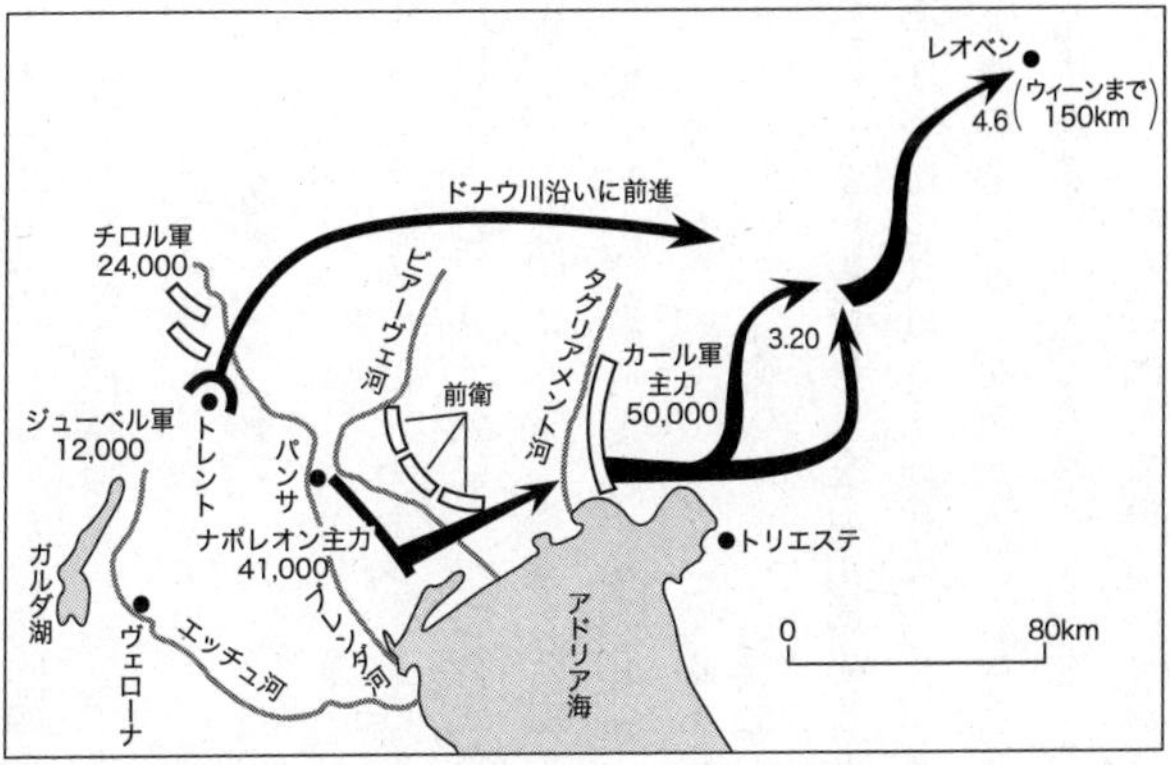

ライン河戦線では、ジョルダンの後任としてサンブレ・ミューズ軍の司令官となったフォッシェ将軍は、モロー将軍の指揮するライン・モーゼル軍がケール（Kehl）においてライン河を渡ってドイツに再侵攻するのに呼応してライン河を越えてドイツに侵攻しようとした。

カール軍はナポレオン軍の脅威に対処するためイタリア正面に送られていた。そこでラトール軍がモロー軍の脅威に対処することになった。彼は、ヴェルネック（Werneck）大将の指揮する一軍をライン下流部に派遣して防御させた。フォッシェ軍はデュッセルドルフとコブレンツの間でライン河を渡りニューウィード（Neuwied）の近傍でヴェルネック軍に接触し、4月18日、ラーン（Lahn）において撃破した。

この友軍勝利の報を知ったモロー軍は2日後

にライン河を渡った。そして数回の激しい遭遇戦を交えたが、オーストリア軍はラスタット（Rastatt）に後退した。

レオベンの和約

イタリア戦線では、ナポレオンは長距離になった軍の背後連絡線が反フランス風潮の住民によるゲリラ戦によって脅かされることを怖れていた。そこで政府の公式指示を無視して大胆に停戦の提案を行なった。オーストリア軍は１７９７年4月18日、これを受諾した。そしてこの報がレオベン（Leoben）の講和としてただちにライン正面に伝えられたので、ライン戦線も停戦した。

このイタリア会戦のあとナポレオンは「志を大にして、細心なれ」との名言を残している。また彼は民衆を自由にする共和制の精神を鼓吹する一方、宗教に対しては寛容であった。彼は「人間とは弱く、はかなく、その癖に欲張りで怖がり」だから宗教は人間の心の弱さを救い人間を結合する大きい力を持つツールであると認識していたからである。

マンチュアを攻囲しているある夜、ナポレオンは一人で前線の視察に出た。途中、一人の哨兵が居眠りしていた。彼は哨兵の銃を執り、哨兵の代わりを行なった。目がさめた哨兵は驚いた。軍司令官が代わりに警戒勤務していたのである。ナポレオンは教訓を教えただけで処罰しなかった。これが統帥の実際である。

ナポレオンはパリに帰還した。もちろん、ジョセフィーヌを帯同しての帰還である。ナポレオンを歓迎するパリ市民の歓声を聞いてジョセフィーヌ夫人は大いに虚栄心を満足させた。

そのフランス人民のナポレオン歓迎はフランス政治家（督政官）を恐れさせた。ある政治家はナポレオンを暗殺しようと計画したが、それを知ったナポレオン・ファンの一女性が、その計画に気付いてナポレオンに密告した。密告されたことを知った政治家は、その女性を殺して遁走するという事件が起きた。

英国対フランスの戦争

オーストリアは休戦に応じたが、英国は戦いつづけた。しかし、スピットヘッドにおける下士官の乗艦拒否は継続し、その謀反運動は1797年5月12日、ノア(Nore)投錨地にも広がった。

それでもフランスに味方するスペインに対して、ネルソン戦隊は7月24日、テネリフェ島のサンタクルス（Santa Cruz de Tenerife）に対して基地破壊を試みたが失敗した。海洋国家の戦闘編成の原則である「海上戦闘艦隊＋陸軍遠征艦隊＋洋上補給船団」を守らず、陸軍遠征艦隊を欠いたまま基地攻撃を試みたのだった。この戦闘でネルソンは右手を失った。隻眼隻腕の提督である。

英国では8月、海軍下士官の謀反は鎮圧されたが、海軍は下士官たちの要望を受け入れて、海上勤務における大幅な待遇改善を行なった。4～8月におけるこの抗議行動は「スピットヘッドのそよ風」と命名されている

1797年10月11日、ダンカン（Adam Duncan）提督の指揮する英艦隊11隻は、テキセル（Texel）河から出撃してきたド・ウインテル（Jan Willem de Winter）提督の指揮するオランダ艦隊15隻をカムパーダウン（Camperdown）沖において捉えた。ダンカンは艦隊を2縦陣にしてオランダ艦隊に突入し、オランダ艦隊を3グループに分断した。激烈な乱戦となったが、最終的にダンカンは旗艦を含むオランダ軍艦9隻を拿捕した。しかし、オランダ艦隊の戦意が高く、英艦隊にも多大の犠牲を支払わせ勝利の栄冠を与えなかった。すなわちダンカン英艦隊も損傷が激しく作戦不能に陥ってしまった。

10月17日、カンポ・フォルミオ（Campo Formio）において講和条約がオーストリア・フランス間で締結された。この条約では、ナポレオンが結んだレオベンの仮講和がすべて認められ、欧州の様相は一変した。ベルギーはフランスの一部として併合され、北部イタリア（南部アルプス）はイタリア共和国としてオーストリアから認知され、オーストリアが失った領域の代わりにベニス共和国がオーストリアに併合されることになった。バーゼル（Basel）からアルダーナッハ（Aldernach）のライン河左岸地域はフランスの国土に併合された。

〔注〕第1次欧州同盟の戦争は、数多くの複雑な要因によってフランスの勝利に終わった。その中で最も重要な要因はフランス革命の成果を守ろうとする大衆の情熱が国民的軍隊を生み出したことである。絶対王権の国家では、国家は政権と軍隊と民衆から成立していて政権も軍隊も民衆とは別世界のものであったが、フランス革命は民衆のうち、国家意識をもった人々「国民」が自分たちのものとして政権を造り、その政権を守ろうとして、民衆が軍隊の兵士になり、その愛国心が戦場で爆発したことである。もっとも民衆は〝国家意識をもつ「国民」〟と〝自分が世界の中心と考え、国家に無関心な「庶民（個人主義者）」〟に分裂してしまった。その境界は明瞭でないにしても共和

制の国家は、国民主義者と庶民主義者の比率によって、両極に〝全体主義〟と〝無政府主義〟を配して19世紀の歴史を描くことになる。ナポレオンの歴史における役割は、絶対王制に対する共和制の挑戦のみならず、共和制の在り方に先鞭モデルを提供することになる。すなわち、一党独裁制、大統領制、集団指導体制（首相制）などの様々な政体を生むことになり、それらが国体のあり方をめぐって21世紀まで戦争の潜在的原因となった。

第2に注目される点は、革命の情熱が18世紀の欧州における絶対王制のもとで機械的に育成された職業的兵士では対応できないような隊伍（正面人員数と前後の列数）に変化する兆候をみせたことである。

第3に、産業革命が大軍の兵站支援を可能にしたことが挙げられる。そして革命兵士と産業革命を組み合わせた軍隊組織の天才、カルノーの功績が注目される。

第4に、戦略・戦術両面におけるナポレオンの才能がオーストリアに停戦と講和の条項を飲ませたのである。ナポレオンは、フリードリヒ大王の戦術に傾倒していたが、そのフリードリヒ大王は、アレキサンダー大王の戦史から学んだ俊英であった。この三者に共通する戦術は、

⑴　機動部隊をボクサーの右手と左手のように区分し、随時に左右のパンチを交互

に浴びせるように運用した。アレキサンダー大王は、左手を防御向き、右手を攻撃用に、戦闘ドクトリンとして定めていた。フリードリヒ大王もどちらかといえば、右翼からの攻撃を多用した。ナポレオンは内線作戦では、一方の腕で外線態勢から分進する（攻めづらい）敵を阻止拘束し、他方の腕でもう一つの（攻めやすい）敵を撃破した。

(2)　戦闘当初から戦闘間を通して、敵陣のうち打撃すべき核心の部隊を見定めている。

(3)　敵陣に対して斜め方向への機動を愛用した。

(4)　攻撃点の選定の主要因は、彼我の増援、新攻撃（反撃）の容易性であった。

エジプト侵攻作戦

1798年1月、ナポレオンは英国進攻作戦軍司令官に任命され、ダンケルクに赴任した。しかし、英海軍が海峡の制海権を完全に握っている状況の下では、成功のおぼつかない作戦計画であった。

英国を苦しめる現実的な戦略案は英国の西欧大陸における主交易地であるハノーバ

ーとハンブルクを占領することであるが、付帯的、局地的な作戦で終了する。そこでナポレオンは英国を締め上げるためには、中東とアフリカ、欧州と中東の十字路であるエジプトの占領を政府に提示した。フランスがエジプトを占領・支配することによって英国とインドの連携を遮断できるという理由である。

当時のエジプトは、名目上はトルコを宗主国とするマムルーク王朝のムラードが支配していた。英国がエジプトを植民地にするか、フランスが占領するか、競争であったといってよい。

1798年2月、イタリアでは、ローマ法王が逮捕され、イタリアは「共和国」を宣言した。

4月、フランス政府はスイスを占領し、「ヘルベチア（Helvetia）共和国」を建国させた。ヘルベチアとはスイスのラテン語名で今日の北西部スイスとドイツ南部が含まれた。

4月12日、フランス政府（5人の督政官）はエジプト遠征軍を編成し、ナポレオンを指揮官に任命した。督政官の政治家たちは、このダイナミックで人気の高い軍人をフランスから体よく追い出すことを歓迎した。

軍事史にみる限り、世界の大部分の政治家は党派を結成する傾向があり、国家の国益よりも党利党略を優先する。これは「政治活動の負の原則」といってもよい。

ナポレオンはただちに所要の戦力をトゥーロンに集結した。一方、ダンケルクにおける対英進攻作戦のための兵力集中は英国艦隊を海峡に釘付けにし、地中海の英艦隊を吸引するための偽騙・陽動として続けさせた。

4月30日、地中海では右腕喪失の戦傷から回復したネルソンが、ジブラルタル沖においてジャービス提督の艦隊に復帰した。

5月2日、英海軍本部はネルソンの指揮する13隻の小艦隊を地中海に派遣した。ネルソンは不穏な動きがあるとの報告を受けているフランスのトゥーロン軍港を偵察したが、特に異常を発見できなかった。

5月19日、ナポレオンの指揮するエジプト遠征フランス軍4万は、ブリュイ(Francois P. Brueys)提督の指揮する軍艦13隻による護衛のもとに、約80余隻の輸送船に分乗してトゥーロンを出航した。地中海の制海権は英国に握られたままで、これはきわめて危険な海上機動であった。

一方、5月20日、ネルソン艦隊の旗艦「ヴァンガード」(備砲74門)は嵐によって主帆柱が折れ、ジブラルタルに補修のため帰投した。フランス艦隊は、この幸運に助けられて英艦隊に発見されることなく6月12日にマルタ島へ上陸し、英海軍の砦と基地を占領した。

一方、ネルソン艦隊は帆柱の補修を終えるやトゥーロン軍港に引き返したが、もぬけの殻であった。ネルソン艦隊はトルーブリッジ（Tourbridge）准将の指揮する戦列艦10隻が増強され、一人前の艦隊となった。

マルタ島が攻略されたことを知ったネルソン艦隊はフランス艦隊を求めて捜索航海を続けた。

アイルランドでは6月12日、反英独立運動が前年に鎮圧されたものの、残党が十分な武装を整えないままウェックスフォード（Wexford）郡のエンニスコーティ（Enniscorthy）街を焼き払い、街を見下ろせる高台のヴィネガー・ヒル（Vinegar Hill）に立て篭った。レイクの指揮する英軍はただちに包囲した。数度の小戦闘のあと反乱部隊は投降することになった。英軍は投降条件に反して残虐に反乱者を処刑した。

地中海では、英艦隊は6月28日、アレクサンドリアに寄港したがフランス艦隊を発見できなかったので、再び逆航して捜索航海を続けた。

マルタ島を出航したフランス艦隊は英艦隊と濃霧の中をすれ違って7月1日、ようやくアレクサンドリアの近傍に上陸した。戦いでは、こんな偶然もあるという好例であった。

エジプトでは7月2日、上陸したフランス軍前衛はアレクサンドリアを急襲して占領した。この間に主力の上陸は7月3日に完了した。

7月21日、フランス軍がナイル河の左岸（西岸）を南下しているとき、エジプト軍6万と遭遇して戦闘となった。エジプト軍の中核はムラード（Murad）とイブラヒム（Ibrahim）が指揮するマムルーク王朝軍で、近代的な戦闘に慣れていないが勇敢な多数の騎兵部隊を有する軍団であった。彼らはエンバベー（Embabeh）付近に戦陣を敷き、左翼をギザ（Gizeh）のピラミッドに托していた。

1798年7月21日、ナポレオン率いるフランス軍がエジプト軍に圧勝したピラミッドの戦い（Watteau画）

フランス軍はそのエジプト軍の左翼を包囲攻撃しようとした。エジプト左翼陣はゲームのチェス盤のような方陣を敷いていた。そしてエジプト騎兵集団が無謀にも逆襲したが、撃退され逆にその野戦陣地が豆腐を木槌で叩くように踏

第10図　ナポレオンのエジプト遠征 1798 年〜1799年

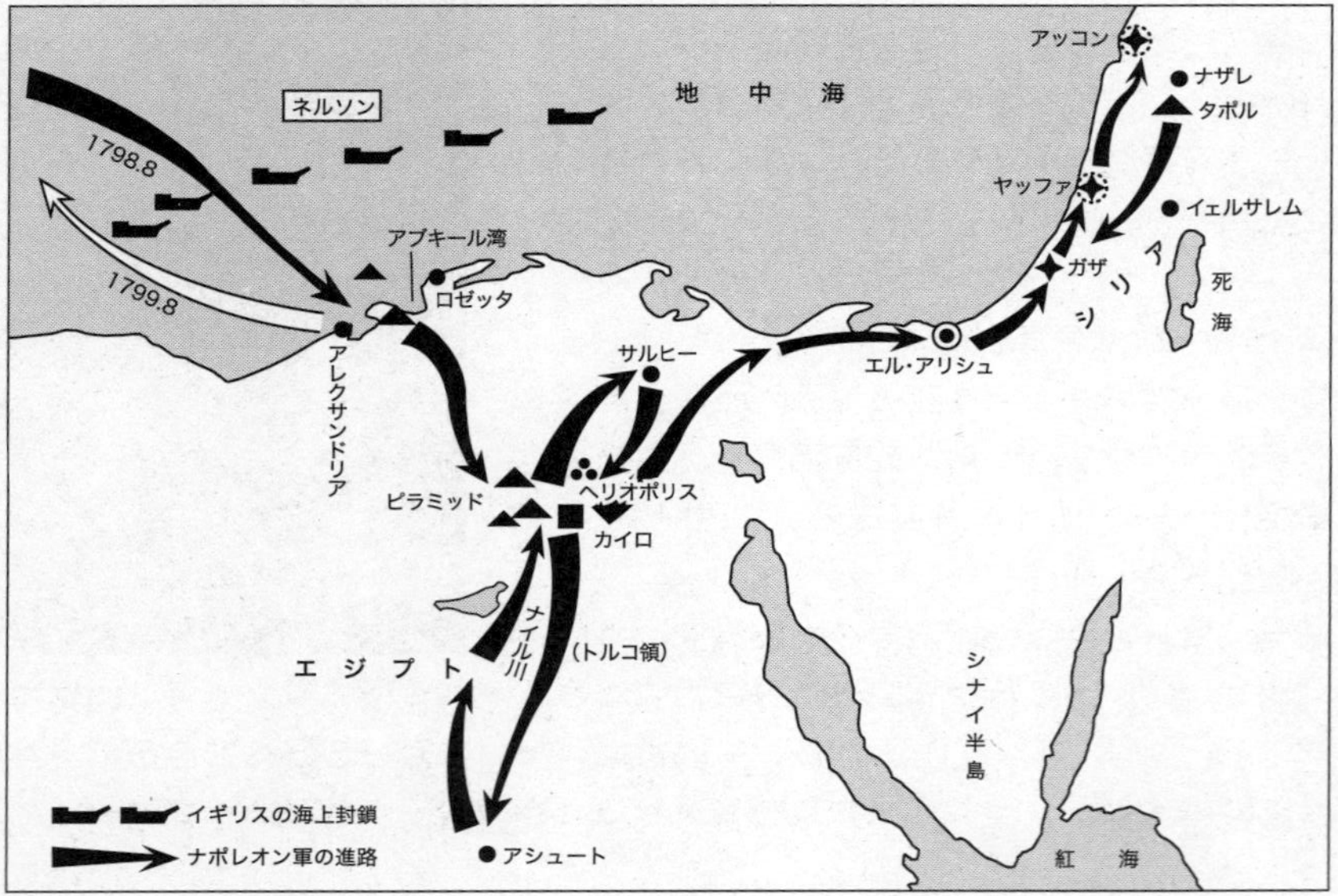

みにじられた。敗走した多くのエジプト兵士はナイル河に圧迫されて溺死した。

追撃したフランス軍は7月22日に首都カイロを占領した。ナポレオンは24日、本営をカイロに設営した。フランス軍の一部は8月までシリアに向かって敗走したイブラヒム軍を追った。

ナイルの海戦

ところが地中海において英軍が反撃を開始した。8月1日、まずネルソン艦隊がアレクサンドリアに近いアブキール（Aboukir）沖においてフランス艦隊をついに捕捉し奇襲した。このナイル（Nile）の海戦は一方的な戦闘となった。何故ならフランス艦隊の乗組員の約三分の一が上陸していたのだ。

ネルソンは夕闇迫るころに攻撃開始を決断した。主力が港湾の出口を封鎖するとともに数隻の分派戦隊が13隻のフランス戦列艦と浅い海岸の海の間に滑り込んだ。そしてフランス艦隊の両端においてかがり火を焚いた。これを目印にしてネルソン艦隊は、暗闇の中を静かに湾内に接近した。そして次から次へとフランス軍艦に射撃を集中した。夜が明けたときに残存していたフランス軍艦は3隻になっていた。そのうち1隻が座礁し、乗組員によって燃やされた。戦艦3隻と4隻のフリゲート艦のうちの2隻が脱出したが、残余の艦艇は撃破された。フランス提督ブリュイも戦死した。ネルソン英艦隊は戦死900、トルーブリッジ提督の戦艦「カローデン」が座礁した。ネルソンも再び負傷した。

このネルソンの勝利によって地中海の制海権は完全に英艦隊の手に落ちた。ネルソンは「ナイル男爵」の称号も受けることになった。

フランス海軍は地中海から英艦隊を誘き寄せるために、アイルランドに侵攻することにした。8月22日、フンベール（Jean J. A. Humbert）将軍の指揮する約1200のフランス軍がアイルランドのキララ（Killala）湾に奇襲上陸した。しかし9月8日、コーンウォリス（Charles Cornwallis）卿の指揮する英陸軍によって包囲された。

地中海ではネルソン艦隊は9月22日、ナポリ海域に引き揚げた。そしてフランス統治に反抗するナポリ反乱軍に対する海上からの支援作戦を展開した。

9月入ってマルタ島ではフランス軍の占領に抵抗するゲリラが活動を開始した。ネルソンは早速陸軍を送ってマルタ・ゲリラを増援するとともに、海上封鎖し、陸戦を砲撃によって支援した。

アイルランドに侵攻したフランス軍を救援しようとしたボンパール（J. B. F.

Bompard）提督の指揮するフランス艦隊は10月12日、ウォーレン（John Warren）提督の指揮する英艦隊によって撃破された。そして包囲されていたフンベール将軍のフランス軍は投降した。

このフランス艦隊の敗北のためにナポレオンの全般戦略計画が崩れてしまった。海上連絡路を断たれたエジプトのフランス軍は四周を敵意ある人々に囲まれて孤立した。シリアでは、トルコ高官（Pasha）アクメッド（綽名は〝屠殺者〟）はシリアとロード島に兵を集め、英護送艦隊の援護のもとにエジプト奪回作戦を開始した。しかし、作戦行動は遅々として進まず、12月まで時間を費やし、成果を挙げない。

第3章　第2次欧州同盟の対フランス戦争（1798〜1802）

スヴォロフのイタリア会戦

1798年11〜12月初旬にイタリアでは、つぎの戦争を予感させる準備的な戦争が開始された。ジューベル（Joubert）将軍の指揮するフランス軍は11月にピエモンテを蹂躙した。

オーストリア将軍リーベリッヒ（Karl Mack von Leiberich）の指揮するナポリ軍は11月29日、ローマ共和国に侵攻してローマを占領したが12月15日、シャンピオンヌ（Jean Etienne Championnet）将軍の指揮するフランス軍によって撃退された。

北部イタリアでは、ジューベル軍がふたたび反フランスの不穏な動きがあるピエモンテを蹂躪した。

英国はフランスを相手に約1年余を孤立して戦争していたが、1798年12月24日クリスマス・イヴに巧みな外交によってロシアに対仏同盟の主導権を発揮させるのに成功した。

ナポレオンがエジプトにおいて孤立無援で戦っている間にロシアのパーヴェル(Pavel)一世は、英国、オーストリア、ポルトガルを仲間に第2次対仏欧州同盟を結成した。さらにすでにフランスと戦っているナポリ、ヴァチカン、オスマン・トルコが同盟に参加した。

同盟軍の作戦構想は英ヨーク公の指揮するアングロ・ロシア同盟軍がネーデルラントからフランス軍を駆逐する。カール大公の指揮するオーストリア軍はドイツとスイスからフランス軍を駆逐する。70歳の老元帥スヴォロフ（Alexander Suvorov）の指揮するロシア・オーストリア軍がイタリアからフランス軍を駆逐するというもので、総兵力は約30万を準備した。マック将軍の指揮するナポリ軍6万は信頼が置けないので数えられていない。

これに対するフランス軍は約20万で、作戦正面を5区分していた。

ジョルダン軍4万6000：ライン河上流正面
マッセナ軍3万：スイスに展開
シェレル（Scherer）軍8万：北部イタリア地域
シャンピオンヌ軍（フランス・イタリア混合部隊）3万：南部イタリア
ブリュヌ軍（一部バイエルン軍）2万4000：オランダ地域

フランス軍は、一部にオランダ、スイス、ピエモンテ、イタリアに所在する封建領主の軍隊と協力を得ていた。また、エジプトにはナポレオンが現地で徴募したマムルーク軍、マルタ軍、コプト軍の協力を得ていた。もっとも近代戦には使い物にならない戦力であった。

フランス陸軍大臣のカルノーは、同盟軍が優勢な戦力を結集したにもかかわらず、5作戦地域のいずれも先制攻勢を命令した。

南部イタリア戦線では1799年1月11日、オーストリア将軍リーベリッヒが、部下のナポリ軍の謀反を恐れてフランス軍陣営に亡命してきた。そこで1月24日、シャンピオンヌ軍はナポリ王国に侵攻してナポリ王国に親フランス政権を樹立させて属国とした。

地中海では1月下旬、ネルソンはナポリ王国の王家一族がシチリア島のパレルモへ脱出するのを支援し、引きつづきマルタ島とナポリの封鎖作戦を続けた。

この間に英地中海艦隊の総司令官ジャービス提督が帰国し、新司令官としてキース（Keith）提督が着任した。

中東では、海路を遮断されたフランス軍は補給物資の不足と兵士の不安に苦しんだ。そこで1月31日、エジプトからナポレオンが攻勢に転じた。海上連絡路を断たれた彼は陸路からフランスへの連絡線を啓開しようとして兵力８０００を率いてシリアに進撃し、2月14～15日の戦闘で、エル・アリッシュ（El Arish）を占領し、3月3～7日の戦闘でヤッファ（Jaffa）を占領した。この戦闘でナポレオンは熟考の上、トルコ軍の守兵約４０００を虐殺した。イスラム教の敵軍は敗北しても執拗なゲリラ部隊に変身すると判断したのだ。

スイス中央部に駐在していたマッセナの指揮するフランス軍3万が、オーストリア軍の機先を制して攻勢を開始した。山岳地帯のヴォラールベルク（Vorarlberg）とグリソンズ（Grisons）地区を通り抜けてライン正面で作戦するジョルダン軍の右（南）翼を援護する態勢をとった。雪深い峠を越える迅速なマッセナ軍の機動はオーストリア軍を奇襲することになった。マッセナ軍はメイエンフェルト（Mayenfeld）の近傍でライン河上流部を渡河し、グリソンズのチュール（Chur）に所在していたオーストリア軍7000を撃破し、武装解除した。

1799年3月7日、マッセナは左翼方面のフェルトキルヒ（Feldkirch）に所在するオーストリア軍砦に対して攻撃したが撃退された。

シリアでは3月17日、フランス軍がアクレ（Acre）を包囲した。トルコ軍は防御指揮を英のスミス（Sidney Smith）海軍大佐に委ねた。

スイスでは3月23日、マッセナ軍はふたたびフェルトキルヒの砦を攻撃したが失敗した。そこでマッセナはライン正面の作戦の進捗を待つことにし、レクールベ（Claude Lecourbe）将軍に兵力1万をあずけてチロル作戦を行なわせた。レクールベ軍はシュプルーゲン（Splugen）峠を越えてイン（Inn）河上流部の河谷を経てチロルへ侵攻した。そこでイタリア正面軍から派遣された縦隊と合流し、西部チロルを恐怖に陥れた。

ライン河正面では、ジョルダンの指揮するフランス軍4万がケール（Kehl）でライン河を渡河し、カール大公軍8万に対する作戦を開始したが、オストラッハ（Ostrach）において阻止された。カール大公は兵を二分し、前方部隊をもって威力偵察を行なわせていた。そこでジョルダンは大胆にもストッカッハ（Stockach）において主力3万5000をもってカール大公軍主力の右翼を攻撃した。戦闘の初期では、フランス軍は若干の地歩を獲得し、ジョルダンは勝利が間近にあると判断した。しかし、カール大公は6万の兵力を結集してジョルダン軍中央に対して反撃に転じた。ジョルダン軍は分断されそうになった。オーストリア軍の損害は6000。フランス軍の損害は3600。両軍とも約10%の損害率であったが、ジョルダンの攻勢は挫折した。

ジョルダンは巧みに兵をまとめて夜間にライン河の線まで退却した。このあと、ライン河正面では年末まで対峙することになった。そして作戦の焦点はスイスとライン河下流地域のネーデルラント正面に移った。

北部イタリア戦線では、シェレルが兵力約5万3000をもってスヴォロフ軍が増援に来着するに先立ってアディジェ河正面においてパウル・クレイの指揮するオーストリア軍5万2000に対し攻勢を開始した。

3月下旬、シェレルはヴェローナ周辺に対し索敵攻撃を行なったが、撃退された。このあと、オーストリア軍とフランス軍は相互にヴェローナの南方地域で攻撃し合った。

1799年4月5日、シェレルはオーストリア軍をマグナノ（Magnano）において攻撃した。戦闘は初期に進捗したが、クレイが最後の予備隊をフランス軍の右翼に投入して逆襲しシュレルの攻撃を阻止した。シュレル軍は混乱して退却した。

スイスでは、ライン正面と北部イタリア戦線の作戦が失敗したためにマッセナ軍の南北の両翼が危険になった。ベレガルド（Heinrich J. J. Bellegarde）将軍とホーツ（Friedrich von Hotze）将軍の指揮する優勢なオーストリア軍がイン河谷に所在するレクールベ軍を圧迫したが、撃退された。

北部イタリア戦線の同盟軍指揮官としてロシアの剛将スヴォロフが戦線に到着した。イタリア戦線の同盟軍総司令官の指揮を執りはじめたスヴォロフは、兵力約9万をもって、ただちに西方に対する攻勢を開始した。クレイ軍をマンチュアの要塞とペスチエラ（Peschiera）の包囲に残して前面のフランス軍を押しまくった。そしてブレシア（Brescia）とミラノの間において退却するフランス軍の退路を遮断した。

シリアでは4月17日、トルコのアクメッド軍はアクレの救出作戦を開始し、フランスのクレベール（Kleber）師団をタボール山（Tabor）に包囲した。しかし、ナポレオンは残余の兵力を率いて逆包囲し、内外のフランス軍は挟撃してトルコ軍を粉砕した。トルコ軍はヨルダン河の東岸に敗走した。

北部イタリア戦線では、シェレルが更迭され、モロー将軍が指揮官となった。フランス軍約3万はスヴォロフ軍約6万5000と対峙していたが、4月27日、同盟軍がカッサノ（Cassano）において攻撃を開始した。フランスは激しく抵抗したが、スヴォロフはフランス軍を追い払って翌28日、ミラノに入城し、さらにツーリンを占領した。

スヴォロフは引き続きフランス軍を殲滅するまで追撃しようとしたが、オーストリア政府がスヴォロフの軍事作戦に介入し、北部イタリアに散在するフランス軍駐留地の掃討を要求した。スヴォロフは追撃を諦めた。こうしてスヴォロフ軍は北部イタリアに分散運用された。このオーストリア政府の軍事作戦介入は歴史に残る愚行であるとされている。

海上補給路を英艦隊に妨害され、陸上経路がスヴォロフ軍によって脅かされた南部イタリアのフランス軍は危機に陥った。新たに南部イタリア正面のフランス軍指揮官となったマクドナルド（Jacques E. J. A. Macdonald）将軍は兵力3万5000を率いて北部イタリアに急進した。ジェノヴァに集結していたモロー軍は陽動によってスヴォロフの注意を引き、マクドナルド軍の北進を支援しようとした。

アレッサンドリア周辺に兵力約4万を分散運用していたスヴォロフは突然、マクドナルド軍とモロー軍に挟まれて内線態勢に立たされていることを思い知らされた。しかし、そこは剛将である。とりあえず兵力約2万5000を集結するために努力した。

スイス・ライン河では5月、ジョルダンが指揮官を辞任し、彼の軍はマッセナの指揮下に編合された。これでマッセナの作戦地域はライン河畔のマインツ（Mainz）南部からスイス全域を含むことになったが、兵力は4万5000のみとなった。そこでマッセナは慎重にチューリヒ（Zurich）まで後退するに決した。カール大公軍とホーツ軍が追随した。

チューリヒに撤退したマッセナは野戦陣地を構築してオーストリア軍の攻撃に備えた。6月4日、カール大公軍とホーツ軍の合計8万がマッセナ軍を攻撃したが失敗した。

6月7日、兵力不足とスイス軍の忠誠に疑いをもったマッセナは、チューリヒからも撤退した。しかし、カール大公は攻勢作戦には戦力不足を感じたので前進を中止した。

シリアでは、フランス軍はアクレに対して数回の突撃を試みたが成功せず、しかも疫病がフランス軍に蔓延したためナポレオンは5月20日、エジプトへの撤退を決断した。ゲリラの襲撃に悩まされ、疲労困憊したフランス軍は6月14日、ようやくカイロに退却することができた。ナポレオンがエジプトにおいて苦境に陥っているとき、パリでは、妻のジョセフィーヌが青年将校シャルルと同棲する不倫にふけっていた。

北部イタリアでは6月17～19日、スヴォロフは兵力不足を承知の上で、突然マクドナルド軍3万5000をトレビア（Trebbia）に奇襲した。この戦闘はスヴォロフにとって決戦でなければならない戦闘で激戦になった。マクドナルド軍の損害は約1万（28・5％）、同盟軍の損害は約7000（28％）という激しいものであった。

スヴォロフはイタリアが親フランス住民の多い地域に変わっていたにもかかわらず、大胆にフランス軍を追撃した。マクドナルド軍は辛うじてモロー軍に合流したが、退却中にさらに約5000の兵力を失った。スヴォロフはフランス軍をアペニノ（Apennines）山脈まで圧迫した。

エジプトでは6月25日、英艦隊の護衛のもとに、ロード島のトルコ軍1万がアブキール（Aboukir）に上陸し、7月15日までに野戦陣地を構築した。在エジプトのフランス軍は疫病や逃亡が戦闘損耗に加わり兵力が激減していた。ナポレオンはようやく約6000の兵力を集結するのが精一杯であったが、デルタ地域に前進した。二重の円陣を組んでいたトルコ軍外周陣地はフランス軍の攻撃で簡単に突破された。兵力が多くても全周配備では弱い。内陣は頑強に抵抗し、フランス軍の第1次攻撃を撃退した。

スイス正面では8月初旬、マッセナ軍が戦闘の主導権を奪回しようとしてチューリヒに向かって攻勢を開始した。彼はライン河上流部とローヌ河流域の錯綜した山地を巧みに機動してカール大公軍を撃破した。

8月14日、マッセナ軍はチューリヒに対する攻撃を行なったが、失敗した。すかさずオーストリア軍がマッセナ軍に反撃したが、今度はドッティンゲン（Dottingen）の戦闘においてマッセナ軍がオーストリア軍を撃退した。

北部イタリア戦線では8月5日、フランス政府はモロー将軍を解任し、後任にジューベル将軍を任命した。

8月15日、ジューベルは兵力3万5000をもってノヴァイ（Novi）のスヴォロフ軍5万に対し攻撃した。ジューベルが戦死し、フランス軍は決定的に敗北した。損害1万1000（31・4％）。スヴォロフ軍の損害は8000（16％）で、ただちに追撃を開始しアペニノ山脈を越えた。

このとき、シャンピオンヌ将軍が指揮するアルプス軍3万がモン・セニス（Mt. Cenis）峠を越えてイタリアに入ったとの情報を聞き、これに対処するためスヴォロフは北方に前進方向を変換した。

彼がシャンピオンヌ軍に対処する前にオーストリア政府がふたたび作戦介入して、

スヴォロフは兵力2万を率いてスイスにおいて作戦するように命令された。そして北部イタリア戦域はオーストリアのメラス（Michael Melas）元帥が兵力6万をもって作戦することになった。

エジプトでは、アブキールのトルコ軍が包囲に耐えて頑強に抵抗していた。しかし、攻者は攻撃点を主導的に選定できる。防者は敵の主攻撃点を見定めてから兵力を集中するから、対応に時間差が生まれる。攻者は、この時間差の間に勝敗を決めなければならない。〝迅速〟がキーワードである。

フランス軍のランヌ師団長は攻撃点を変更してまさしく迅速に攻撃した。トルコの内陣は卵を割るように粉砕された。8月2日、アブキールのトルコ軍要塞も兵糧尽きて降伏した。フランス軍の損害は900が戦死した。戦死者と戦傷者の比率は小銃が戦場のベーシック・ウエポンになって以来、通常1：3（刀剣・槍の時代は1：1）だから損害合計3600にのぼったであったろう。

ナポリでは、フランス軍が完全に撤退した。そこでネルソンはナポリ王族を支援して帰国させた。英地中海艦隊司令官キースはネルソンに対しバレアレス諸島東端のミノルカ島の英軍基地が脅威を受けているとして防衛を命じた。

ナポレオンは8月中旬までに完全にエジプト平定を完了した。フランス本国から増援を得ないかぎり、それ以上に占領地域を拡張することはできないと判断したことと、欧州の情勢が緊迫しつつあるとの諸情報を入手したので、ナポレオンは在エジプト・フランス軍の総指揮をクレーベル将軍に委ねて8月23日、高速フリゲートに乗り、少数の従者とともに英艦隊の監視の目を潜り抜けてフランスへの帰国を目指した。途中、コルシカ島アジャクシオ港に無事到着し、島民の大歓迎を受けた。

ネーデルラントでは、ヨーク公の指揮する英軍2万7000がテクセル南方のオランダ半島突端に上陸し、テクセルを占領した。8月30日、オランダ共和派の艦隊は戦闘することなく英艦隊に降伏した。ロシア軍2個師団が英軍に増援するため到着したので、ヨーク公の指揮のもとに英・ロシア軍は南下作戦を開始した。

同盟軍はこの英・ロシア軍の勝利を見て、全般作戦計画を変更し、カール大公軍が北上して英・ロシア軍と共同作戦をしようとした。また、スイスにおける作戦はロシア軍を率いるスヴォロフに任せ、マッセナ軍を駆逐することにした。

カール大公はスヴォロフ軍がイタリアから到着するまでコルサコフ（Alexander Korsakov）の指揮する4万弱の兵力をスイスに残置した。

これに対してフランス軍はレクールベ軍1万2000がサンゴダード（St. Gotthard）峠を抑え、マッセナ軍4万がスイス中央部を制していた。

ネーデルラントでは9月16日、ヨーク軍3万5000はブリュヌの指揮するフランス・バタヴィア（オランダ）連合軍2万7000と遭遇し第1次ベルゲン（Bergen）の戦闘となった。ロシア軍と英軍の共同作戦はお粗末で4000の損害を出し撃破されて退却した。ブリュヌ軍の損害は3000で損害率はほぼ同等であった。大陸国の陸軍と海洋国の陸軍は作戦感覚がまったく違っていたと伝えられている。

2週間後、同盟軍はふたたびベルゲンを攻撃することになった。10月2日、第2次ベルゲンの戦闘は、同盟軍が成功し、ブリュヌ軍は後退した。両軍の損害は2000であった。ヨーク公は引き続き南下作戦を続けた。

スイスでは、スヴォロフ軍がようやくサン・ゴダード峠の麓に到着したが、峠が堅固に防御されているのを見て驚いた。しかし、強引に攻撃を仕掛けたが、多大の損害を出して撃退された。

1799年9月25日、マッセナ軍がコルサコフ軍の不意を衝いて攻撃し、第3次チューリヒ（Zurich）の戦闘において徹底的に撃破した。コルサコフ軍の損害は8000、大砲100門であった。

この敗報を聞いたスヴォロフは中央アルプスの脊梁を越え、イランツ（Ilanz）に向かおうした。このとき、気まぐれなロシア皇帝がスヴォロフを解任してしまった。

歴史に残る名将スヴォロフの輝かしいイタリア作戦の栄光は悲しい結末となった。

ネーデルラントでは10月6日、ブリュヌ軍が北海沿岸のカストリカム（Castricum）の砂丘に陣地を構築して同盟軍を迎撃した。ふたたび英・ロシア軍の共同が失敗したことと、フランス共和軍の戦闘意志が強固であったことによって、同盟軍は撃退された。同盟軍の損害は３５００、共和軍の損害は２５００。ヨーク公は攻勢作戦を続けるには兵力の損耗が激しいことと、彼の任務がオランダ共和派艦隊基地の占領または破壊であったので、任務を達成したとして北方に退却した。

コルサコフ軍の悲劇とヨーク軍の撤退によってカール大公の作戦計画は狂ってしまった。彼は欧州低地帯（オランダ）への機動を中止した。フランス軍はカストリカムの戦闘と第３次チューリヒの戦闘の勝利によって、辛うじて戦略態勢の不利を阻止した。この二つの戦闘は、「戦術なくして戦略成り立たず」の原則を実証し、かつ、将校の表芸は戦術能力が第一であることを教えている。

ナポレオンは短期間、コルシカ島に滞在したのちフランスに向けて出発し10月9日、フランスのフレージュ港に帰国した。

この報に、パリでは大勢の人々が歓迎に出迎えたが、彼は間道を通って自宅に直行した。それとは知らずにジョセフィーヌもパリにおける歓迎陣に加わっていたが、夫が先に帰宅したと知らされて急いで帰宅してみると、憤りと虚しさに嘆いて口もきかないナポレオンがいた。ジョセフィーヌは哀訴、嘆願して許してもらった。ナポレオンはジョセフィーヌの魅力に勝てなかったのだが、「結婚」と「浮気」にケジメをつける社会ルールの必要性を学んだ。

彼は上院議員たちを懐柔してパリ警備総司令官の地位を獲得した。これで彼は政治工作の地盤を得た。

10月18日オランダでは、アルクマール（Alkmaar）の協定が成立し、英とオランダ・フランスは停戦した。英軍は拘束していたフランス・オランダ捕虜8000を釈放してオランダから撤退したが、拿捕したオランダ軍艦は返還しなかった。

北部イタリアでは11月4日、メラスがジェノヴァにおいてシャンピオンヌ軍を撃破し、アルプスの北方へ追い払った。

〔注〕1799年末までに、ナポレオンが1796～1797年に獲得したイタリアにおけるフランスの覇権は帳消しになった。この功績は一に、豪胆な老将軍スヴォロフに帰せられるものだった。

1799年の西欧会戦はフランス側にとって大きい損害を支払ったにもかかわらず不満足な結果に終わった。同盟側もフランス軍の数度の敗北の機会に乗ずることができなかった。ロシアは、このような戦況を嫌って同盟から脱落した。

一方、エジプトで痛い思いをしたナポレオンであるが、「認識はすべて経験から始まる（カント）」にもかかわらず海洋を障害地帯として認識する見方を変えようとはしなかった。海の男から見れば海洋は戦場なのである。

第1執政官ナポレオン

1799年11月9日、ナポレオンは実質的にフランス総統に就任した。彼はクーデターによって第1執政官の地位を獲得し、フランスを完全に支配したのだ。彼はすぐに同盟側諸国に対し和平を申し入れたが、拒絶された。ロシアは同盟から脱落し、プロイセンは中立を申し出たが、英とオーストリアは戦争を続けることになった。これは英国の大陸勢力分断政策の成功であった。ナポレオンは攻勢的に戦うことを準備する。

クーデターは違法であるとナポレオンを批難する法学者がいるが、ナポレオンは後

年、セント・ヘレナにおいて、

「船が転覆の危機にあるとき、帆柱を折って沈没を防ぐのは止むを得ない処置である。これに罪科があるというならば、それは間違いなく罪である。しかし、国家の滅亡の機変に応ずることは法理より上位の神の掟である」

と述べている。また、

「世の中を支配する力は、精神力と剣の力である。その剣の力は、精神力、すなわち思想の力には及ばない」

これがナポレオンの政治家としての考えであった。ナポレオンは強制公債を禁止し、没収されていた私財を返還し、人質を廃止した。拘束されていた政治犯、僧侶、貴族を釈放し、信仰の自由を保証するとともに亡命者の帰国を許した。さらに「第7章憲法」を作成して12月14日に発布した。有名なナポレオン法典を作成したのもこれからの4年間の業績である。

「予はこの法典を持って、100世代にわたり名を残すであろう」

と豪語した。具体的な政治施策としては四民平等、自由の保証、租税の公平、貨幣の安定、国債償還方法の確立、失業者の救済、教育制度の改善などである。

第2次イタリア会戦

オーストリアはイタリアに残っている自国の作戦拠点地域から、フランス軍を追い払おうと計画した。クラジョワ（Paul Kray von Krajowa）大将の指揮する兵力約12万のオーストリア軍はライン河の上流のスイスとアルザス正面に展開して、モロー（Moreau）老将軍の指揮するフランス軍約12万のいかなる攻勢にも対処するとともに、メラス（Michael Melas）男爵の指揮する10万の兵力をもってイタリア正面のリヴィエラ（Riviera）沿岸地域に作戦し、マッセナ（Massena）将軍の指揮するフランス軍約4万を蹴散らそうと計画した。

1800年、英国はフランスに対する海上封鎖と通商破壊作戦を続けるとともに在エジプト英軍の支援を展開した。

1月、エジプトでは、フランス軍司令官クレーベル（Kleber）が英・トルコ両軍から圧力を受けたので撤退を決意し、トルコ、英国とエル・アリッシュ（El Arish）協定を結んで退路を解放されることを約束した。これでナポレオンの大戦略も消えることになった。

地中海では、ミノルカ島の英軍基地に対する脅威がないと判断したネルソンはキース提督の命令を無視して1月20日、リヴォルノ（Livorno）において地中海艦隊に復帰した。命令違反に怒ったキースはネルソンを懲戒処分し、英本土に帰国を命じた。ネルソンはナポリ公使サー・ウイリアム・ハミルトンとハミルトン夫人エマを伴って帰国した。

フランスでは3月8日、ナポレオンが新しく戦略予備軍を編成し、ディジョン（Dijon）に集結した。また彼は3～4個師団を編合（師団以上の部隊を集めて一つの戦略部隊を編成すること）して「軍団」とし、また、ライン正面、イタリア正面、エジプト正面を担当する部隊を一つの「軍」と呼ぶことにした。

彼は二つの選択肢を考えていた。第1案はモロー軍と合わせてスイスから南部ドイツ地方に攻勢し、ウィーンに通ずるクレイ軍の背後連絡線を遮断するものであり、第2案はスイスから北部イタリアに侵攻してマッセナに対峙しているメラス軍を撃破するものであった。彼は第2案を実行するに決した。

その理由はライン河正面軍総司令官モロー元帥が、ナポレオンのような若造の指揮を受けることを好まなかったからであった。

エジプトでは、英国が協定を破ってトルコ軍をけしかけてフランス軍を攻撃させた。

クレーベルは、ただちに反撃して3月20日、ヘリオポリス（Heliopolis）の戦闘においてトルコを撃破し、カイロ（Cairo）を奪回した。

イタリアでは4月6～20日、オーストリア軍がイタリア正面において攻勢に出た。マッセナ軍1万2000は蹴散らされ、ジェノヴァに退却したが、すぐにオット（Karl Ott）大将の指揮する2万4000の軍勢に包囲された。メラスはスケット（Louis Gabriel Suchet）に命じて残余のフランスを追撃させた。スケットはニースを越えてヴァール（Var）流域まで侵攻した。ナポレオンはスイスのレマン湖畔ジュネーヴ（Geneva）に戦略予備軍の集結を急いだ。

ライン正面では5月初旬からモロー将軍が兵力12万をもってオーストリアのクレイ軍に対し攻勢を開始した。5月3日にストッカッハの戦闘、5月5日にモスキルク（Moskirch）の戦闘、5月16日にウルム（Ulm）の戦闘でクレイ軍を撃破して圧迫した。

ナポレオンのアルプス越えとマレンゴ会戦

アルプスでは1800年5月14～24日、ナポレオンがジュネーヴに集め得た兵力は、たったの3万7000であったが、ランヌ兵団8000を前衛とし、主力2万9000が続いて大サン・ベルナール（Great St. Bernard）峠を越えた。この峠は海抜約2500メートルである。

そしてモローに対しモンセイ師団1万5000をサンプロン（Simplon）とサン・ゴタード（St. Gotthard）峠を経由してロンバルディアに進出し、ナポレオン軍に合流するよう命令した。

1800年5月、大サン・ベルナール峠を通りアルプスを越えるナポレオン（David画）

メラスの注意を逸らすため、さらにアルプス西方峠を守備していたチュロー兵団約5000をモン・セニス（Mt. Cenis）峠を経てポー（Po）河流域に前進させた。

主力の前進経路上に所在するオーストリア軍のバード（Bard）砦とイヴレア（Ivrea）砦は前衛部隊が踏み潰した。24日、ナポレオン軍主力はロンバルディア平原に進出する。彼はトリノを経てジェノヴァ救援に向かい直進せずに、大胆にもただちにミラノ（Milan）とパヴィア（Pavia）を占領し、オーストリア軍の退路を遮断して包括的な戦略的包囲態勢をとることにした。そのあとにマッセナ軍を救出するためにブレシア（Brescia）、クレモナ（Cremona）、ピアツェンツァ（Piacenza）に向かって進撃することにした。

イタリアでは、オーストリア軍のメラスはナポレオンがイタリアに進出したとの報を受けて、急いでニースから撤退した。ナポレオンの間接近接戦略機動の効果であった。

ジェノヴァで包囲されていたマッセナはナポレオン軍がアルプスを越えてポー河北岸地域に進出したとの報を受け取っていたが、ジェノヴァ要塞は飢餓に陥っていて戦闘力を失っていた。そこでマッセナは包囲軍のオットと交渉し、約７０００のフランス兵が名誉を保ち、軍容を維持して撤退することを条件に6月4日、オット軍にジェノヴァ要塞を明け渡した。

オーストリア軍総司令官メラスは、ナポレオン軍がアルプス越えでオーストリア軍の退路を遮断する態勢をとりつつあると知って驚いた。

メラスの行動方針はジェノヴァに立て篭って、海上から英艦隊による兵站支援を得て、本国から救援部隊がくるまで持久するか、ポー河南岸地帯を東進して包囲から脱

第11図　マレンゴの会戦

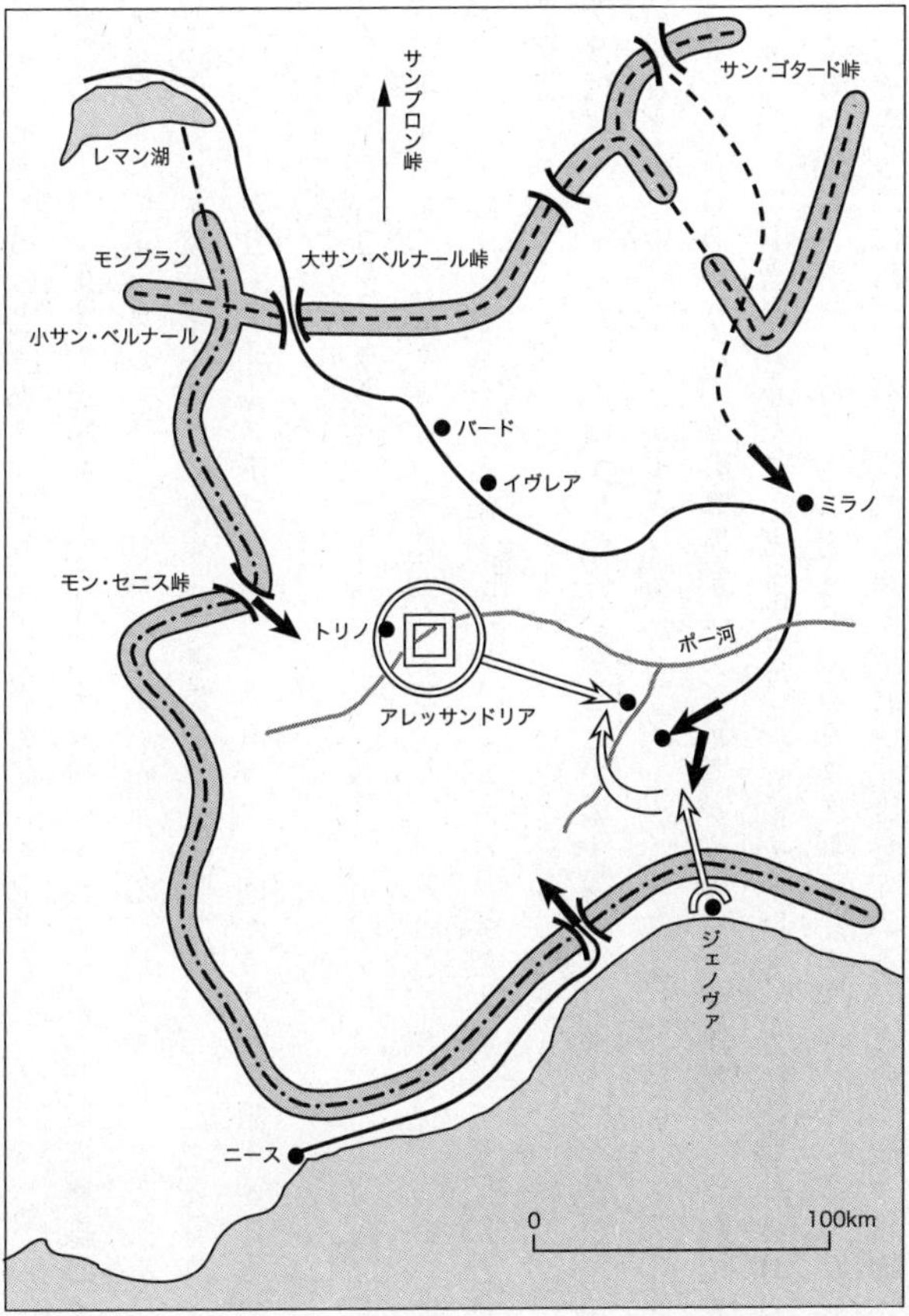

出するかである。彼はとりあえずトリノに主力の集結を命じた。

6月7日、トリノに主力を集結したオーストリアのメラス軍は、背後連絡線がナポレオン軍によって遮断されたことを知って東方に前進するに決した。

一方、ナポレオンはオーストリア軍主力の位置を見失っていた。そこでとりあえず包囲を圧縮するとともにオーストリア軍がジェノヴァに向かうことを阻止するために西方に前進した。

1800年6月9日、ランヌ（Jean Lannes）大将の指揮するフランス前衛部隊8000はポー河を越えてジェノヴァに向かい南進しているとき、ジェノヴァから北進しているオット軍1万8000とモンテベロー（Montebello）において不期に遭遇して遭遇戦となった。

ランヌは兵力劣勢にかかわらず果敢に攻撃したが、オット軍によって南翼が包囲される危険な態勢になった。このとき後続のヴィクトル（Claude Victor）大将の軍団の一部兵力約6000が南翼から戦闘加入して形勢が逆転した。不意を衝かれたオット軍は算を乱しアレッサンドリア（Alessandria）に向かい敗走した。損害約4000。

そこで6月13日、メラスは兵力3万4000をポー河南岸のアレッサンドリアに集結した。その東側にはポー河の支流ポルミダ河が北流している。この支流から約10キロ東方に、フォンテノーヌ河がほぼ併行に北流し、その東河畔にマレンゴ（Marengo）がある。

ナポレオンは、メラス軍がいまだトリノに所在しているものと誤判断していて、ポー河を渡河したのち6月14日、敵主力との接触を求めて西方に向かって広い正面に兵力を分散・展開したまま西進を続けていた。

このとき、フランス軍の先頭部隊となっていたヴィクトル軍団はアレッサンドリアから東約1・6キロ、ボルミダ河の東岸、マレンゴで不意に優勢なオーストリア軍と遭遇した。ナポレオンの手元には兵力2万8000しかない。内訳はクラウド・ヴィク1万6000とジェーン・ランヌ8000、および予備のミュラの騎兵4000である。彼は不期遭遇戦の原則を地で行くように、戦場に到着する部隊を逐次に戦闘に投入した。マレンゴの戦闘である。

メラスはナポレオンの主力を北翼から包囲しようとし、午後1時までにフランス軍を約3・2キロ押し下げた。ナポレオン軍はほとんど敗退しつつあったのだ。

メラスは戦闘に勝ったと判断し、軍に対して休憩を命じ、追撃のために縦隊の隊形に移行するように命令した。彼自身はウィーンに勝利の報告を書くためにアレッサンドリアに引き返した。

しかし、ナポレオンは明瞭に戦勢を失いながらも敗北したとは感じていなかった。彼は10キロ余り南方をジェノヴァ北方に向かっていたデゼー（Louis G. A. Desaix）軍団約1万4000を呼び返した。そして午後5時から反撃を開始した。

オーストリア軍の前衛に対しデゼー軍が正面から攻撃するとともに、ヴァルミー戦の英雄の息子、ケレルマン（Francois E. Kellermann）が指揮する騎兵部隊がメラス軍北翼に対し襲撃した。そしてその後方からランヌ軍団と近衛部隊が続行した。メラス軍は粉々に分断された。敗残部隊はアレッサンドリアに向かい敗走した。オーストリア軍の損害は9000（損害率26・4％）のほか捕虜3000、フランス軍の損害は4000（損害率12・5％）であったが、勇将デゼーが戦死した。

ナポレオンが月明のもとに戦死者の遺体の傍から出てきた一匹の子犬が死せる主人を守る行動を見て、戦場の静寂と孤独を感じたのは、このマレンゴの戦場である。

エジプトでは、フランス軍司令官クレーベルが暗殺され、メノー（Jacques F. de Menou）が指揮を継いだ。

イタリアでは6月15日、メラスが降伏し、ナポレオンはブルーム（Guillaume M. A. Brume）大将に戦果を拡張してマンチュア（Mantua）を確保するように命令してパリに凱旋した。こうして第2次イタリア会戦は事実上終了した。

英国の孤立化

ライン正面では1800年6月19日、モロー軍がホックスタッド（Hochstadt）の戦闘においてクレイ軍を撃破し、オーストリア軍をバイエルン（ババリア）に追い込んだ。クレイはドナウ河の支流イン（Inn）河の後方まで退却したので、モローは慎重にミュンヘン（Munich）に前進した。

ナポレオンはオーストリアに対し休戦を申し入れ、7月15日〜11月13日まで休戦することになった。優勢に作戦を進めている側から休戦・停戦を申し入れることは、無駄な戦争を続けないための歴史の智恵である。しかし、海洋国家である英国にとっては、大陸国家相互の戦争が終わることは戦略的に得策ではない。海峡の防衛を強化するとともに、オーストリアに財政支援を行なって戦争再開をけしかけた。オーストリアはクレイを更迭し、若いジョン大公を指揮官に選定した。

地中海のマルタ島を守っていたヴォーボア（Vaubois）将軍のフランス軍は約2年間の海上封鎖に耐え、対ゲリラ戦を戦ってきたが、次第に追い詰められてヴァレッタに立て篭っていたが9月5日、ついに糧食と飲料水が尽きて英軍に投降した。こうして東西地中海の制海権は英国の手に還った。

12月3日、オーストリアとフランスは戦争を再開し、ホーヘンリンデン(Hohenlinden)の戦闘となった。両軍は一時停戦の間、対峙態勢にあったので広正面に散開していた。そして降雪と雨に悩まされた。兵力約9万のモロー軍は辛うじて戦力を集結し攻勢作戦に投入できたが、オーストリアのジョン軍兵力約8万3000は分散していたため集中できなかった。機動と戦勢の発揮に幸運が加わったフランス軍はジョン軍の主力を包囲する態勢をとることができた。オーストリア軍は完全に撃破された。モローはオーストリアの首都ウィーンに向かい進撃した。

また、マクドナルドの指揮するフランス軍はスイスからチロル(Tyrol)に進撃した。イタリアのブリュヌ軍はユリアン・アルプスの諸峠に向かい前進した。

ことここに至って12月25日、オーストリアは休戦を求めた。

英国は1801年元旦にアイルランドのセント・パトリック・クロスを国旗に加えて、今日のユニオン・ジャックの国旗を定めた。また、ネルソンは海軍中将に昇任し、パーカー(Hyde Parker)の指揮する英バルト艦隊の副指揮官として海洋に復帰した。

英国は1月14日、北欧武装中立加盟国の船舶が英国に入港することを禁止し、北欧に英国か、フランスかの選択を迫った。さらに英国はペルシャと攻守同盟・通商条約を締結し、西欧大陸に対する包囲の態勢を作った。

これに対しフランスは2月9日、ルネヴィユ（Luneville）において講和を結びオーストリアとの戦争を終結した。この条約の結果、レオベン（Leoben）とカンポ・フォルミノ（Campo Formino）条項が再確認され、スペインはアメリカのルイジアナをフランスに割譲した。また、フランスはライン河左岸地域とガルダ湖、ミンチオ河以西の北部イタリアを獲得し、オランダ、スイス、残余のイタリアにおける共和国が成立することになった。

さらにナポレオンはロシア、プロイセン、デンマーク、スウェーデンが英艦隊による挑戦を排除する中立条約を締結するように策動した。ナポレオンは英国を西欧諸国から孤立させる外交を展開したのだ。

ナポレオンは戦争に一段落すると産業・経済の振興、教育改革、法律改革（ナポレオン法典）を矢継ぎ早に実行し、国民から歓迎された。また、カトリックを国教と定め、僧侶を優遇した。さらに風紀の粛正、道徳の回復に尽力した。彼は決断の男である。

バルト海では2月、ルネヴィユ条約に引き続いてロシア、プロイセン、デンマーク、スウェーデンがナポレオンの働きかけによって英国の海上作戦に対して自国船舶防護の中立協定を結んだ。英国は実質的に大陸諸国から孤立した。

そこで英国は3月、パーカー提督を総司令官、ネルソンを副司令官とする戦列艦18隻を含む53隻の大艦隊をバルト海に投入した。外交で打開できない国際問題には軍事力を使うというわけであった。

エジプトでは、キース（William Keith）提督の指揮する英艦隊の支援のもとに、3月8日、アバークロンビー（Ralph Abercromby）の指揮する英・トルコ連合軍1万8000がアブキール（Aboukir）に上陸作戦を敢行した。そして3月20日、アブキールにおいてメノーの指揮するフランス軍を撃破した。しかし、アバークロンビー英将軍は戦死した。

英国では、小ピット首相がカトリックの信仰の自由を保障するとして英王室と対立し辞任した。後任の首相にはアディントンが就いた。しかし、ピットの政治的影響力が英の対外政策に残ることになった。

ロシアでは3月24日、皇帝（Czar）パーヴェル（Pavel）一世が暗殺され、政権が混乱状態に陥った。

コペンハーゲンの海戦

バルト海では1801年4月2日、ネルソンが12隻の戦列艦を率いて大胆にもコペンハーゲン（Copenhagen）の港に殴り込みをかけた。パーカー提督の命令を無視してフィシャー（Fischer）提督のデンマーク艦隊と交戦する。フィシャー艦隊は戦艦と武装老朽船、水上砲兵（繋留船台に砲兵を載せたもの）の編成であった。

約5時間の砲撃戦のち、デンマーク艦隊の砲火は沈黙した。

この海戦において、パーカーはネルソンに対し戦闘中止の旗信号を送り、ネルソンの通信将校はその旨をネルソンに伝えたが、彼は望遠鏡を見えない右目に当てて、パーカー旗艦の信号は見えないとして無視した逸話は有名である。戦闘の状況は現場指揮官が最も承知しているという原則の逸話に使われる。

ネルソンはパーカーを促して、次にレバル（Reval、現在はタリン Tallin）を攻撃してロシア艦隊を撃破しようとしたが、この海戦に敗れたデンマークが停戦を申し出て和平交渉が始まったため作戦中止となった。

エジプト全土において4月、英・トルコ軍は攻勢作戦を開始し、まず英艦隊が東部地中海を制してフランス軍のエジプトに対する増援を遮断した。

5月、英バルト艦隊総司令官にネルソンが就任した。ロシアでは、6月17日、新皇帝アレキサンドル一世が全ての敵対行為を中止する協定を結んで19日に英国と和解した。これでナポレオンの英国孤立化外交の一角が綻びた。英バルト艦隊は英国に帰投した。ネルソンは病に倒れた。

地中海では7月6日、フランス小艦隊がソーマレズ（Saumarez）提督の指揮する英艦隊をジブラルタル近くで攻撃し、アルヘシラス（Algeciras）の海戦となった。英艦隊は決戦を回避したので、スペイン艦隊がフランス側に加わり、フランス側艦隊は2倍の優勢となった。しかし7月12日、英艦隊は決戦を挑み、フランス・スペイン連合艦隊を撃破した。

8月15日、病気から回復したネルソンはドーバー海峡に面するブーローニュ（Boulogne）に集結しているフランス軍の上陸作戦用小舟艇群を攻撃して破壊した。制海権を持たずに上陸作戦を計画するのは、いかにも大陸国家フランス陸軍の発想であった。

エジプトでは英・トルコ連合軍がフランス軍を圧迫し、6月28日にカイロを奪取。8月にアレキサンドリアを奪取した。

孤立したフランス軍司令官メノーは8月31日に降伏した。フランス軍兵士2万6000は9月、帰国の自由を許された。こうして英国はナポレオンの中東占領の野望を挫折させた。

10月1日、英・フランスがエジプト戦線について講和し、両国はエジプトから軍を撤収した。

アミアンの平和（1802～1803）

フランスと英国は1802年3月27日、アミアン（Amiens）の講和協定を結んで平和を回復した。それは全欧州に平和をもたらした。

英国では、ネルソンは平和の到来によってロンドン南東部のサリー（Surrey）州でハミルトン一家とともに平穏な生活を送ることになった。

フランスでは8月2日、ナポレオンが終身統領（33歳）を宣言した。

海上における戦争は続いていたが、大陸における戦争は1802年2月から束の間の平和に入った。終身統領を宣言したナポレオンは皇帝への政権抗争を開始した。彼が駆使した権力抗争の原則は、

＊完全な政治の建前論は存在しない

＊政治家は、栄達を追う

＊陰謀家は陰謀を楽しむ（陰謀家を重用する）

＊国政より党利党略が優先する

を巧みに使ったのだ。彼は、ローマ法王ピウス七世の要請を受け入れてカトリックを国教と定め、僧侶に俸給を与えるとしたが、新教の信仰の自由も保障した。「政教分離」政策である。ナポレオンが定めた学制は今日のフランス学制の原点となった。性道徳の回復に努めたが、本人はミラノの名花グラッシーナの愛を受け入れて、パリの国立オペラ歌手として呼び寄せ愛人としたが、ジョセフィーヌ夫人を別格として扱う〝家庭主義〟を守った。妻は愛人より上位で別格とするというのである。

ナポレオンはこうして着々と皇帝への道を進んだ。彼は共和制の思想を守ったが、間接選挙による国家リーダーの決定方式に対して現実的な疑問を持っていた。栄達を追う政治家は国益よりも党利党略を優先するから間接選挙では政治家たちの陰謀でリーダーが選ばれる可能性が高い。それだけ選ばれたリーダーは選んだ政治家の操り人形になる可能性があり、国家は国際政治の大海の中を漂流するだろうと。

国政を担う国家のリーダーは権力抗争の必要性がない地位に上り詰めさせなければ

ならないと考えた。これがベストという案はないにしても、ナポレオンは原則として民主主義のシステムを貫いた初期の古代ローマ帝国のシステムがモデルになるとしたのだ。

第4章　英国対フランス戦争（1803〜1805）

1803年、フランスはアメリカのルイジアナの大部分をアメリカ合衆国に譲渡した。英首相アディントンは、穏健派であったがフランス国内の整頓が進むのを座視していなかった。海洋国家にとって対岸に強力な国家が出現することを許していては国家戦略が成り立たない。それは悪夢である。

最初に英国がアミアンの講和協定を破った。この春、アメリカ大陸から大量の商品を輸送して帰国するフランス船団200余隻を拿捕し、その輸送品を奪った。

これに対してフランスは大陸在住のイギリス人を捕らえて自由を奪った。英国のピットは戦争のよい口実にするため、その非人道行為を批難するように建策した。

5月16日英国は西欧大陸の海上封鎖を開始し、英国・フランス戦争が再開した。ナポレオンは英国侵攻の準備に着手した。

英国は、もしナポレオンが英国侵攻作戦に着手したら、英国のシー・パワーがこれを挫くことを計画した。海国英国にとっては、海洋が真骨頂の戦場であった。ネルソンは英地中海艦隊総司令官に任命され、ふたたび洋上生活に戻った。彼は6月、フランスのトゥーロン軍港沖に監視線を構成して封鎖作戦を開始した。

1804年英国では、ウイリアム・ピットが首相に返り咲いた。彼は対フランス強硬路線を打ち出した。

ライン河口付近にナポレオンが大量の輸送船を集結したので、1804年10月2日、スミス（Sidney Smith）提督の英艦隊は、「英国の国防線は大陸側沿岸の背中にあり」とし、これを急襲して焼き払った。さらに英艦隊は地中海からフランス艦隊を追い払って制海権を獲得するとともに、西インド諸島、東インド諸島の制海権を掌握した。〝フランス大陸軍と世界の支配の間には、難破船が存在する〟のだ。

ナポレオン皇帝

12月2日、ナポレオンは国民投票（250余万対0・23万）の信任を受けて皇帝と

ノートルダム大聖堂での戴冠式で皇妃ジョセフィーヌに冠をかぶせる皇帝ナポレオン（David 画）

して戴冠した。１０８７倍という勝利で、ほとんど全フランス人が彼を皇帝とすることに賛成した。

ナポレオンは、引きつづき大陸軍を北部フランス沿岸に集中した。ふたたび大量の上陸用輸送船を建造させた。ナポレオンは英国海峡を巨大な河川と考えていたのだ。

陸軍にとって河川は〝障害〟である。だが、英国は英国海峡を〝戦場〟と認識していた。この認識の違いは大陸人と海洋人の決定的な価値観の違いであって、歴史に学ぶかぎり、永遠に大陸国家と海洋国家の政治関係は対立的になるという原則を示している。もちろん、英国は海洋国家的発想による機動的な外交を展開した。

第５章　第３次欧州同盟の対フランス戦争（１８０５）

１８０５年、英首相ピットはフランス革命の波及を恐れるオーストリア、ロシア、スウェーデンを仲間にとりこんで第３次欧州同盟（反革命陣営）戦争を始めた。ナポレオンは英国侵攻を先延ばしにして、オーストリア・ロシアに対抗することにしたが、英国を牽制するためにフランス軍主力をブーローニュ（Boulogne）に集結した。

また、イタリア正面では、マッセナ（Massena）大将の指揮する兵力55万が北部イタリアに集結した。

同盟軍は、まず北イタリアのマッセナ軍を撃破し、ついでドナウ河沿いに西進してフランス侵攻を計画した。明らかに１８００年のナポレオンのアルプス越え作戦を意識した計画である。

一方、地中海と大西洋では、英提督ネルソンがフランス軍港トゥーロンを封鎖していたが、3月30日、仏提督ヴィルヌーヴ（Pierre Charles Villeneuve）は、巧みに英艦隊の監視網を破って地中海に脱出し、スペイン艦隊と合流して総勢20隻をもって大西洋に進出し、西インド諸島に向かった。封鎖に失敗したネルソン艦隊10隻は追跡する。それから約4ヵ月、ネルソンはフランス・スペイン艦隊を追いまわしたが遭遇できない。英艦隊が追いかけていることを承知したヴィルヌーヴは、大西洋を横断してスペインに向かった。ネルソンは追う。

ナポレオンはこの春、皇后ジョセフィーヌを伴ってフランスの属国となったイタリアを訪れた。かつて大軍を率いて越えたアルプスの峠を旅し、マレンゴの古戦場を訪れ、ミラノに赴いた。ここでイタリア国王を兼務する戴冠式（5月26日）を挙行した。これは西欧に爆発的な衝撃を与えた。ナポレオンの領土拡張路線が姿を現わしたのだ。

地中海では7月22日、英カルダー（Sir Robert Calder）艦隊18隻は、ついにフランス・スペイン連合艦隊をスペインのフィニステレ（Finisterre）岬沖で捕まえて海戦となった。フランス・スペイン艦隊の2隻が拿捕されたが、ヴィルヌーヴはカジス港に逃れ、そこで増援を得た。

1805年8月、ヴィルヌーヴはカジスから地中海に帰還する予定であった。そしてスペインのカルタヘナ（Cartagena）においてもっと多くのフランス軍艦を併合し、南部イタリアに航海してマッセナの作戦を支援しようと考えていた。制海権を獲得しないまま、陸戦を支援するという戦略センスは大陸国家軍人の典型的な思考パターンである。海洋国家の提督であれば、まず制海権の獲得に死力を尽くし、その上で陸戦を支援するのだが……。

しかし、ネルソンはついにフランス艦隊がスペインのカジス港にいることを摑んだ。一方、ヴィルヌーヴ提督は、ネルソンが29隻（実際には17隻）の戦列艦を率いてカジス沖に待機しているとの情報を得た。この情報はナポレオンに伝わらなかった。

ウルムの会戦

フランスでは、ナポレオンが1805年8月29日、出動編成を次のように発令した。

フランス軍総司令官　ナポレオン
　総參謀長　ベルティエ
第1軍団　ベルナドット　1万8000　ハノーヴァー

騎兵師団×1、歩兵師団×2
第2軍団　マルモン　2万1000　ユトレヒト
騎兵師団×1、歩兵師団×3
第3軍団　ダヴォー　2万7000　ブーローニュ付近
騎兵師団×1、歩兵師団×3
第4軍団　スール　4万1000　同右
騎兵師団×1、歩兵師団×4
第5軍団　ランヌ　1万8000　同右
騎兵師団×1、歩兵師団×2
第6軍団　ネー　2万4000　同右
騎兵師団×1、歩兵師団×3
ミュラ騎兵団　2万2000　同右
騎兵師団×7
近衛部隊　ベッシェール　6000　同右
第7軍団　オージュロー　1万4000　ブレスト（予備）
北部イタリア軍　マッセナ　5万

対英沿岸警備隊（大西洋・英国海峡・ドーバー海峡）
歩兵大隊×25、兵力約2万、海兵1万
合計総兵力27万1000

〔注〕各師団の戦力は、兵力5000〜9000
歩兵大隊×6〜11、大砲×10〜12

この戦略的基礎配置は、

「戦略的な初期展開は分散せよ。敵軍が某正面に集中し始めると、その完了を待たずに我は優位な戦略態勢に転移せよ。すなわち、遅れて発ち、機動力を発揮して先んじて優位に立つ」

と孫子が説くとおりであった。

ブーローニュ付近に大軍を集結したのは、随時、英国に侵攻できる態勢であって、輸送船約2000隻余を準備した。彼は英艦隊主力を西インド諸島に誘い出し、その隙に英国に上陸作戦を敢行しようとして艦隊総司令官ヴィルヌーヴに対し大西洋からアメリカ大陸に向かって陽動するように命令したが、ヴィルヌーヴ提督は動かなかった。そこでナポレオンは英国侵攻を後回しにして、オーストリアを降伏させることに戦略目標を転換することになった。

ライン河正面の大陸では、8月31日、フランス軍主力20万は密かに広正面に作戦展開しながらライン河に向かい東方に前進した。

一方、フランス軍の動向を把握していなかったリーベリッヒ（Mack von Leiberich）大将の指揮する約5万のオーストリア軍は9月2日、ドナウ河の南岸に出てライン同盟の一部バイエルンの首都ミュンヘン（Minchen）に前進し、ついでアウグスブルク（Augsburg）を経てドナウ河畔のウルムに進撃した。

ウルムからライン河上流部とドナウ上流部を仕分ける丘陵が西方に走っていてライン河東岸にシュバルトバルト（黒い森）を造っている。

この間、イタリアでは、カール大公が指揮するオーストリア軍10万がマッセナ軍に対する攻撃を準備していた。

さらにライン河上流正面では、兵力約12万のロシア軍がドナウ河に沿ってオーストリア軍を追いかけて西進していた。また、スウェーデンは遠征軍の派遣を約束していた。

同盟軍の基本戦略は、北部イタリアを奪還することを主たる目標としていた。従ってライン正面は支作戦であり、その作戦目標は、より多くのフランス軍を牽制・抑留することであるはずだが、これらの軍勢がウルム付近に結集するとライン河とドナウ河の間隙からフランス領アルザス（Alsace）に侵攻する予定であった。その攻勢目的はアルザスを占領することなのか、フランス軍の抑留なのかはっきりしていなかった。

1805年9月13日、ナポレオンはオーストリア軍が9月10日にイン河（ダニューブ河南岸の支流）を渡河しバイエルン（バヴァリア）に侵攻したことを知った。オーストリア軍は作戦目的がはっきりしないまま9月20日、バイエルンに主力を進駐させた。翌日、マック大将はシュバルトバルト（黒い森）から進出するであろうフランス軍の出鼻を攻撃するため、さらに西進した。

ナポレオンは、現態勢では、黒い森の東方においてオーストリア軍と正面衝突になると判断し、一部をもってシュバルトバルト（黒い森）正面で敵を牽制・抑留するとともに、主力は北方から戦略包囲する態勢をとるため部隊の展開地をストラスブール〜マンハイムの線（ドナウ河北岸地域）とし北方に側方転移した。

9月21日、マックの指揮するオーストリア軍主力は、ウルムにおいて南方からドナウ河に注ぐイルレル河の線に到着し、フランス軍がシュバルトバルト（黒い森）から進出する出鼻を攻撃する態勢をとった。

ナポレオンは9月26日、マイン河（ライン河の支流）南岸を北翼に、カールスルーエ（Karlsruhe）を南翼に四個縦隊の広正面でライン河を渡った。また、ライン河とドナウ河の間隙を含むウルムの正面約75キロには3個縦隊が東進し、騎兵がシュバルトバルト東面に援護幕を張った。明らかに陽動部隊である。こうして「ウルムの会戦」の幕が切って落とされた。


同盟軍はフランス軍が未だブーローニュに留まっていると思い、フランス軍の行動を掴んでいなかった。マック軍は、ミュンヘンとウルムの間を緩慢に西進していた。ジョン大公の指揮するオーストリア軍3万3000はミュンヘンの南方、オーストリアのインスブルック（Innsbruck）に集結していた。

イタリアでは、アディジェ（Adige）流域のカール大公軍はトレントからベニスの間に展開していた。クトゥーゾフ（Mikhail I. Kutuzov）大将の指揮するロシア軍5万5000とヴックホーデン（Buxhowden）大将の指揮するプロイセン軍4万がウィーンに向かいカルパチア山脈を越えようとしていた。

9月27日、スペインのカジス港では、臆病なら指揮官職を解くとのナポレオンから

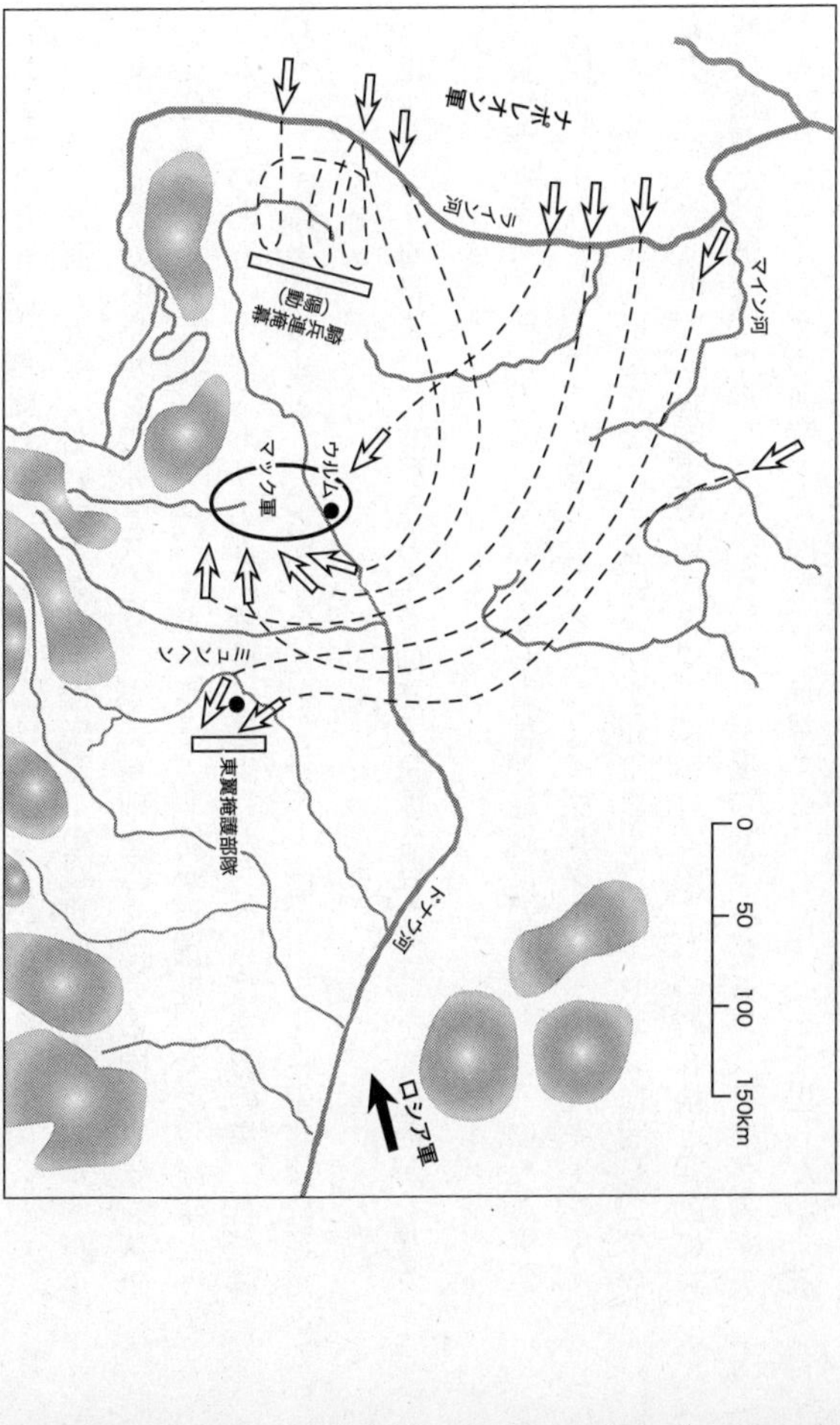

第12図　ウルムの会戦　1805年9月26日〜10月18日

の督戦に悩んだヴィルヌーヴ提督は、意を決してナポレオンの出撃命令に同意した。

10月6日、ライン河上流部においてミュラ（Murat）の騎兵部隊がシュバルトバルト（黒い森）の正面からウルムのオーストリア軍に脅威を与えている隙にフランス軍主力3個縦隊はドナウ河を渡り、シュバルトバルトの北側から東進した2個縦隊とともにウルムとその南方のオーストリア軍の背後に進出した。さらに主力の南（右）翼を東進していた1縦隊はネッカー（Neckar）河を越えて直路、ウルムの北側に進出した。

マックはフランス軍によって北翼から全背面まで包囲されたことを知ったが、遅すぎた。

10月8日、マックは、一部をもって北方から背後連絡線に迫ろうとするフランス軍の進撃を阻止しようとしたが、失敗した。また、ノイブルクを守っていたキーンマイエル軍はミュンヘン方向に退却した。このような報告を得たナポレオンは翌日、アウグスブルク（レッヒ河畔でウルム東方約70キロ）において敵主力の所在地と行動に対する判断に迷った。彼は、ウルムに向かう包囲を中止してミュンヘン（アウグスブルク東南方約50キロのイーゼル河畔）に向かって進撃することに決心を変更したが、敵主力と接触できない。そこでナポレオンは10月10日、全軍に対しふたたびウルムに向かって進撃を命じた。

包囲環が縮まるに伴い、脱出を試みようとするオーストリア軍の行動に対し、随時随所の作戦指導が必要であった。

10月14日、エルヒンゲン（Elchingen）の指揮するオーストリア軍1縦隊が包囲環を破って脱出を試みたが失敗した。そしてウルムに包囲された総司令官マックは10月17～20日、ついに兵力3万3000、軍旗40旒、大砲65門とともにフランス軍に降伏した。この会戦はナポレオンの最も輝かしい会戦年度の幕開けであった。

ウィーンに向かう追撃

ドナウ河南岸地域ではナポレオンがすかさずウィーンを目指し、まずイン河の線に向かう進撃を開始した。第1梯団（第1軍団、ミュラ騎兵団、第3軍団、第5軍団）が正面50キロ幅で前進し、第2梯団（近衛、第2軍団、第4軍団）が続行した。進撃にともない、イタリア方面からオーストリア軍がアルプスを越えてドナウ戦域に転進してくるのを妨げるため、第6軍団をアルプス山中の要衝インスブルックに向かわせるとともに、第7軍団はケンプテン（ウルム南方50キロのアルプス北麓）に派遣した。

〔注〕このウルムの包囲機動は戦術というより、戦略的旋回機動であった。1800年のアルプス越えと、それに続くマレンゴの戦闘の二つは、戦略的包囲を成功させるための要件が示されている。

第1は、戦略包囲して撃破する主敵を明確に定めておくことである。戦略包囲機動の初期は、多くの場合、敵はその脅威に気付かない。しかし、いずれ包囲機動を敵が気付いて対包囲戦略を開始する。そのとき、様々な敵部隊が行動し、包囲部隊と各所で衝突することになる。このとき主敵が定まっていないと、各所で惹起する戦闘に幻惑されて包囲部隊が分散することになる。

第2は、主敵との地上からの接触を断たないことである。ナポレオンといえども、マレンゴ会戦では、オーストリア軍主力がトリノに移動したあと、その動向を見失った。彼は、広い正面で分散した態勢で西進するともに有力な部隊をジェノヴァに向けて派遣するという失敗を犯した。

ウルムの包囲においてもマック軍主力が脱出するために東進すると誤判断を行ない、初期の計画を変更する決断をした。もっとも指揮下軍団長は、ナポレオンの戦略計画の趣旨をよく理解していたので、これはナポレオンの誤判断とすぐに気付いて対処したので大事に至らなかった。

すなわち、第3の教訓は、作戦計画は、その趣旨を第1線部隊指揮官にまで徹底して理解させ、『自主裁量』を奨励することである。指揮官の階級は、「命令違反するべき状況を判断できる能力のあるものに与えられる」（フリードリヒ・ヴィルヘルム一世）であり、部下の「独断専行」を容認することが作戦成功の要件である。なぜなら、戦況は千変万化するからである。

トラファルガルの海戦

一方、スペインのカジス港では、1805年10月21日、フランス・スペイン連合艦隊が出航した。スパルテル（Spartel）岬沖においてこの報に接した英提督ネルソンは敵艦隊を求めて機動した。そして「トラファルガル（Trafalgar）の海戦」となった。33隻のフランス・スペイン連合艦隊は針路を回頭し、カジス港に逃げ込もうとしたが、艦隊は陣形が乱れて約8キロ（各艦間隔約250メートル）に拡がった。

ネルソンは予定通り、併行する二つの単縦陣（ネルソンの旗艦「ヴィクトリー」は

第13図 トラファルガルの海戦 1805年10月21日

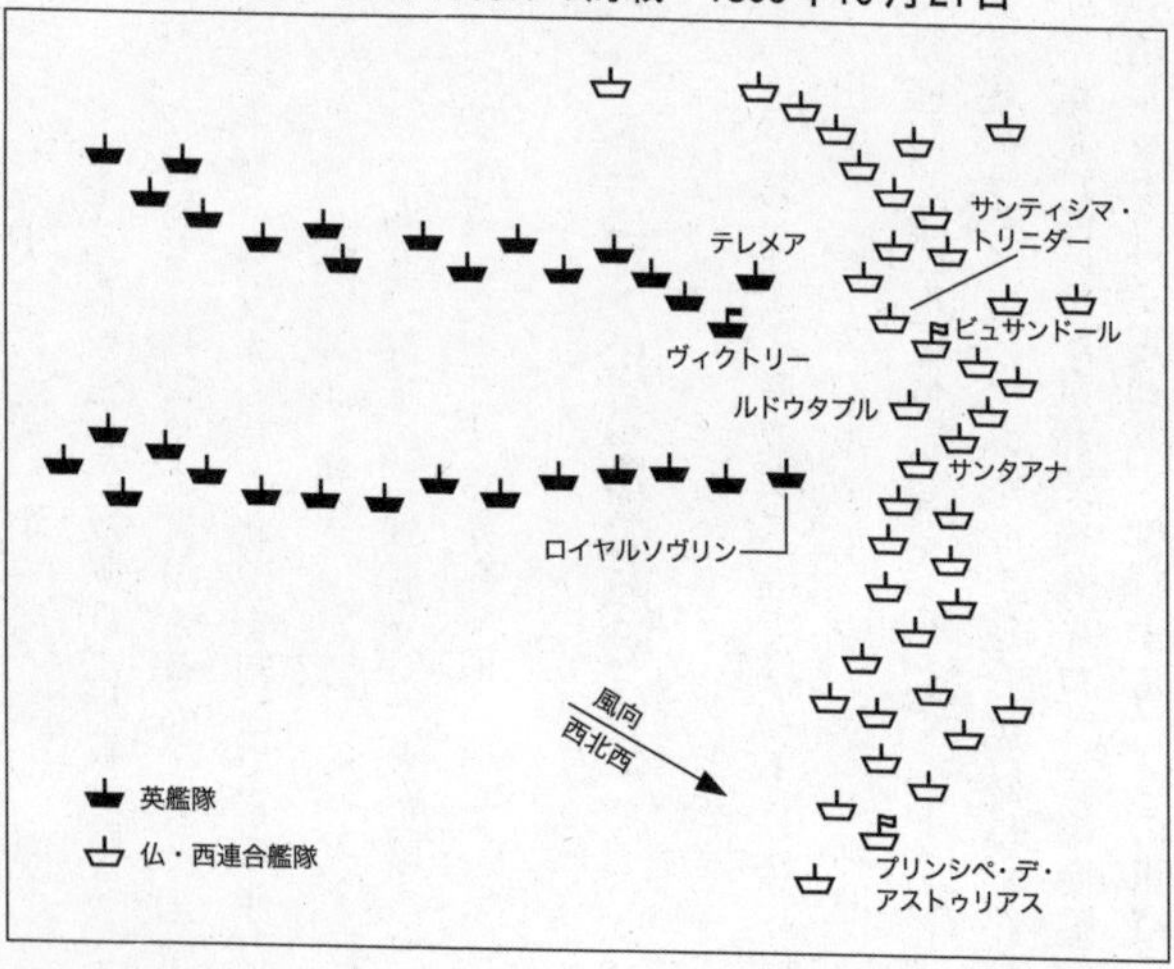

左縦陣の先頭、右縦陣はコリングウッド中将が指揮し、旗艦「ロイヤル・ソヴリン」で連合艦隊の縦陣中央に対し横から直角に突っ込んだ。連合艦隊は各艦一斉に左旋回して横陣となって迎撃したが、その陣形は真っ二つに分断された。ネルソンは各大隊（5隻）ごとに乱戦を命じた。戦闘は5時間に及んだ。連合艦隊の18隻が拿捕され、11隻がカジス港に逃れたが、4隻は行方不明になった。英艦隊の損害はゼロ。しかし、ネルソンはフランス艦隊の旗艦「ビュサントール」と砲撃戦中に狙撃を受けて致命傷を負い、数時間後に戦死した。臨終に残した彼の最後の言葉は、

「神に感謝します。私は私の義務を果たすことができました」
ネルソンはフランスのシーパワーを撃破した。そして英国を海洋の女王にする最も決定的な海戦に勝利した。それは軍事史における戦術的かつ戦略的な歴史的海戦でもあった。

これまで英国議会は艦隊の戦闘を「海軍戦闘教令」という前代未聞の法律で戦場における戦いを統制しようとしていた。戦闘は「戦いの原則」に基く軍事的合理性によって戦うものであるにかかわらず、法律で戦うと考えていたのだ。ネルソンは〝戦闘の終始を通じて単縦陣で戦うべし〟とするこの法律を破って乱戦方式で戦い勝利した。法理至上主義の政治家たちもようやく気がついてこの法律を破棄した。〝軍隊の組織と運用は軍事理論で決めよ〟である。

〔注〕ネルソンは海軍軍人として際立った才能を持っていた。そして長い海上生活を通して才能が磨かれた。彼は大胆、断固、勇敢、速い決断、第一級の戦術能力を持っていた。そしてその戦術能力に裏付けられた戦略的判断力を備えていた。彼の部下たちは、彼の能力を信頼し、彼もまた部下を信頼し、共同一致の精神を啓蒙した。彼の悪名高い虚栄心と頑固な戦術主張は、彼の優れた軍人としての才能の前では帳消しになる。

彼は疑いもなく、世界の名提督の一人である。

10月27日、フランスの大軍がイン河に向かってくるのを知ったロシア軍は、オーストリア軍との共同作戦を放棄してその東方のトラウン河の線に退却した。同盟軍に見捨てられたオーストリア軍も退却した。

10月30日、イタリア戦線のマッセナはカルディエロ（Caldiero）においてカール大公のオーストリア軍に挑戦した。しかし、カール軍は決戦を回避して東方に退却した。マッセナは追尾する。そこへチロル方面から退却していたジョン公のオーストリア軍が加わってともにユリアン・アルプスを東方に越えて退却した。

11月1～14日、ナポレオンは兵力約5万を背後連絡線の防護に残して、主力約15万をもってオーストリアに侵攻した。クツゾフの率いるロシア軍は決戦を回避して退却したので、ナポレオンは首都ウィーンを占領した。ロシアは軍事的合理性を政治的考慮に優先して同盟国を見捨てたのだ。

クツゾフは11月11日にドゥルレンスタイン（Durrenstein）において、また、11月15～16日にホラブリュン（Hollabrunn）において効果的に遅滞戦闘を行なった。

アウステルリッツの三帝会戦

1805年11月15日、ナポレオンは約2万をウィーンに残してロシア軍に対処するため北方に機動した。彼は、ウィーン北方約112キロのブリュン（Brunn）の近くに手元の戦力を集中することにした。

一方、11月20～28日、同盟軍は態勢を立て直した。兵力約1万8000のフェルジナンド（Ferdinand）大公軍はブリュンの北西のプラハ（Praha）に集結した。ロシアのアレクサンドル皇帝とオーストリアのフランツ（Franz）二世皇帝の指揮する兵力約9万の連合軍（実質的指揮はクツゾフ）はブリュン北東オルミュッツ（Olmutz）に集結した。

カール大公とジョン公のオーストリア軍約8万のオーストリアへの撤退はアルプスの諸峠を守るミシェル・ネー（Michel Ney）軍団とマルモン（Auguste F. L. Marmont）軍団によって阻止された。アルプスの南からハンガリーを通り抜けてオーストリアに撤退することは、マッセナ軍3万5000によって擾乱されていた。

〔注〕陸軍の作戦は進軍にともない後方地域（背後連絡線）を警備するために所要の兵力を残置することになる。また、進軍中に数度の戦闘が発生することは当然であり、進撃速度が速ければ、損害を補充することはほとんど期待できない。ナポレオン軍は10月4日から11月19日までの46日間に約800キロを進撃した（17キロ／日）。このために前線の戦闘に使用できる兵力は約三分の一に減っていた。古来、兵家は、「進撃に伴う兵力の減少は、あたかも春の雪解けのごとし」と言い伝えている。

辛うじて兵力約6万5000を集結したナポレオンは三方の敵中にあって敵軍の動きを見守っていた。典型的な内線作戦の態勢である。ナポレオンの戦略的課題はウィーンからフランスに通ずる背後連絡線を確保しながら、圧倒的に優勢な同盟軍の戦力が合一しないように阻止することであった。ナポレオンは敵軍に弱点を見せて誘致することにした。

ロシア皇帝とクツゾフは、オルミュッツから南南西に南下してナポレオンの背後連絡線を遮断しようと考えた。これはまさしくナポレオンがしかけた罠にはまることであった。

アウステルリッツの三帝会戦（Gérard 画）

１８０５年11月28日、同盟軍は動き始めアウステルリッツ（Austerlitz）東北方15キロのウイッシヤウに前進した。これに対してナポレオンはアウステルリッツ村の西方約３・２キロの地点で東方に面して１個師団を布陣し、主力をブリュン東側に集結して同盟軍の南下を待った。同盟軍の斥候はアウステルリッツ村西方に約１個師団のフランス軍が平地に正面３・２キロに広く、特に南翼を薄くして展開しているのを発見した。

12月1日、兵力約９万の同盟軍がアウステルリッツに進出した。ナポレオンは主力を緩慢に東方に移動させて随時戦闘加入できる態勢を取らせた。相対戦闘力は同盟軍が１・４倍である。

同盟軍は、すぐにフランス軍の布陣は南（右）翼が弱いことに気がついた。南翼から攻撃するとウィーンに通ずるナポレオンの背後連絡線を遮断できる。しかし、これがナポレオンの罠とは気付かなかった。

12月2日、「アウステルリッツの会戦」が始まった。夜明けに同盟軍の主攻（攻撃の重心）はフランス軍南翼に向かって振り下ろされた。

ダヴォー（Louis N. Davout）軍8000の増援がフランス軍南翼と中央の間に駆けつけたとはいえ、南翼は押し下げられた。

9時までに同盟軍の約三分の一の兵力が、この南翼正面の攻撃に投入され、さらに多くの部隊がフランス軍陣前を横行して南下しつつあった。ナポレオンは罠の引き金を引いた。

フランス陣中央のスルト（Nicolas J. Soult）軍団はプラッツェン（Pratzen）高地を目指して攻撃前進し、同盟軍の正面を分断した。そして同盟軍の左（南）翼を包囲した。そこへダヴォー軍団が戦闘加入したため同盟軍は崩壊して敗走した。

フランス軍砲兵は同盟軍左翼の南に存在する湖の氷を破壊した。このため氷上から脱出しようとした数多くのロシア兵が溺死した。

一方、スルト軍団に続行していたベルナドット（Jean Baptiste J. Bernadotte）軍

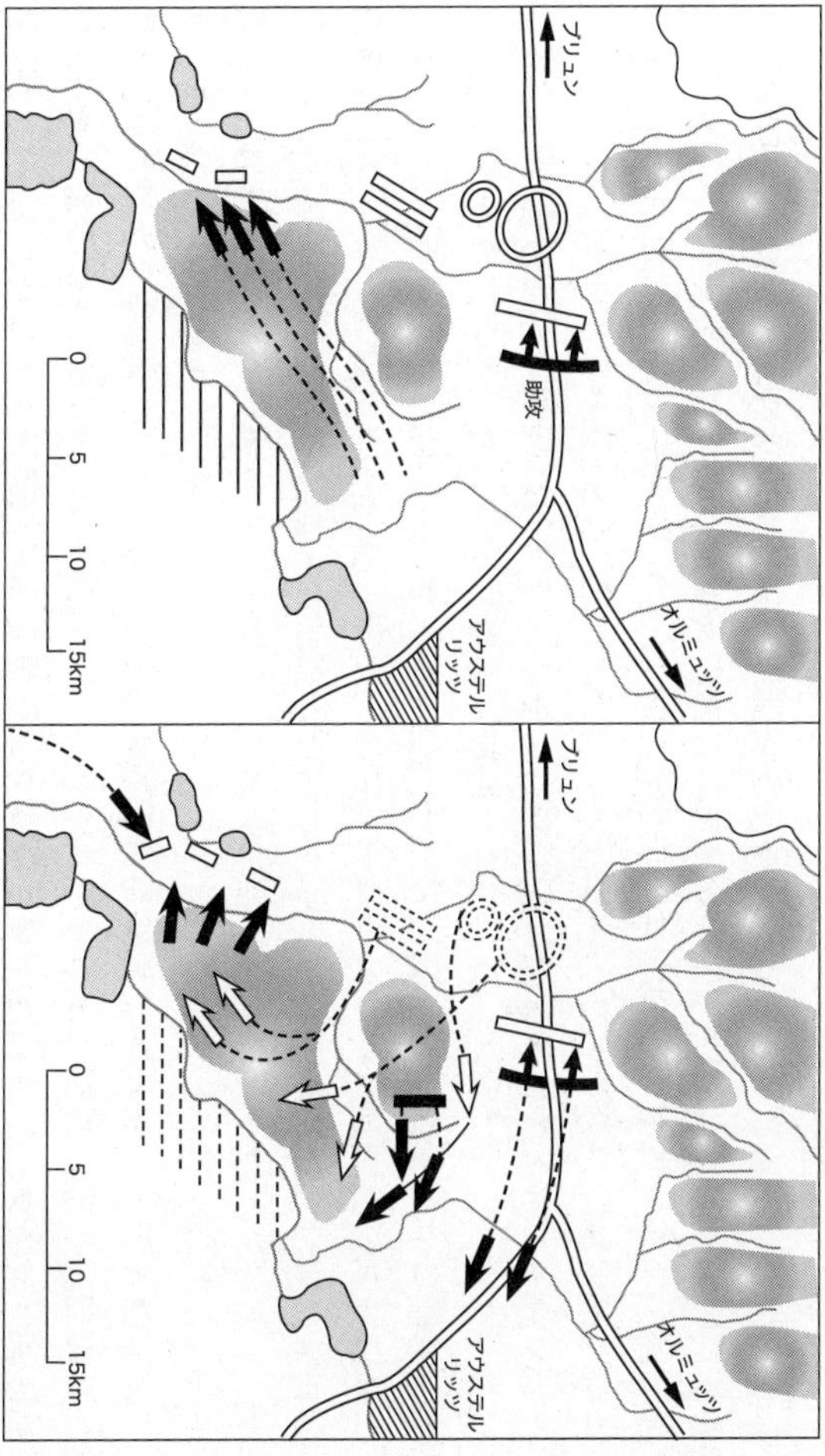

第14図　アウステルリッツの戦闘　1805年12月2日

同盟軍の攻撃

ナポレオンの反撃

団はスルト軍団が分断した同盟軍の間隙から真東に攻撃した。また、フランス軍の左（北）翼に布陣していたランヌ軍団はブリュン〜オルミュッツ街道に沿って同盟軍右（北）翼に向かい突進した。同盟軍の退路を遮断する突破方向である。右翼指揮官ロシア皇太子バグラシオン（Peter I. Bagration）は必死に抵抗したが、ベルドナッド軍団は南方から巻き上げるように突破に引き続き包囲攻撃した。

夕闇迫る頃までに同盟軍は地上に組織として存在することを止めた。フランス軍の損害は９０００（14％）近くであったが、オーストリア・ロシア同盟軍の損害は2万６０００（29％）、軍旗45旒、大砲１８５門であった。残余の同盟軍将兵は部隊として退却したものはなく、散り散りになって敗走した。

別名「三帝会戦」と呼ばれるアウステルリッツ会戦は西欧においてアレキサンダー大王のアルベラ（Arbera）の戦闘、ハンニバルのカンネ（Cannae）の殲滅戦、フリードリヒ大王のロイテン（Leuthen）に並ぶ戦術的傑作と称されている。

12月4日、オーストリアのフランツ皇帝は自ら無条件降伏した。兵力を完全に撃破されたロシア皇帝アレクサンドルは、無残な姿でロシアに退却した。

プレスブルクの協定

１８０５年12月26日、プレスブルク（Pressburg）協定が結ばれ、オーストリアは戦争から脱落し、ドイツとイタリアにおけるオーストリア領をフランスに明け渡した。フランスは事実上、西部および南部ドイツ（バイエルン）の支配者となった。ナポレオンは西欧の旧覇権体制を変更したのだ。

この厳しい講和条件はオーストリアに怨念を残した。フランス外相タレーランは、「敗者に寛大は怨念を少なくする平和のための戦略」とナポレオンに提言したが退けられた。これはナポレオン外交の失敗であろう。

〔注〕アウステルリッツの戦闘から戦術の極意について学ぶことが多い。特に「攻撃は直進運動、防御は偏心運動」（クラウゼヴィッツ）を見事に実証しているし、また、この戦闘おける戦闘力の配分は、右手で敵の攻撃を受け流して、左手でパンチを浴びせるナポレオンの得意技をそのまま使っていた。

英国では1806年1月、対フランス戦争を指導してきた名宰相ピットが没し、グレンヴィルが首相になった。親フランス派のフォックスが外相となって英・フランスの対立緩和の商議を始めたが、英外交の基本方針は「政経分離」であったから、軍事作戦は継続した。

1月8日、英ベアード（David Baird）の指揮する英遠征軍はケープタウンに奇襲上陸し、オランダ・フランス軍を撃破して占領した。

ナポレオンは海洋覇権を失ったが、西部、南部のみならず中央ドイツに覇権を伸長した。そして「ライン連邦（The Confederation of the Rhine）」を結成させ、有事には兵力6万3000をもってフランス軍と共同することになった。

ダックウォース（John Duckworth）提督の指揮する英艦隊はサント・ドミンゴ（Santo Domingo）沖でライサッキ（Laissaque）提督の指揮するフランス西インド諸島艦隊を攻撃して撃破した。このあとダックウォース艦隊はインド洋に航行し、3月14日、リノア（C. A. L. Durand Linois）提督のフランス艦隊を攻撃して2隻を拿捕した。

6月、スミス（Sidney Smith）提督の英艦隊はスチュアート（John Stuart）英遠征部隊5000に協同して南部イタリアの反フランス・ゲリラを支援するためにカラブリア（Calabria）に上陸作戦を行なった。当時のナポリ国王はナポレオンの兄のジョゼフであった。

7月4日、上陸したスチュアート軍はレイニェル（E. Reynier）将軍のフランス軍6000をマイダ（Maida）において撃破したのち、シチリア島に撤退した。典型的なヒット・エンド・ラン作戦であった。

そして8月、ドイツの伝統的な結合体であった「神聖ローマ帝国」が消滅した。そして「神聖ローマ帝国」皇帝の地位にあったオーストリア皇帝フランツ二世は、フランツ一世と呼名を変えて「オーストリア帝国」皇帝のみとなった。これら一連の覇権の変更はプロイセンに不満を残し、プロイセン国内の親フランス派が退潮し、親ロシア派が勢力を得た。国王フリードリヒ・ヴィルヘルム三世は優柔不断であったが、妖艶で美人の誉れ高いルイーゼ皇后は、軍服を着用し、軍馬に乗ってフランス打倒を叫んだ。今日でもドイツ国民はルイーゼ皇后が身をもって国難にあたる範を示したと尊敬している。もっとものちにナポレオンは「雌鳥が時をつくるは不吉の兆」として批判した。

第6章　フランス対英・プロイセン戦争（1806）

英国はすかさずこの不満を利用し、密かに大陸における反フランス戦争を準備した。そしてザクセンがこの話に乗り、プロイセンが英国に加担することになった。そして1806年9月、対フランス戦争計画が企てられた。

プロイセン国王はブラウンシュワイク（Brunswick）公のフェルジナンド（Karl Wilhelm Ferdinand）をプロイセン・ザクセン同盟軍総司令官に、総参謀長にシャルンホルスト、本隊（6個歩兵師団：5万4000）、ホーヘンローヘ軍（5個歩兵師団：4万）、リュッヘル軍（3個歩兵師団：1万8000）、その他1万8000の合計14個歩兵師団13万を動員した。

プロイセン軍は9月24～25日、作戦最高会議を開いたが、チューリンゲンの森北側に沿いウエストファーレンから直路ライン河に西進してフランスに侵攻する案と、フ

第15図　両軍の作戦計画（案）

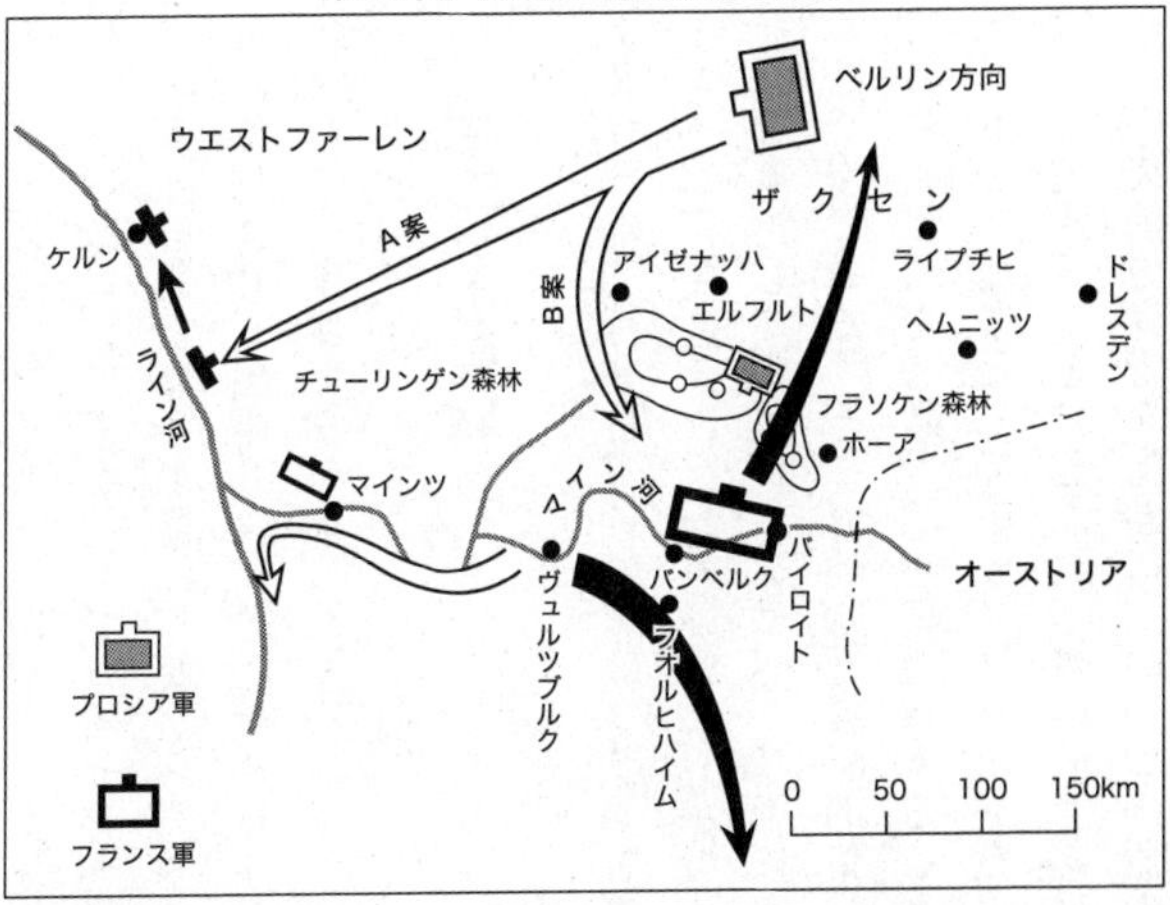

ランケン森林を経てバイエルンに向かい南下する案が激突し、何も定まらなかった。この二つの案は主作戦方向を90度も異にする。

結局、プロイセン最高司令部は10月5日、フランス軍主力がドナウ河方向から攻め上る公算が高いと判断し、ザール河西岸地域においてフランス軍の出方を見ながら、上記2案のいずれかを採用するという最悪の選択を行なった。典型的な〝日和見戦略〟である。

一方、プロイセン侵攻可能のフランス軍は16個歩兵師団、7個騎兵師団、8個騎兵旅団の合計約20万で、バイエルンに留まっていた。ナポレオンはプロイセン侵攻の攻勢作戦を企てていた。

ナポレオンはプロイセン軍がザクセン（州都はドレスデン）に向かう公算が大と判断し、さらにロシア軍が近くプロイセンへ後詰めに向かうだろうと判断してオーストリアの中立を犯さないようにしながらバイエルンの最東北端地域に密かに彼の軍主力を東に移動させて集中した。そこはチューリンゲンの森に覆われたおおむね東西に走る丘陵地帯の南側でマイン（Main）河の上流地域である。

イエナの会戦

1806年10月8日、英艦隊はフランスの関心を北方に惹くために英国海峡のブーローニュ（Boulogne）に対し連続的な砲撃を開始した。

それを無視してナポレオンはベルリンに向かって北進を開始した。プロイセン軍の配置は不明である。そこで随時、戦略的集中が可能なように、かつできるだけ広く開進することにした。敵と不意に遭遇することを予期する態勢である。そのために騎兵部隊をもって前衛として広いスクリーンを張った。そして主力は約50キロ正面に3個縦隊で前進することにした。各縦隊の間隔は25キロである。中央縦隊を2個梯隊に区分し、中央前方梯隊を先頭に、ついで両側の縦隊、そして最後に中央後方梯隊が前進することになる。機動速度は平均48キロ／日とした。全体として見れば大きい菱形配置になる。実は、この陣形による進撃はジンギス・カーンの前進隊形とそっくりに似ている。もし、いずれかの縦隊が敵に遭遇すれば、ほかの縦隊が側背から襲いかかる戦術を予定したものである。

10月10日、チューリンゲンの森林の東に連なるフランケンの森が覆う東西の長い丘陵地帯を越えたとき、左翼梯隊の進撃を先導するランヌ軍団はザール河畔のザールフエルトにおいてプロイセン軍の警戒部隊に衝突し、一撃で撃破したとき、イエナ(Jena) 会戦の火蓋が切られた。

全般態勢としてナポレオン軍はプロイセン軍よりも首都ベルリンに近く占位していたのだ。

10月11日、プロイセン軍は未だに主導的な作戦方針を決めかねていた。国王は外相を使って和平の方策を探っていた。もちろん、ナポレオンはプロイセンが屈辱を被るような講和条件の回答を送った。戦争が起きる主要な原因は国際社会における最高主権者たる国家が屈辱の言葉を浴びせられて、〝威信と尊厳を損なう〟ことである。のちに第一次世界大戦のドイツ軍を指導したモルトケは、

「国際情勢の如何にかかわらず常に平和工作のみに没頭して一日の平穏を追い、これ

に甘んずるものは外交官の資格がない。平和と戦争の境目を早期に見切り、決断の時機を建策するのが外交官の主たる仕事である」

と回想録で苦言している。

10月12日、ナポレオンはプロイセン軍がフランス軍の左翼のザール河西岸地域に所在していると判断し、中央梯隊の第3軍団（ダヴォー）と第1軍団（ベルナドット）に対しイエナ東北方30キロ、ザール河畔のナウムブルク（Naumburg）においてザール河を渡河し、プロイセン軍とベルリンを結ぶ背後連絡線を遮断するよう命令するとともに、残余の3個梯隊をイエナに向かって集中させた。

第3軍団はナポレオンの命令を正確に反応したが、第1軍団は西方に向かわずに南西に進路を変更した。

10月14日、プロイセン軍主力はワイマール（Weimar：イエナ西北西20キロ）とエルフルト（Erfurt：イエナ西北西40キロ）付近にあって、フランス軍が接近しつつあるとの報に接し、

「フランス軍との決戦を回避し、北方に退却する」

という方針に転換していた。そしてブラウンシュワイク公軍6万3000はイエナ北方25キロのアウエルスタット（Auerstadt）に向かい転進しようとしていた。また、

第16図 イエナ会戦　1806年10月

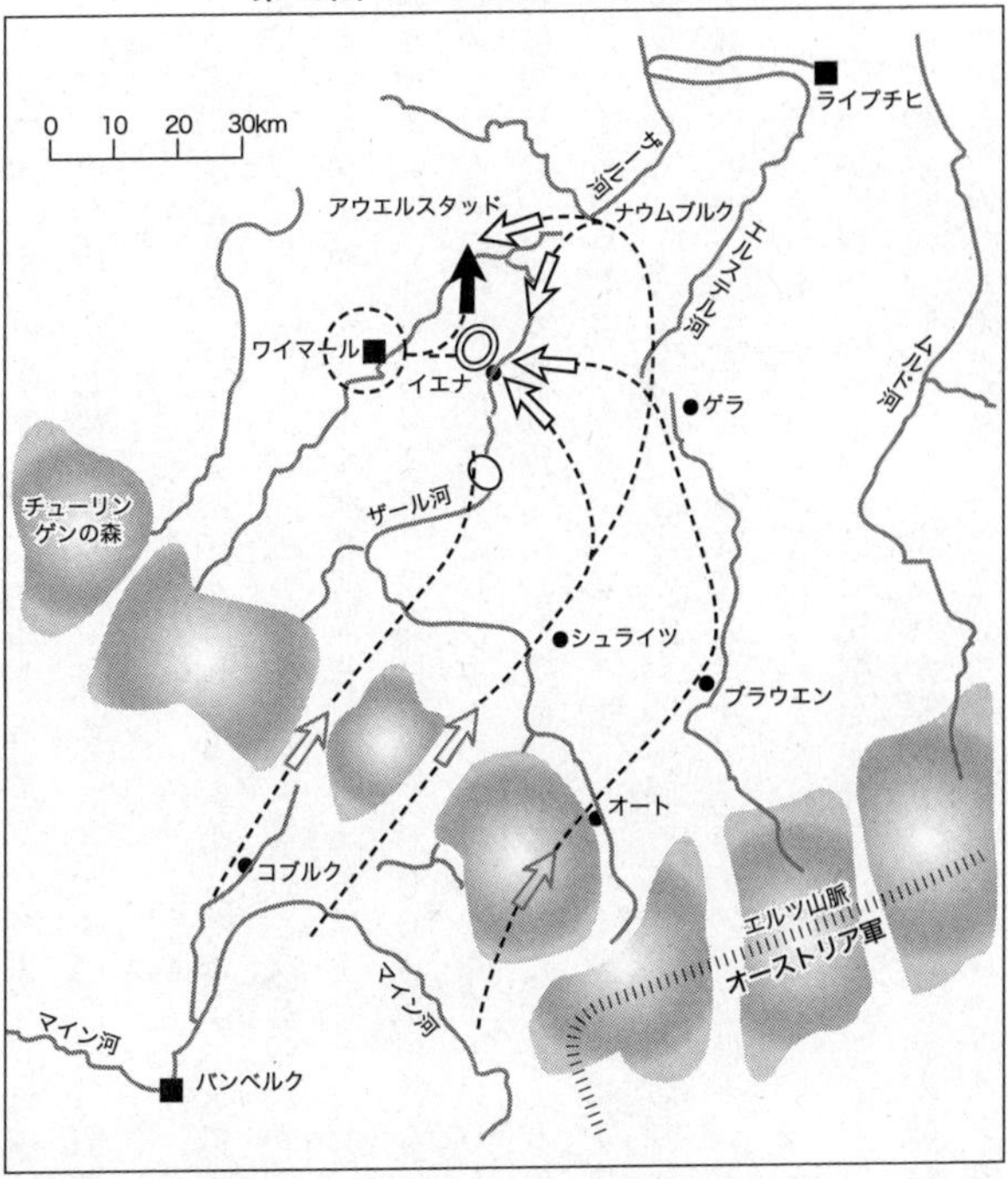

ホーヘンローへ（Friedrich Ludwig Hohenlohe）皇子軍5万1000余はブラウンシュワイク軍の後方を援護するために、ワイマールからイエナの間に分散展開していた。

ナポレオンは夜明けとともにイエナに10万の兵力を集中してホーヘンローへ軍を攻撃した。そして正午までに当面のプロイセン軍を撃破し敗残部隊を戦場から駆逐した。

一方、ナウムブルクにおいてザール河を渡河し、アウエルスタットにおいてプロイセン軍の退路を遮断していたダヴォーの第3軍団2万7000は英雄的な防御戦闘を展開した。遮断された退路を切り開こうとブラウンシュワイク軍6万3000は6時間にわたり死に物狂いの攻撃を繰り返したが、突破できなかった。

このころ、前進方向を間違えたフランス第1軍団（ベルナドット）はナポレオンからイエナ北東20キロのドルンブルク（Dornburg）においてザール河を渡河せよとの命令を受けて緩慢に渡河し、ドルンブルクにいたが、イエナの戦闘にも、アウエルスタットの戦闘にも参加せず無為に過ごして、まったくの遊兵となっていた。ベルナドットはナポレオンの妹婿だったから辛うじて免職を免れた。

このときイエナの戦闘においてプロイセン軍が撃破されたとの情報が流れた。ブラウンシュワイクはこの噂を消す手段を持たなかった。ブラウンシュワイク公も致命傷を負った。アウエルスタットのプロイセン軍はもはや統制を失ってエルフルト付近に退却した。イエナ正面のプロイセン国王はワイマールまで退却を決したが、午後四時ごろまでにイエナにもアウエルスタットにも組織的なプロイセン軍は存在しなくなっていた。

イエナの会戦で近衛兵を閲兵するナポレオン
(Vernet 画)

この二つの戦闘におけるプロイセン軍の損害は戦傷死2万5000、捕虜2万5000以上であった。フランス軍の損害は約8000である。

10月14日午後、ミュラ騎兵団と第6軍団（ネー）はワイマールまで追撃し、イエナで戦ったほとんどのプロイセン軍を蹴散らした。しかし、アウエルスタットにおける第3軍団（ダヴォー）の勝利の報告は、その日のうちにナポレオンに届かなかったが、ナポレオンはイエナ戦の残敵がエルベ河畔のマグデブルク（Magdeburg）に退却すると判断し、追撃の部署を考えていた。

イエナの大追撃

１８０６年10月15日から11月7日まで軍事史に残る〝大追撃〟が行なわれた。このナポレオンの追撃は、

第１期　10月15日〜10月20日
追撃開始からマグデブルク（エルベ河畔）　１５５キロ

第２期　10月20日〜10月28日
ベルリン占領とプロイセン軍主力の降伏

第３期　10月28日〜11月７日
残敵（ブリュッヘル軍）の降伏

に区分されよう。エルフルト付近のブラウンシュワイク軍もワイマール付近のホーヘンローへ軍もマグデブルクに逃れるには、ハルツ（Harz）山地を越えなければならない。

ナポレオンは敗敵をマグデブルクに向かって直接に追撃する部隊と、首都ベルリン

第17図　イエナの大追撃

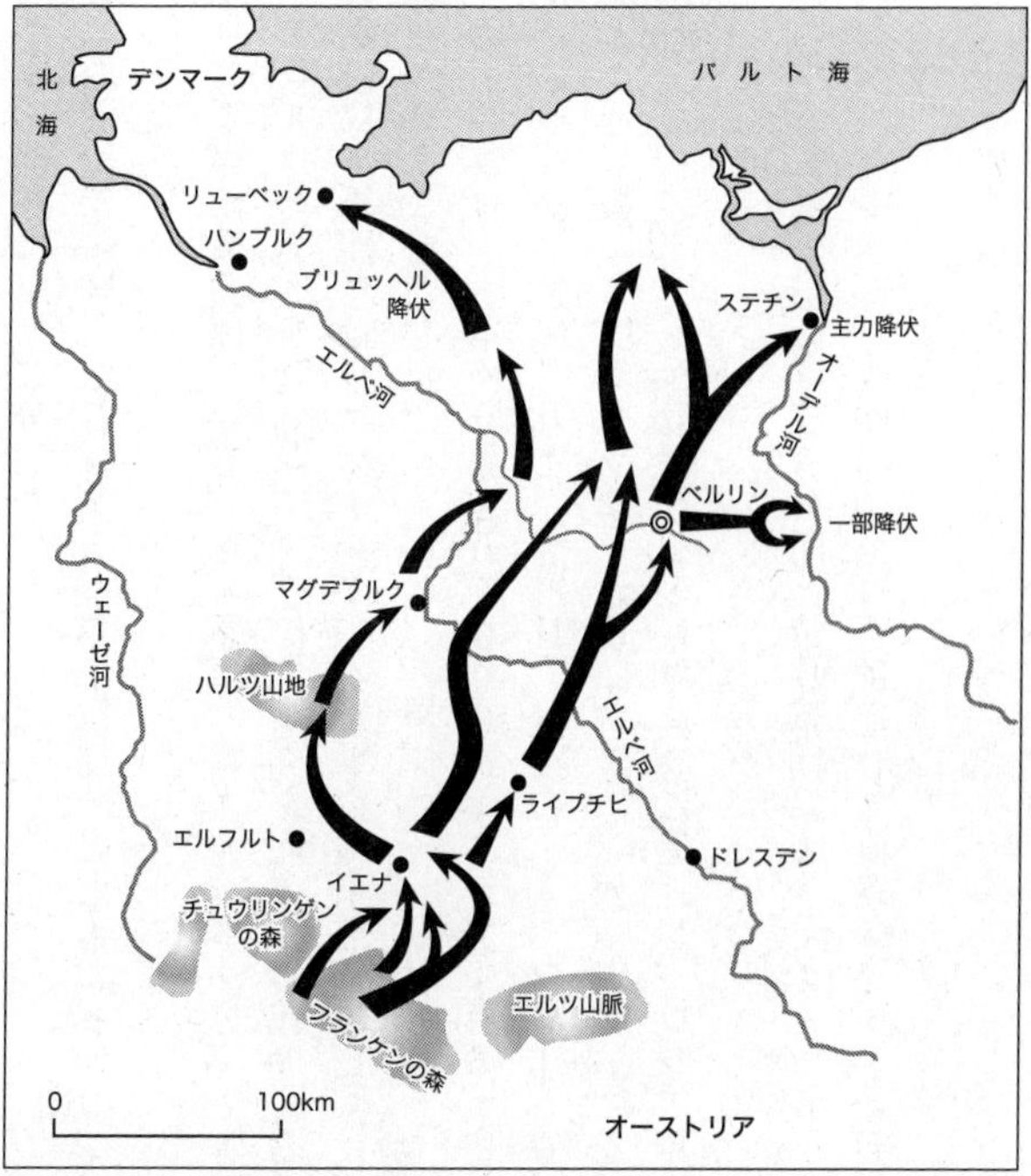

に先行して攻略する部隊に軍を二分した。

ナポレオンは右翼追撃縦隊（第3、第5、第7軍団）とともにベルリンに向かい直進する。

左翼追撃縦隊（ミュラ騎兵団、第6、第4軍団）はエルフルトからハルツ山地西部を越えてマグデブルクの西方を迂回し、マグデブルクを北方から包囲する。

中央追撃縦隊（第1軍団）はワイマールからハルツ山地東部を越えてマグデブルクを南方から包囲させることとした。

10月20日、ホーヘンローヘ軍のうち2万4000がマグデブルクの要塞に辛うじて収容されたが、第6軍団に包囲された。翌21日、残部のホーヘンローヘ軍はベルリンの西方から北方を通り抜けてブレンツラウ要塞（ステチン西南50キロ）を経てオーデル河口のステチン（マグデブルク東北方250キロ）に退却し、ロシア軍による救出を期待することにした。

ブラウンシュワイク軍は、ミュラ騎兵団と第6軍団によってエルフルトから追い出されたあとホーヘンローヘ軍の西側約50キロを併進して直路ステチンを目指した。

ベルリンの占領

10月24日、ナポレオンと右翼縦隊はベルリンに無血入城した。ホーヘンローヘ軍は10月28日、ブレンツラウに到着したが、追撃してきたフランス軍左翼縦隊から派遣されたミュラ騎兵団と中央縦隊とほぼ同時の攻撃を受け、撃破されて降伏した。

ブラウンシュワイク軍は故郷の地（マグデブルク西北80キロ）に退却したときそのほとんどの組織が崩壊し霧散した。ブリュッヘル（Gebhard L. von Blucher）将軍の率いる一団（兵力約2万、砲100門）は、ブレンツラウ西方約100キロの地点に到着したが、ホーヘンローヘ軍が降伏したことを知って、翌日、退却方向を西方に変換し、ホルスタイン東部（デンマーク半島の東付け根）の要地リューベック（Lubeck）を目指した。約200キロの逃避行である。

フランス軍のミュラ騎兵団と第1軍団が追撃する。1806年11月5日、ブリュッヘル軍はリューベックに到着したが、城門はフランス軍によって占領されて市街戦となり、11月7日、ブリュッヘル軍8000は降伏した。翌8日、マグデブルク要塞に立て篭っていたプロイセン軍も降伏し、全西部プロイセン軍は潰滅した。

プロイセン国王フリードリヒ・ヴィルヘルム三世はロシアに逃亡した。ナポレオンは尊敬するフリードリヒ大王（Friedrich II）の墓に敬意を表して参拝した。これは〝名将のエチケット〟である。

当時、ポーランドはロシアの属国になっていた。ナポレオンのつぎの相手はプロイセンの友邦ロシアになった。

10月21日、ベルリンにおいてプロイセンとの協議では、エルベ河以西の地域をフランスに割譲する代わりに、プロイセンの生存を認めるもので、10月27日、プロイセン国王も同意した。しかし、ナポレオンは数日後、プロイセン全土の占領を要求した。

これに対しルイーゼ皇后は、

「名誉を全うして滅亡しましょう」（皇后の決意）

と国王に進言し、同意した国王はロシアに逃亡したのだ。これを知ったロシアは徹底的にフランスと戦うことを決断した。ナポレオンは戦争の勝利をもって一時的にも平和の構造の構築に失敗したのだ。

〔注〕これはナポレオンの戦争終結外交の失敗であったことは、歴史家の評価である。フランス軍がプロイセン軍の主力を撃破した以上、それ以上の戦争を続ける意味はない。

重要なことは新しい平和秩序の構築であった。

そのために第1になすべきことは、相手国の名誉と尊厳を尊重することである。その基本は相手国の国際社会における独立国としての存在を保証することからスタートする。滅亡や無条件降伏、全土の占領などは、平和の構築の基礎条件にはならない。第2に、敵軍を撃破したあとは、ジンギス・カーンの故知に習い、部分占領に留まるか、撤兵するのが歴史の教訓である。それは軍隊の役割の限界である。

このようなロシアに対して、ナポレオンはトルコを煽動してロシアに脅威を与えた。このため当時ロシアは14個師団を保有していたが、5個師団をトルコ正面に配置し、さらに1個師団を首都モスクワの防衛に残置したので、対フランス戦に機動部隊として投入できる兵力は8個師団とプロイセン敗残軍を再編成した2個師団のみであった。合計約10万である。

11月21日、ナポレオンは「ベルリン条令（英国との交易禁止令）」を発布した。

〔注〕海洋国家である英国は、経済的には貿易と高級技術による「付加価値」で生存しているが、大陸は原料と製品の「産出価値」で生存している。島嶼国家が大陸との交易

を遮断されると、重要な市場を失うが、アメリカ大陸や中東との交易が維持されるかぎり致命的ではない。しかも密貿易という手が残る。

ところが大陸側は資源が大陸から生産されるので生存にまったく困らないが、「高付加価値に対する欲望」が満たされない。結果的に密貿易が求められる。秘密であろうと正規であろうと貿易は海洋国家の得意技である。受身に回るのは大陸国家で、それは大きい政治的打撃となる。すなわちナポレオンのベルリン条令は失敗に終わる。

第7章　ポーランド会戦（1807）

プルツスクの対陣

1806年11月30日、ナポレオンは兵力8万を率いてオーデル河を越えてポーランドに侵攻した。ヴィッスラ河の線に進出し、河畔のワルシャワを占領してワルシャワ北方50キロ、ナレフ河右岸のプルツスク（Pultusk）付近まで進出してきたベンニヒゼン（Levin A. Benningsen）伯爵の指揮するロシア軍と対峙した。

冬季のヴィッスラ河の渡河は非常に困難でフランス軍は2週間を必要としていた。ところがフランス軍が中立国のオーストリアを経てヴィッスラ河を渡ったとの誤報がロシア軍内に流れ、対岸のロシア軍はナレフ（Narew）河の北岸に沿って約50キロも後退してしまった。これで渡河が楽になったフランス軍は12月20日ごろから後退するロシア軍の後衛と軽戦を交えながらヴィッスラ河に注ぐウクラー（Wkra）河の線まで進出した。しかし、ついに決戦に至らず厳冬を迎え、両軍ともに冬営に入った。

ナポレオン軍15個師団および騎兵8個師団は、北部ポーランドとブク（Bug）河からエルブラク（Elblag）にいたる東部プロイセンに広く散在することになった。第一線に5個軍団、ワルシャワ周辺に近衛軍団と第7軍団が駐留した。

ナポレオンの戦略は「不拡大方針」であった。当時ブク河はオーストリア・ロシア国境であった。また、当時の東プロイセンの首都はケーニヒスベルク（Konigsberg／今日のカリーニングラード：Kaliningrad）である。

一方、ロシア・東プロイセン軍は東部マズール湖沼地帯からロシア・ポーランド国境に沿って東プロイセンから東部ポーランドの地域に4ヵ所に集中して冬営した。最北には東プロイセン軍が集結した。

ワルシャワ市民はフランス軍がポーランドをロシアの圧政から解放し、独立を支援してくれるものと歓迎した。ナポレオンは、その歓迎を軍の戦力回復に利用した。

彼自身も久方ぶりの休養の時間をもった。美貌のマリア・ワレフスカ伯爵夫人（17歳）と一冬の愛に溺れた。この噂を聞いたパリのジョセフィーヌ皇后は、嫉妬に燃え

第18図　プルツスクの対陣　1806年12月末

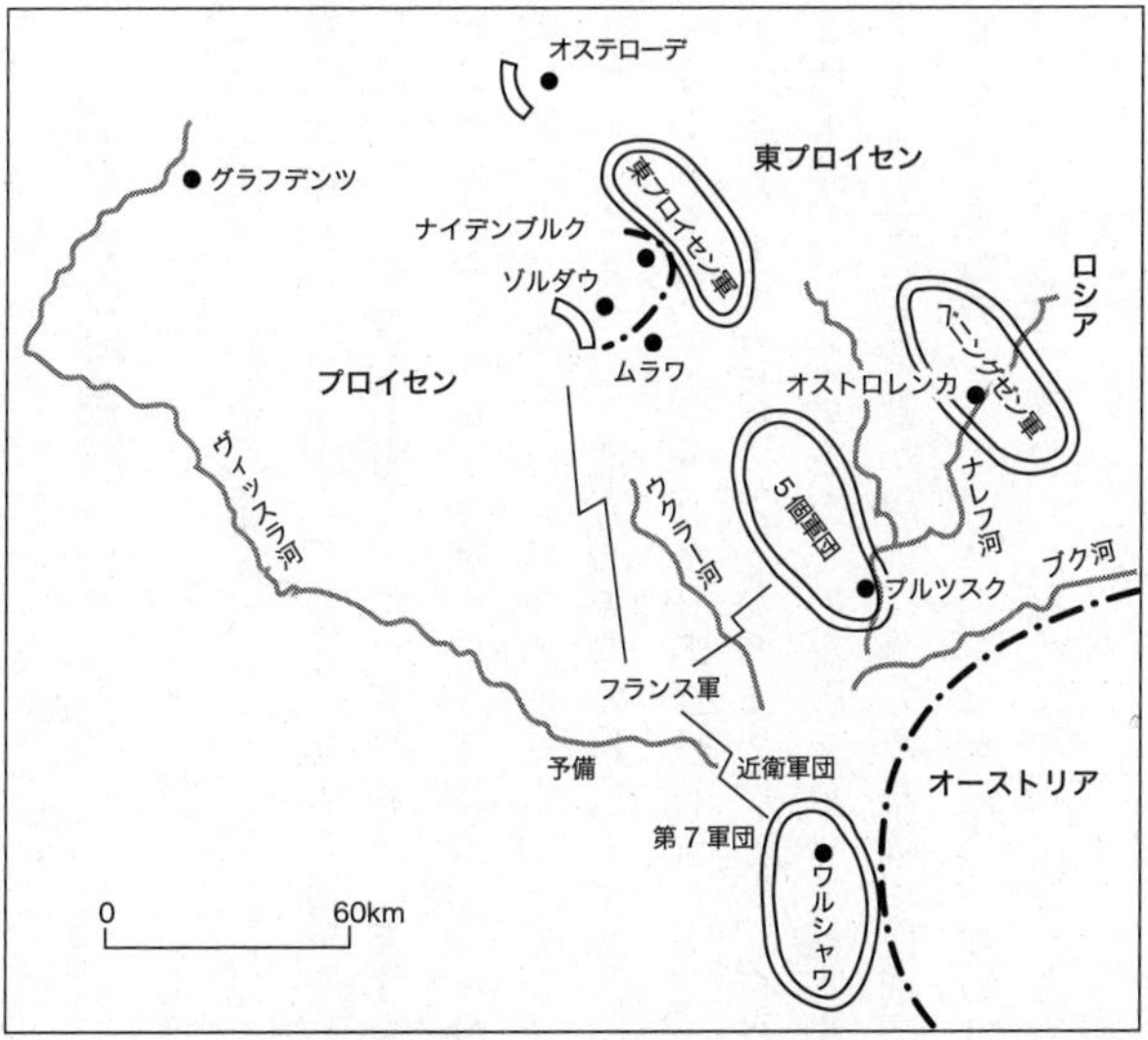

てワルシャワ行きをナポレオンに願ったが聞き入れられるはずもなかった。こうして長かった1806年が過ぎた。

1807年1月上旬、最北の東プロイセン軍が後退したので、第6軍団（ネー）は、より良い冬営地をケーニヒスベルクに求めてナポレオンの不拡大方針を軽んじて北進しようとし、東プロイセンのレストック軍団（C. Anton Wilhelm Lestocq の指揮する2個師団）と数回の小戦闘を繰り返した。

アイラウの会戦

　これを機に、ロシア軍総司令官ベンニヒゼンは1807年1月15日、レストック軍団を右翼援護にし、主力7個師団を率いて厳寒を冒して北進し、フランス軍の最北部に駐留している第1軍団（ベルナドット）と第6軍団を各個に撃破しようとした。

　ところがフランス第1軍団がロシア軍前衛を一撃で撃破したのち、接触を断った。緒戦に敗れたうえ、フランス軍の所在がつかめなくなったベンニヒゼンは攻勢を中止し、ケーニヒスベルク南方50キロの地点で軍を留めた。

　ナポレオンはロシア軍が冬季攻勢を開始したと判断し、ヴィッスラ河畔のトールン（Torun）を軍前方兵站基地として東面している作戦正面を大胆にも北東面に変更して3個縦隊でロシア軍主力との決戦を求めて進撃する部署をとった。

　しかし、その命令書が敵手に落ちたため、前進開始に狂いが生じて進撃開始が2月3日にまで遅れた。また、ベンニヒゼンがナポレオンの企図を承知して決戦を回避し、反時計回りに北方に離脱したために決戦に至らなかった。

第19図　2月3日からロシア軍の撤退経路とフランス軍の追尾行動

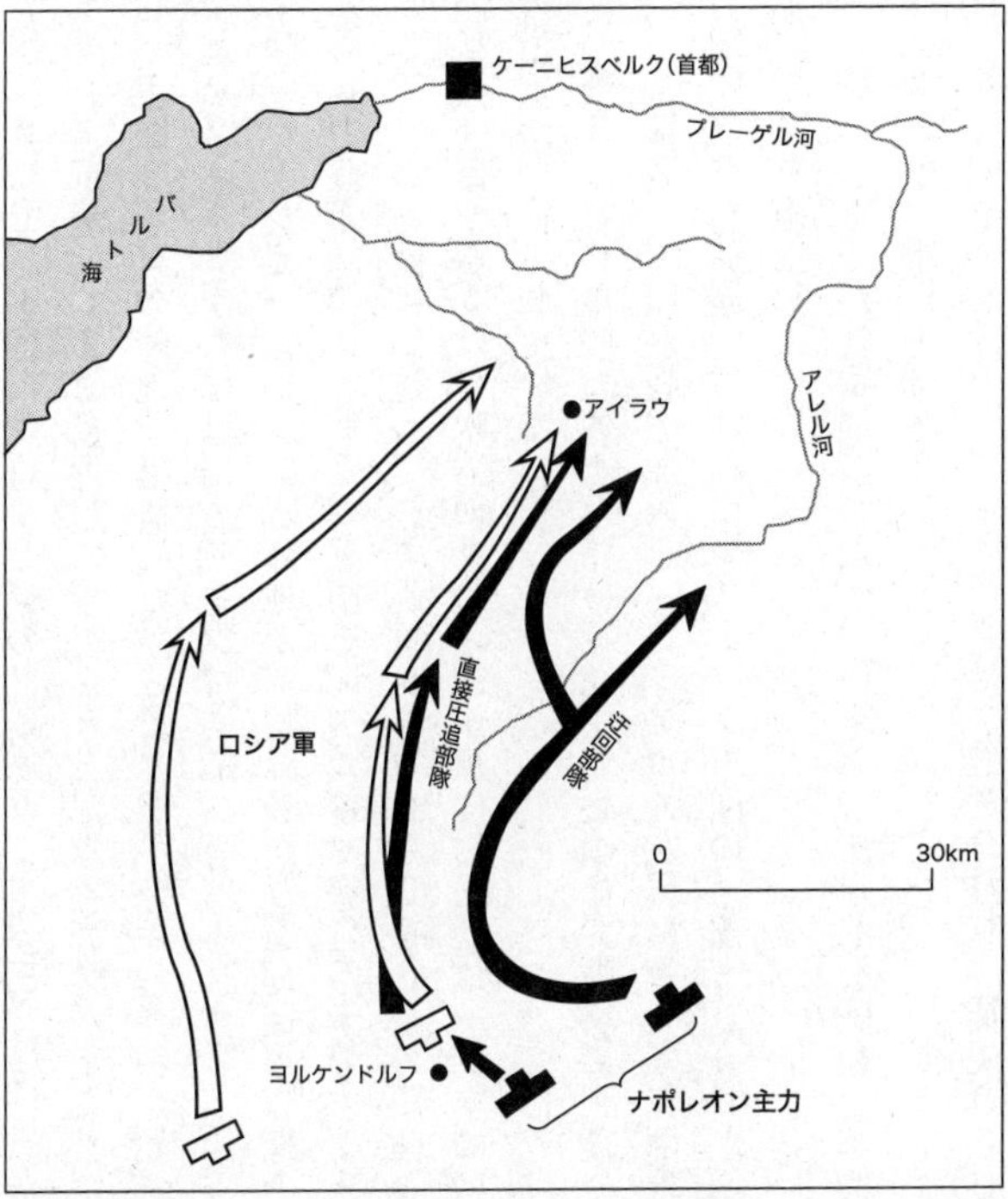

2月7日、ベンニヒゼン軍は東プロイセンのアイラウ（Eylau）付近まで退却した。

しかし、フランス軍が近くまで接近してきたことと部隊の疲労が重なったために決戦するに決し、正面3キロの陣地を構築した。ここにアイラウの会戦が始まった。アイラウはケーニヒスベルクからほぼ南方40キロである。

2月8日早朝、ナポレオンはロシア軍陣地が前哨陣地か、退却援護陣地の程度と判断し、手持ちの兵力5万（第4、第7、近衛軍団）だけで準備不十分のまま攻撃を開始した。しかし、この判断は間違っていて、ロシア軍6万7000の頑強な抵抗と砲兵170門の猛烈な砲撃を受けて吹雪の中の攻撃が頓挫した。ロシア軍には、プロイセン軍1万の増援が期待されていた。

ナポレオンの第3、第6軍団（各1万）は行進中で昼頃まで戦場に到達できない。最初にダヴォー（第3）軍団が戦闘加入し、ロシア軍の左翼に対して包囲攻撃を仕掛けた。ロシア軍は危うく崩壊する寸前にレストック軍団の一部8000が増援に来着し、ダヴォーの攻撃を阻止した。

やがてネー（第6）軍団が戦闘加入したが、両軍とも決定的な戦利を挙げられない。夜になってベンニヒゼン軍が退却した。

両軍の損害は甚大であった。ロシア軍の損害は2万5000、捕虜3000（合計

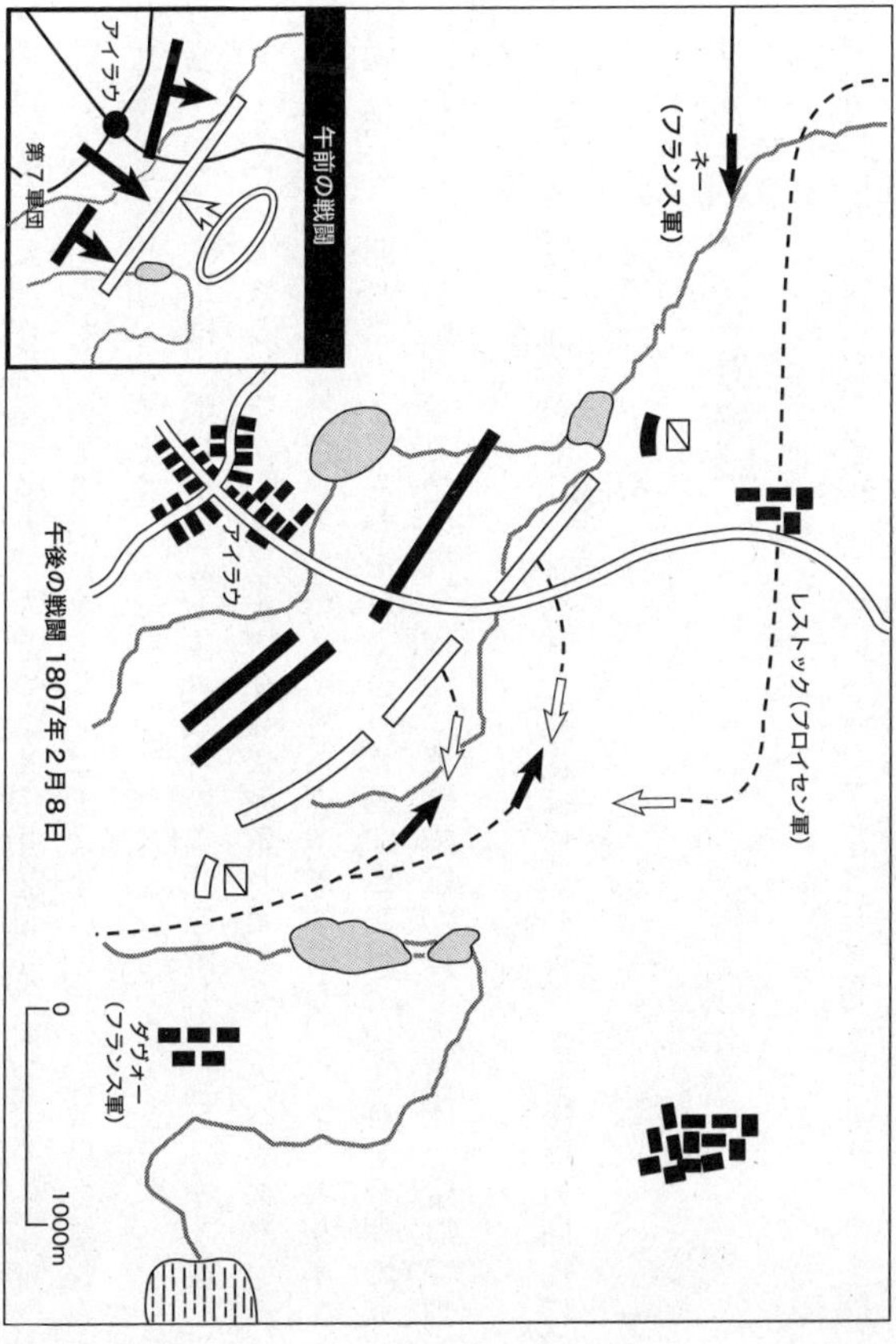

第20図 アイラウの戦闘

37%）のほか大砲25門が捕獲された。フランス軍の損害は1万8000、捕虜1000（合計27%）であった。第7軍団長オージェローは重傷を受けて戦場を離脱した。ナポレオンは第7軍団を解隊した。

英首相グレンヴィルはナポレオンとトルコ政府の結託を潰してロシアを支援しようとし、ダックウォース艦隊をダーダネルス海峡に派遣した。そしてコンスタンチノープルのセリム（Selim）三世スルタンにフランス大使を追放し、ロシアと和平するように砲艦外交を展開した。ところがセリム三世はわずか1日で約1000門の大砲を海峡に配置、英艦隊を砲撃して追いはらった。英艦隊はかなりの打撃を受けて地中海に逃れた。

東プロイセンでは、両軍がそれぞれ冬営の基地に帰還した。そして戦力回復に努めた。

フリートラントの会戦

まだ雪解け間もないころ、ナポレオンは1807年3月初旬から春季攻勢を開始するため、その事前準備として3月15日、ダンツィヒ（Danzig）を包囲した。ダンツィヒ要塞は英国が海上から大量の軍需物資をプロイセン軍に供給している要衝であった。

ロシア・プロイセン同盟軍の救援作戦はことごとく撃退され、4月27日、ダンツィヒは陥落した。

6月5日、ベンニヒゼンはナポレオンの機先を制して攻勢作戦を開始し、ネー軍団を奇襲して各個撃破しようとした。しかし、ネーはナポレオンがアレンスタイン（Allenstein）に戦力を集中する命令に従ってパッサルゲ（Pasleka）河西岸地区に後退し、決戦を回避した。

6月10日、ナポレオンが動き出し、ハイルスブルク（Heilsburg）の戦闘でベンニヒゼン軍を撃退した。ベンニヒゼンは北方に退却したので、ナポレオンはロシア軍を捕捉するため、ほぼ併行して北上した。そして6月13日、主力をアルレ河畔のフリートラント（Friedland）に所在するベンニヒゼンのロシア軍とケーニヒスベルクに所在するレストックのプロイセン軍の間に割り込む態勢をとった。ナポレオンの得意とする内線作戦の構えである。

6月14日、ナポレオンはランヌ（第5）軍団1万7000をロシア軍を誘い出す囮

第21図　フリートラントの戦闘　1807年6月14日

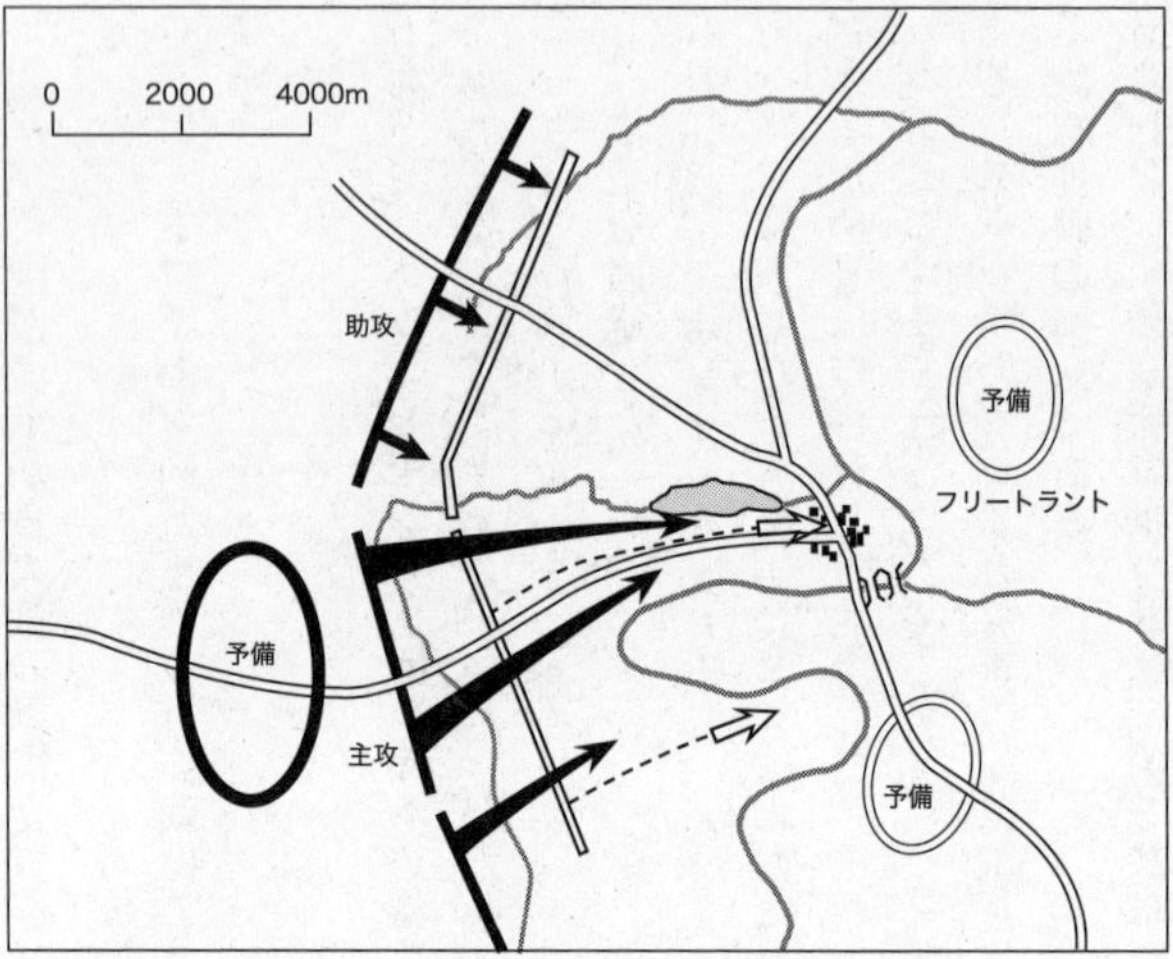

にするため、フリートラント西側に先行させ、主力は遠く西方に集結した。

ベンニヒゼンは、フランス軍が主力と一部が分離している弱点に乗じ、ランヌ軍団を各個に撃破するため、一部4万6000をアルレ河東岸に控置し、主力5万8000を第1線、3万を第2線としてアルレ河の屈曲部から渡河し、ランヌ軍団を攻撃した。ランヌは決戦せずに遅滞行動しながら5キロほど後退し、ナポレオン主力の来着の時間を稼いだ。

ナポレオンは主力を含めて8万をもって横隊に展開し、左翼を助攻（新編第8軍団、グルーシー騎兵師団）、右翼を主攻（第5、第6）、予備（近衛、第1軍団、および騎兵1個師団）とし、主攻は自ら指揮して午後5時、攻撃を開始した。

戦闘2時間を経過したとき、ロシア軍左翼が崩壊し、フリートラント市街に放火した。ロシア軍右翼はほとんど攻撃を受けず茫然としていたとき撤退する橋梁が延焼して焼け落ちた。午後8時、退路を失ったロシア軍は潰滅した。ロシア軍の損害は2万5000（28・4％）、砲80門、フランス軍の損害は8000（10％）。

〔注〕フリートラント会戦におけるナポレオンの戦術のパターンは、きわめて普遍性の高い教訓を示している。

(1)　一部の部隊を先遣して敵に各個撃破の機会を与えて誘致する。敵が乗ってくれば、遅滞行動させて敵を牽制・抑留する。

(2)　戦闘力の配分は、主攻に徹底的に重点配分するとともに、助攻戦力を節約する（派手な攻撃を期待するが、強引な攻撃を期待しない）。

(3)　主攻の戦闘指揮は、自ら現場において主宰する。

(4)　予備の戦力は、大部分が主攻戦力である。純粋の予備は全戦力の約10分の1である。

ティルジット条約

1807年6月15日、ナポレオンはすかさずミュラ騎兵団をケーニヒスベルクに派遣した。プロイセンのレストック軍団2万5000はベンニヒゼン軍が敗北したとの報を受け、さらにこの圧力を受けて同市を放棄してティルジット（Tilsit／現在のリトアニア南西国境のSovetsk）に退却した。

6月19日、フランス軍はティルジットを占領した。ついにロシアは休戦協議を申し出たのでナポレオンは許した。

7月7～9日、ナポレオンはニーメン（Niemen）河の筏の上でロシア皇帝アレキサンドルとプロイセン皇帝フリードリヒ三世と会見した。

プロイセンはポーランド大公であることを放棄した。ライン河とエルベ河の間のプロイセン領地はライン連邦に譲渡し軍を4万2000以下に縮小するとともに賠償金1億4000フランをフランスに支払うことに同意し、その支払いが終わるまでフランス軍はプロイセンの占領を継続することになった。ロシアはポーランドの支配をワルシャワ大公に委ねることに同意し、欧州諸国は団結して英国に対抗することに同意した。

また、ロシアとトルコの断続的な戦争を停戦し、ロシア軍がワラキアとモルダヴィアから撤退する代わりにトルコ軍はアドリアノープルまで撤退することになった。「ティルジット条約」である。こうしてナポレオンは西欧と東欧の実質的な支配者となった。

ポーランド人民は、これで独立できるとナポレオンに期待したが、ナポレオンは、独立支援をほのめかすだけで、真意はポーランドを利用するだけであった。これが大きい禍根を残すことになる。

１８０７年７月、英国は欧州大陸から完全に孤立した。英国の海岸線は強力な英海軍によって守られていた。そして英海軍は全欧州の海岸線を封鎖する作戦に全力を傾注した。英国は、このような経済封鎖によって大陸諸国の中にナポレオンに対する不満が鬱積し、フランスに対抗する新しい同盟が生まれることに期待した。

ナポレオンは前年11月にベルリン条令を発布して英国に対し貿易封鎖を行なっていたが、ティルジット条約のあと、中立国のポルトガルは７月～10月の間、英国が大陸と交易する唯一の窓口となった。もちろん密貿易は別口である。

8月、パリに凱旋したナポレオンの関心はイベリア半島に向けられた。英首相グレンヴィルが辞任して強硬派のポートランドが就任した。

第2次コペンハーゲンの海戦

1807年9月2~7日、英国はティルジット条約に基づいてデンマークの艦隊がロシア艦隊とフランス艦隊に共同することを怖れた。昨日の味方は今日の敵である。英国の決断は迅速であった。早速、ガンビール（James Gambier）提督が指揮する強力な艦隊とカスカート（William S. Cathcart）大将の英遠征軍による陸海協同作戦をもってデンマークの首都コペンハーゲンを占領し、デンマーク艦隊の覆滅を計画した。

ウェルズリー（Arthur Wellesley）将軍の指揮する英遠征軍の前衛部隊は艦隊の砲撃支援のもとにコペンハーゲンに上陸して首都を包囲した。そしてデンマーク政府に交渉を要求したが、拒否されたので基地と艦隊に対する攻撃を開始した。デンマーク艦隊は降伏した。

〔注〕外交のコツは、世界の人民に先入観を植え付けることであり、虚報を交えて先制主導的にマスコミ宣伝戦を展開するにある。ひとたび人々が植え付けられた先入観は容易に取り除くことはできない。英国はティルジット条約が欧州人民を地獄に落とす条約だとして、大々的な宣伝を開始した。

第8章　イベリア半島の戦争（スペイン併合1807～1809）

このころのスペイン政権は内部抗争で統治力を失っていた。老国王カルロス(Carlos)四世は国政を顧みず、王妃は宰相ゴドイと不倫関係にあってゴドイが政治の実権を握っていた。しかし、皇太子フェルナンドも優柔不断であったが、ゴドイの専横を憎んでいた。

このゴドイがナポレオンに対し、スペインがポルトガルを併合し、その領土の三分の一をフランスに、三分の一をスペインに、三分の一を自分の領地にしたいと申し入れた。ナポレオンは渡りに船とばかりにこの企みに乗った。

1807年10月、ジュノー(Andoche Junot)の指揮するフランス軍2万8000がスペイン経由でポルトガルに侵攻し、12月1日、首都リスボンを占領した。ポルトガル国王一族はブラジルに亡命した。

12月17日、ナポレオンは「ミラノ布告」を発令し、ベルリン条令を再確認した。この結果、スペインの各港は西欧における密輸の窓口になった。

スペインの王室はフランス革命の敵であったブルボン王家の一族であった。皇太子フェルナンドはゴドイと競争するようにナポレオン一族から妃を欲しいと要望したが、国王カルロス四世と王妃は、これに反対し対立した。

国政の乱脈に怒った民衆は宮廷に乱入した。失政の罪を被ったゴドイは獄舎に繋がれた。国王は皇太子に譲位した。しかし、今度は元国王が息子から王位を奪回するためにナポレオンの助力を申し出る有様である。彼らは中世の感覚に止まって、国土を私物のように考えていた。その思考には、私物化される国土に住む国民が無視されている

政治家が国益よりも自己の権力を追求するときは、外国に乗ぜられることは歴史の不変の習いである。

1808年3月、スペイン沿岸の密貿易取り締まりを口実にナポレオンはミュラの指揮するフランス軍11万7000をスペインに進駐させた。その配置はつぎの通り。

ナポレオン前進指揮所　　　　バイヨンヌ（ピレネー西北端のフランス領）

モンセイ軍	３万	首都マドリッド
ジュノー軍	２万５０００	ポルトガル
ベッシェール軍	２万５０００	アラゴン州、カスティリャ州（東北海岸）
ジェローム軍	１万３０００	カタロニア州
デュポン軍	２万４０００	トレド（マドリッド南方タホ河畔）

ナポレオンはフェルナンド国王と前国王、皇后を面前で対決させて、両者から国王の資格放棄を宣言させた。

このあとナポレオンはナポリ王に就任していた実兄のジョゼフをスペイン王に任命し、ナポリ王には名目的にミュラを任命した。

この人事は、スペインの実質的滅亡にほかならない。民衆は一斉に蜂起した。これを英国が見逃すはずがない。全面的にゲリラ戦の支援を開始した。

〔注〕軍事力は敵軍を撃破する道具であるが、政治行為の道具ではない。ナポレオンはスペイン民衆に威信と尊厳を与えて共和制の独立国として同盟国とすべきだったのだ。

1808年5月、スペイン民衆のゲリラ戦闘が全国土で燃え上がり、スペイン内の各フランス軍駐留地は陸の孤島になった。ミュラはフランス軍をエブロ（Ebro）河以北に一時的に撤退を余儀なくされた。

フランス軍の撤退の空白を軍事力が埋めるように英国は武器、装備、軍資金をポルトガルとスペイン・ゲリラ部隊の支援に潤沢に流し込んだ。

次いで英国はウェルズリーが指揮する陸軍遠征軍をポルトガルに派遣することを決定した。

サラゴサの第1次包囲戦

1808年6月15日からフランス軍は、スペイン中央部とポルトガルまでの背後連絡線を開通しようとしたが、その経路上でエブロ河畔の要衝サラゴサ（Saragossa）は、一斉蜂起した市民に支えられてスペイン軍ゲリラ部隊が篭城し、決死的抵抗を行なった。

この篭城戦のとき、防御陣の一角がフランス軍の集中砲撃によって壊滅的打撃を受け、フランス軍歩兵の城壁侵入を防いでいたスペイン砲隊が全滅した。そのとき、補給活動に従事していた一少女オーガスチナは、恋人の砲手が砲側で壮烈な戦死をしたのを見た。怒りに燃えた彼女は、単身陣頭に踊り出て愛人の握っていた大砲の火縄を取って、最後の一門とばかりに砲撃し続け、フランス軍の侵入を阻止した。

彼女の敢闘に励まされたスペイン軍は戦意を取り戻し、戦線を保持した。オーガスチナはスペインのジャンヌ・ダルクと称えられることになった。

7月19日、南部スペインのバイレンに駐留していたデュポン（Pierre Dupont）軍2万はスペイン召集兵3万5０００に包囲された。スペイン軍はフランス軍に降伏を要求したが、フランス軍は安全な撤退を認めることを条件に武装解除の要求を受け入れた。

スペインは約束を破ってフランス兵を一旦、捕虜収容所に入れたのち、彼ら全員を虐殺した。残虐行為はゲリラ部隊の特性と言ってよい。換言すれば、ゲリラは野獣で人権を考慮する必要は微塵もない相手であることを歴史は教えている。

ナポレオン軍が初めて降伏したことは、スペイン・ゲリラの意気を燃え上がらせ、逆にフランス軍兵士の士気を消沈させた。

この大惨事によってポルトガルに所在していたジュノー軍が孤立してしまった。

翌7月20日、敗勢を挽回するため、フランス軍はマドリッドを再占領した。これで

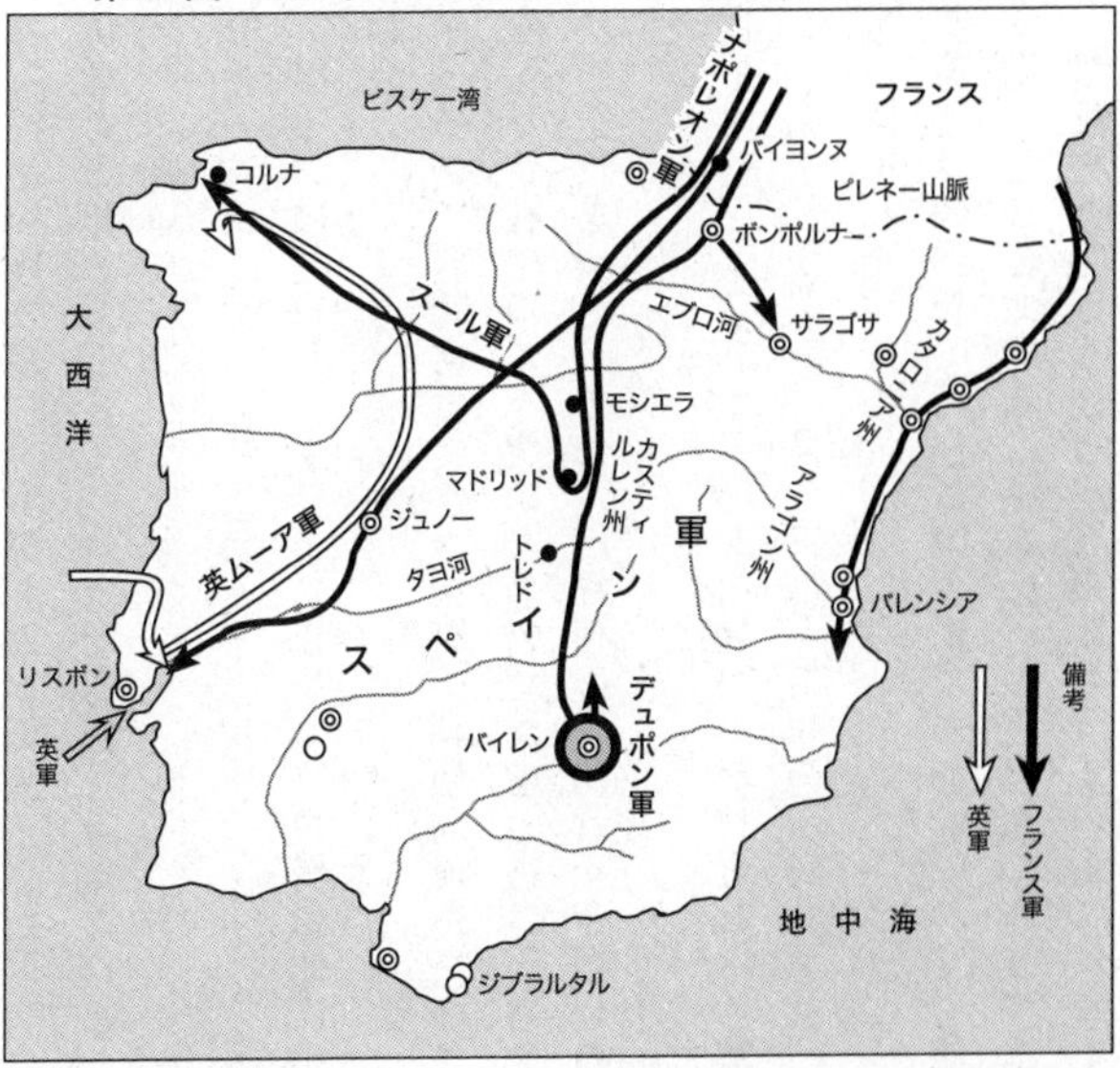

第22図　1807年～1808年のスペインにおけるフランス軍

バイレンの悲劇の影響を部分的に帳消しにした。

8月1日、ウェルズリー将軍の指揮する英遠征軍がリスボン北方に上陸した。

8月15日、フランス軍は、ついにサラゴサの包囲を解いてエブロ河北岸に撤退した。

8月21日、ジュノー軍1万4000は、ヴィメイロ(Vimeiro)において英ウエルズリー軍1万7000を攻撃したが、撃退された。ジュノー軍は背後連絡線が断たれているうえ、リスボンの人民が一斉蜂起し、ポルトガルで孤立した。

1808年8月30日、ジュノーは英遠征軍と交渉して降伏する代わりに海上からフランスに退却することに合意した。

9月、英ムーア（John Moore）軍はスペイン・ゲリラ12万5000の支援を受けてスペインに侵攻し、フランス軍をエブロ河以北に追い払った。パリにいたナポレオンは、

「スペインに展開するフランス軍は郵便局員に指揮させなければならない」

対ゲリラ戦の本質を突いた名言である。彼は自らスペインに出向いて陣頭指揮を執る決心を行なった。そして11月5日、19万4000の兵力を率いてスペインに乗り込んだ。

12月4日、マドリッドを占領したナポレオンは英軍を撃破するためスペイン北西端のコルナ（Corunna：ラ・コルーニャ）に向かった。英軍は決戦を回避しながら海岸地帯に撤退した。

英遠征軍の作戦の特色は第1に、最初にいつでも海上から撤退できるように数箇所に準備することである。第2に、大陸奥深く作戦することは、つとめて回避し、第3に、作戦が成功しても内陸部に長く留まらずに、直ぐに海岸地域に後退することであ

る。これは14〜15世紀の百年戦争と18世紀後半のアメリカ独立戦争での失敗から学んでいた。

ところが大陸国家の軍人は、この英軍の海岸への後退を士気の沮喪か、敗北と誤解する傾向があり、世界に向かって勝利の報道を喧伝する。

12月20日、英軍を追い詰めたと勘違いしたナポレオンは、

「英軍はフランス軍と戦う資格がない」

と軽視し、一部をもって追撃させるとともに主力を返してふたたびサラゴサを包囲した。

第9章　フランス対オーストリア戦争（1809）

スペイン内戦〝ナポレオンの潰瘍〟

歴史上では〝ナポレオンの潰瘍〟と呼ばれているスペイン戦争はナポレオンが没落する基本的な要因の一つであった。スペイン戦における軍需所要が膨大になり、フランスの財政を圧迫したのだ。

ゲリラの戦いの過激な冷酷・残酷・悲惨は、制圧するフランス軍にも、ゲリラ戦を支援する英軍にも蔓延した。それがゲリラ戦の特色なのだ。両軍を批難することはゲリラ戦の特性に無知な机上の空論であることを実証した戦争であった。それは住民にも伝染した。そしてフランス軍に対する民衆の本能的な野性の反応となった。要するにゲリラ戦と対ゲリラ戦は原始時代の戦争に先祖帰りし、人間も野獣に先祖帰りする戦争である。

スペイン戦争における海洋覇権の効果は絶大であった。英軍は随時随所に海からゲリラに武器を支援することができたばかりでなく、ヒット・エンド・ラン作戦で陸軍を上陸させることができた。海洋勢力が強大な大陸の陸軍国を倒すのは、大陸の中で戦うのではなく、大陸国家をヒット・エンド・ラン攻撃に対処することに奔命疲労させ、自壊させることである。それが海洋国家の大陸国家に対する戦略である見本のような戦争になった。

１８０９年の年頭からスペイン全土でゲリラ戦が拡がった。フランスがスペインでゲリラ戦（疫病神）に遭っているのを見たオーストリアは、フランスに対して報復するとともにドイツをフランスから解放しようとフランスに対し宣戦布告とも受け取れる宣言を行なった。

スペインが平定されたように見えたので、また、中欧の政治情勢が緊迫した様相になったので、ナポレオンはサラゴサ攻略の指揮をランヌに任せ、さらに英ムーア軍に対する掃討作戦をスール将軍任せて１月１日、パリに帰還した。

1809年1月16日、英ムーア軍1万5000は巧みにコルナ（Corunna）に退却した。スール軍2万がコルナを攻撃したが英軍は頑強に抵抗する。両軍は1000の損害を出した。英指揮官ムーアが戦死したので、城壁に埋葬したあとフランス軍が攻撃を再興するために準備をしている隙に英軍は海軍による砲撃援護のもとに海上から成功裏に英国へ撤退した。

1月27日、ランヌの指揮するフランス軍はサラゴサの城壁の一角を突破した。スペイン防御部隊の絶望的な戦闘は3週間続いた。病人、餓死寸前の兵士、負傷者だけが生き残り2月20日に降伏した。

サラゴサが陥落し、スペインにおけるフランス軍の威勢は回復したが、年頭からスペイン全土において続いているゲリラ戦闘は収まらなかった。

3月、ポルトガルのリスボン地域に橋頭堡を確保している英・ハノーバー軍2万6000はウェルズリーを連合国総司令官とし、ベレスフォード（William Beresford）大将の指揮するポルトガル軍1万6000を指揮下に入れることになった。

3月29日、フランスのスール軍はポルトガル北部の港町ポルト（Porto または Oport）を略奪した。

オーストリアの挑戦

ドイツでは、1809年4月9日、カール大公の指揮するオーストリア軍12万50００がバイエルン（ドナウ河畔 Passau から上流地域）のラティスボン（Ratisbon／今日のレーゲンスブルク：Regensburg）に侵攻した。別のオーストリア軍4万8０００はボヘミア（今日のチェコ）から南西に進撃を始めた。また、チロル（Tyrol）に1兵団、東方のポーランドに備えるために1兵団を配置した。

イタリアは、ジョン大公の指揮するオーストリア軍5万がユリアン・アルプスを越えて北イタリアに侵攻した。ナポレオンの養子であるオイゲン（Eugene de Beauharnais）が指揮するフランス軍3万7０００は4月16日、タグリアメント（Tagliamento）においてジョン軍を攻撃したが、撃退され、ピアヴェ河の線まで退却した。

このころ、オーストリアの対フランス戦争に勇気付けられたチロルの義勇兵が蜂起し、チロルに駐留していたバイエルン軍を襲撃した。この蜂起をジョン軍が支援することになった。

ドナウ河正面では4月16日、ナポレオンはシュトゥットガルト（Stuttgart）に急行した。そこで彼は在ドイツのフランス軍17万6000が総参謀長ベルティエ（Louis Alexandre Berthier）の無能によって侵攻してきたオーストリア軍によって分断される態勢にあることを発見し、自ら、直接指揮して戦略展開の不備を是正し、主導権を奪回しようとした。

4月19〜20日、ナポレオンはラティスボン西方に半数余の兵力9万を集結すると、オーストリア軍18万6000が広域に分散している弱点に乗じドナウ河を南岸に渡り、アベンスベルク（Abensberg）において中央突破を策した。オーストリア軍の右（北）翼はナポレオン主力から圧迫を受けてラティスボンに向かって後退し、左翼もまたランドシュット（Landeshut）に後退した。

4月21日、ナポレオンは主攻方向を敵の右翼から左翼に転換して攻撃し、ランドシュットの戦闘となった。ヒルラー（Johan Hiller）男爵の指揮するオーストリア軍左翼はフランス軍主力に追いついたマッセナ軍が突然戦闘加入したことによって奇襲され、分断されそうになったが、敢闘してイザール（Isar）河を渡って東方に退却することができた。

第23図　ラティスボン（レーゲンスブルク）南方地域の会戦
1809年4月21日〜23日

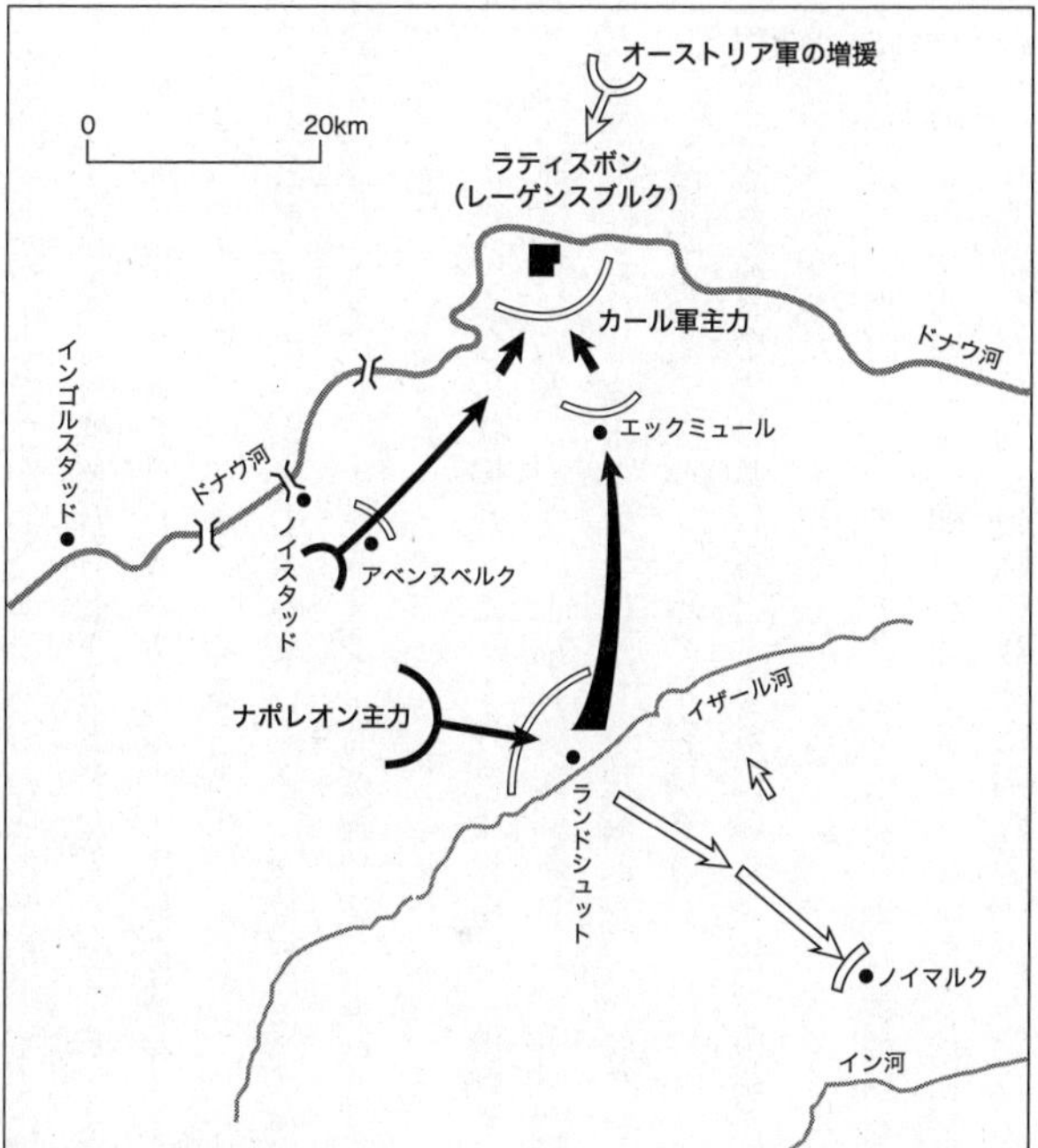

ナポレオンは決定的な戦闘結果でなかったのでいらいらしたが、すぐに東北方に攻撃方向を転換してダヴォー軍団の攻撃と合一しようとした。なぜなら、オーストリア軍右翼に対して、ダヴォー軍団3万6000がカール大公の指揮するオーストリア軍8万をラティスボン南方で圧迫していたからである。

4月22日、カール大公軍はナポレオン主力の来着未完に乗じて、弧軍奮闘しているダヴォー軍の左翼を攻撃して撃破し、ナポレオンの背後連絡線を遮断しようとしてエックミュール（Eggmuhl）の戦闘となった。

しかし、オーストリア軍の攻撃は緩慢だった。ダヴォーは堅固に態勢を維持した。ナポレオン主力と兵站部隊が昼過ぎにダヴォー軍右翼に到着した。3時ごろまでにオーストリア軍の左翼が撃破され、カール大公は退却を決断した。戦場には1万2000の損害が残された。敗退である。フランス軍の損害は6000。ナポレオンは部下部隊が猛暑の中の強行軍と、それに続く戦闘で疲労困憊していたので追撃することはできなかった。

翌23日、カール大公はドナウ河を渡って北方に退却するために躍起になっていた。彼は、この退却を援護するために城壁に囲まれたラティスボンの市街に援護部隊を配置した。1週間にわたり連続した機動と戦闘に疲れた部隊を率いていたナポレオンは精力的な追撃は困難であった。

フランス軍がようやくラティスボン市街に突入できる態勢を整えたときには、オーストリア軍の大部分はドナウ河の北岸に逃れていた。そしてナポレオンは軽傷を負っていた。

〔注〕1週間にわたる不眠不休の行進・戦闘、機動によって、ナポレオンは敗北の崖っぷちから勝利の丘に登った。ダヴォーはふたたび名将の器を輝かした。作戦を通してオーストリア軍の損害は捕虜4000を含めて3万、フランス軍の損害は1万5000であった。

スペインでは5月12日、ウェルズリーの英軍がポルト港を奪回するためにフランス軍を撃破し、スール軍を追い払った。

ウィーンの占領

バイエルンでは、ナポレオンはオーストリア軍主力がドナウ河北岸に退却したので、ダヴォー軍団をラティスボンに残してオーストリア軍の動向を監視させ、主力を率いてドナウ河南岸地帯を東進して首都ウィーン（Vienna）の占領を目指した。そして約３００キロの進撃ののち、１８０９年5月13日、オーストリアの首都ウィーンに無血入城した。

〔注〕古来、戦争では軍隊が敵国の首都を攻撃目標として選び、占領するが、戦史にみる限り、「首都を攻撃目標にすること」と「首都を占領すること」の作戦的意味は全く異なる。前者は首都防衛に群がる敵軍主力を撃破することに軍事的意味があるが、後者には政治的意味（敵国民の敗北感）があっても軍事的意味はない。占領・確保することによって政治的負担がかかり軍事作戦的には不利になる。

イタリア作戦中のジョン軍がオーストリアに退却し、チロルでは、オイゲン軍がオーストリア軍を掃討し始めた。

ドナウ戦線では、ウィーンを占領されたカール大公は、ウィーン防衛という受動的負担から解放され、軍事的合理性に基づいてナポレオンと決戦を求めることができるようになった。彼は、ナポレオンがドナウ河北岸へ渡河するものと判断し、ウィーンから上流（西方）の各渡河点を占領し、主力をウィーン東北方10キロの小村ビザムベルグに集結した。ウィーン付近のドナウ河幅は約480メートルである。

ナポレオンはウィーン東南4キロに川中島ローブアウ（Lobau）が所在する地点を渡河点に選んだ。

5月18～20日、フランス軍は強力な抵抗を排して架橋し、有力な部隊約5万を対岸に渡河させてアスペルン～エスリンク（Aspern-Essling）の線に橋頭堡を築いた。

5月21～22日、カール大公軍9万はフランス軍の半渡に乗じて攻撃を開始した。ナポレオンは辛うじて約2万を対岸に増援することができたが、増水、放流船、砲撃によって架橋がしばしば破壊されて十分な戦力を対岸に投入できずに、渡河作戦を放棄して撤退した。フランス軍の損害は4万4000、歴戦の勇将ランヌが戦死した。オーストリア軍の損害は2万3000。ナポレオンの敗北である。

ランヌ将軍は、ナポレオンと年齢が同じで享年40歳であった。学歴はほとんどなく、一兵卒として志願して軍隊に入り、軍功を重ねて将校に抜擢され、累進して軍団長となり、大将に上り詰め元帥・公爵の称号を与えられていたものである。至誠・剛勇の将であった。ナポレオンは彼を評して、

「ランヌは私の言うことを喜んで聞いた。彼は家族を愛していたが、私の前でそれを

言ったことはなかった。若いころの彼は剛直な男であったが、将軍になるころには巨人の風格があった。

彼は勇猛の将と見られ勝ちだが、その智力は戦場から学び日進月歩で戦術の奥義を摑んでいたようだ」

と述べている。ナポレオンの部下の中で数少ない〝作戦が判る武将〟であった。とにかく、アスペルン～エスリンクの戦闘はナポレオンの初めての敗戦であった。

1809年6月、スペインでは、ウェルズリーがスペイン非正規兵約10万の支援を受けてポルトガルからスペインに侵攻した。しかし、ゲリラ集団は内部主導権争いが不可避である――ボトム・アップで組織が出来上がっていくものであるから――武力集団は、ゲリラの統一戦線という軍事政権（フンタ：Junta）であっても、英軍との関係は政治問題となった。そして英とスペイン・ゲリラの作戦の統一はできなかった。

ウェルズリーは、

「海洋国家の大陸国家に対する軍事戦略はヒット・エンド・ランでゲリラ戦に似ているが、最終的には決戦によらなければ勝利はない。永遠のゲリラ戦には勝利がない。最後には決戦が必要である」

ことをフンタ指導者に教えるには手間のかかることで、彼らは扱い難い同盟軍だと

第24図　アスペルン付近の会戦　1809年5月21日

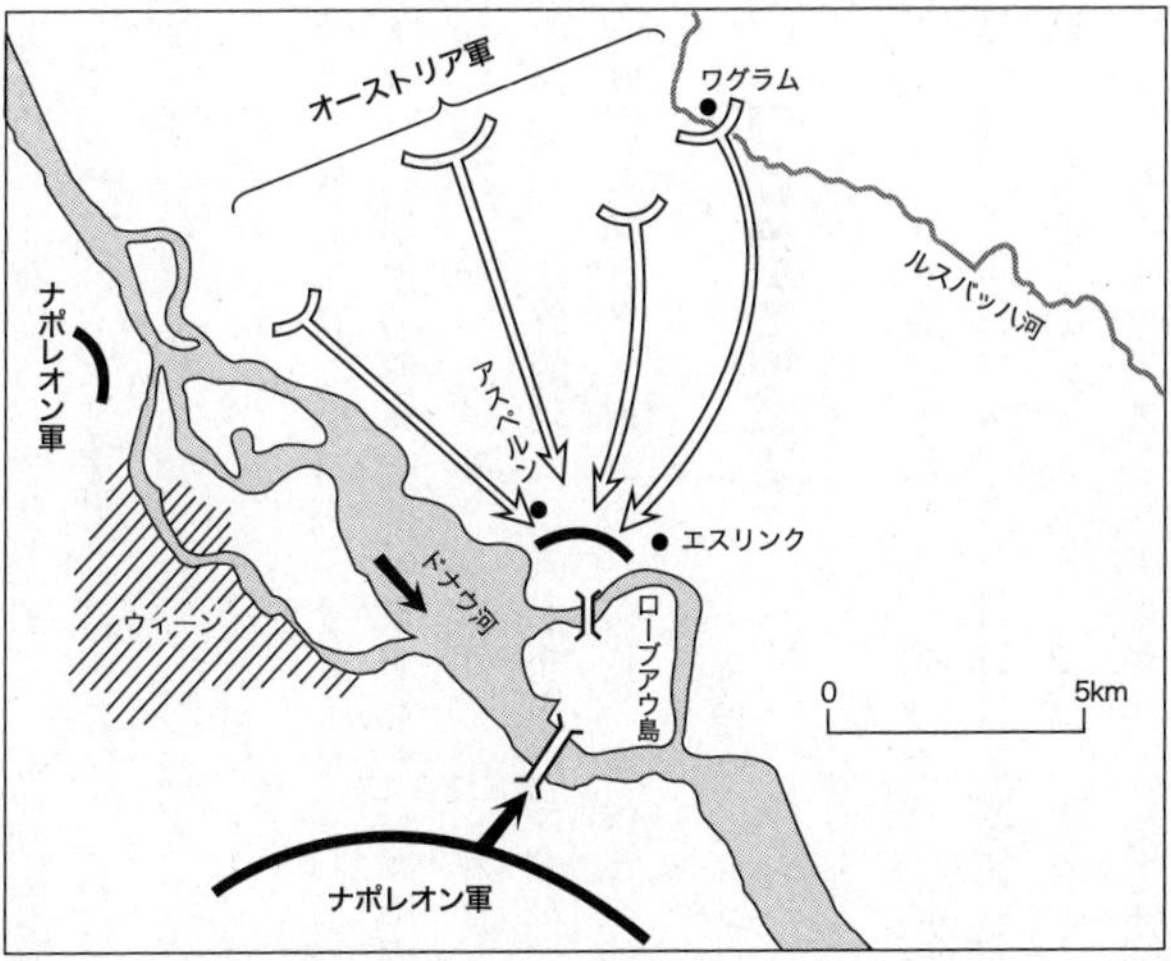

認識した。

ドナウ戦線では、ナポレオンは周到な渡河作戦を計画した。兵力20万をウィーンとローブアウ島周辺に集結し、多大の渡河資材を集結した。

一方、イタリア戦線からジョンのオーストリア軍に追尾していたオイゲン軍はハンガリーに侵攻したが、ジョン軍後衛のきびしい抵抗を受けた。それでも6月14日、ラーブ（Raab）の戦闘でジョン軍を撃破し、追撃しながら北上してウィーンのナポレオン軍に合流した。敗れたジョン軍はプレスブルグ（Pressburg／今日のブラティスラヴァ）に退却した。

オランダでは、英国がナポレオンの

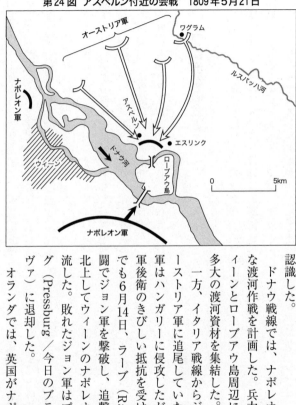

関心をウィーンから逸らすために、35隻の艦隊と200隻の輸送船団をもってアントワープ（Antwerp）攻略を計画した。しかし、チャタム（Chatham）の指揮する英遠征軍4万は錯誤の連続でフルッシング（フリシンゲン：Vlissingen）の前面でフランス軍に拘束された。

ドナウ戦線では7月4日、ナポレオンは夜間における周密渡河作戦を開始した。野砲150門以上の渡河支援射撃のもとに暴風雨の中を3万が第一線として渡河した。これは奇襲となった。翌5日早朝、第二陣として3万が渡河、午後には、さらに3万が渡河した。最終的には14万が北岸に移った。渡河成功である。残部の軍は、ウィーンの確保とラティスボンからの長い背後連絡線の警備に配置した。

ワグラムの会戦

ビザムベルグを中心にローブアウ島を半円形に囲むように展開していたカール軍14万はフランス軍にアスペルン付近に橋頭堡設定を許してしまった。そこでカール大公は東方に所在するジョン軍5万を招致するように命令した。

ナポレオンはオーストリア軍が兵力集中を図るであろうと予期し、ジョン軍とカール軍の間に割り込んで内線作戦の態勢を取った。

そして最初にジョン軍の来着に先立ってカール軍を撃破するに決した。一般的にいえば、内線作戦における当初の撃破目標の選択は、「危険な敵」「近い敵」「撃破容易な敵」であるが多くの場合、敵主力を最初の餌食にする。なぜなら一部側の敵は容易に牽制・抑留しやすいからである。

ワグラムの会戦で望遠鏡で戦況を見るナポレオン（Vernet 画）

1809年7月5日、ナポレオンはカール軍が東方に機動してジョン軍に合流しないように、ドナウ河の北側約15キロを平行して流れるドナウ河の支流河畔の街ワグラムとドナウ河畔のアスペルンを結ぶ地域に東面して展開しているカール軍に対し攻撃し、ワグラム（Wagram）の戦闘となった。

フランス軍はカール軍の左翼に対し主攻を指向した。カールは攻撃を受けている左翼を北側の河川と丘陵に依託し、ドナウ河畔側からフランス軍の左（南）翼を包囲し、ナポレオンのドナウ河橋頭堡から遮断しようとした。しかし、その攻撃は決定的な成果を得ることなく日没を迎えた。

翌6日、ナポレオンは、かつて欧州における戦闘において例を見なかったほどの砲兵を集中し、オーストリア軍中央を砲撃し、その援護下に歩兵による突破攻撃を行なった。ダヴォー軍団は前日に引き続きカール軍左翼を猛攻した。この攻撃要領は、近代戦における歩兵と砲兵の共同による突破要領の元祖であった。

カール軍の中央は、窓ガラスが割られたように突破され、左翼は後退した。カールは敗北を認め後退を決断した。退却は慎重に整斉と実行することができたが、戦傷死だけで4万5000（32％）の損害に達した。行方不明を加えると40パーセントを越えたと推定されている。殲滅戦と呼んでよい。ナポレオンは戦傷死、行方不明などすべてを含めて3万4000（24％）を失い、損害が大きいので、一般的にワグラムの戦闘を至当に評価する軍事研究家は少ない。

しかし、この戦闘の結果が決定的となり、オーストリア軍には勝利を追求できるだけの戦力が残らなくなった。そのうえポーランドに対峙していたオーストリア軍はポニアトフスキー（Poniatowski）皇太子の指揮するポーランド軍によってワルシャワ公国から追い払われた。ロシアは信義を守るために戦うことはしない民族の国である。

第25図　ワグラムの戦闘　1809年7月5日～7月6日

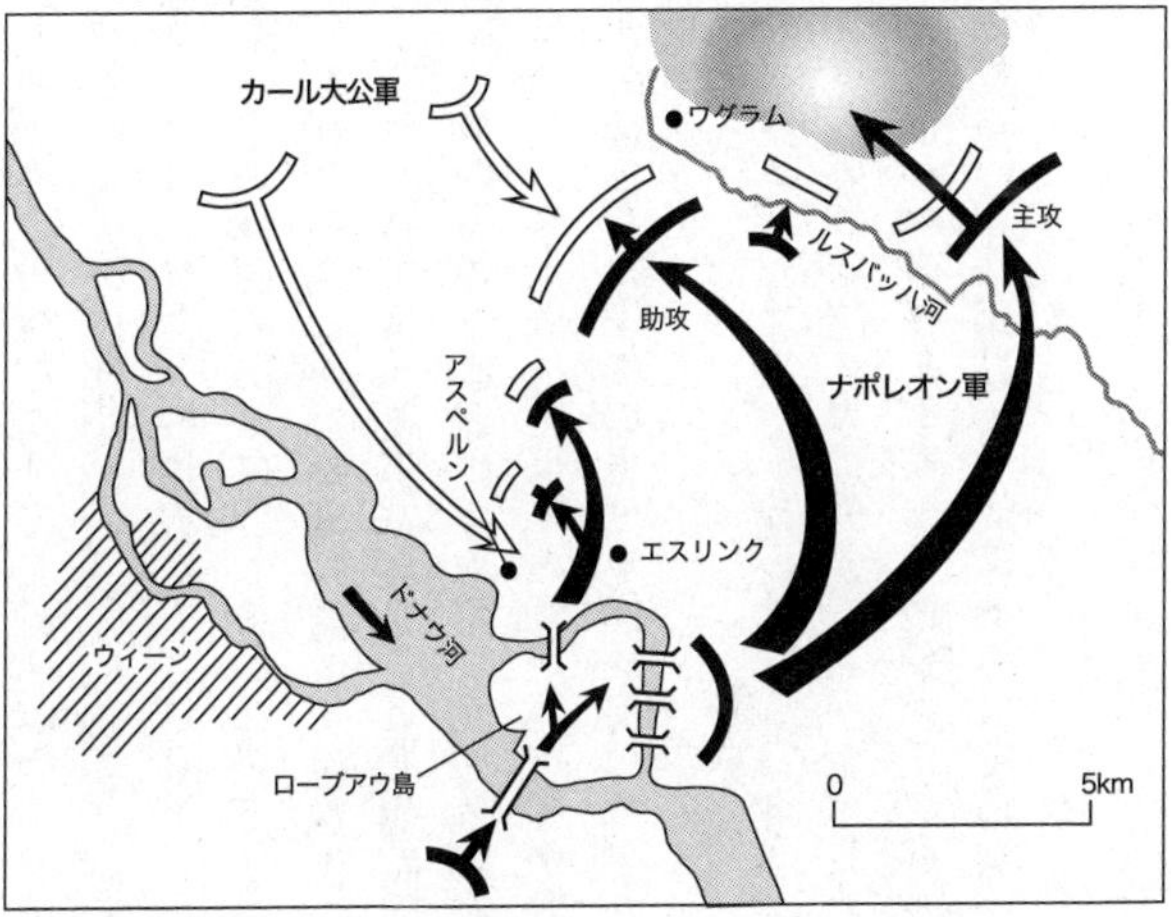

頼みにしていたロシアの支援はなかった。

　オランダに上陸した英遠征軍は１８０９年8月16日、フルッシングを占領したが、当時オランダ国王に任命されていたナポレオンの弟ルイとベルナドット元帥がアントワープに増援兵力を送って英軍をワルヘレン（Walcheren）島に閉じ込めてしまった。

　これ以上のフランス皇帝ナポレオンに対する戦いは、オーストリアに災害をもたらすだけだと観念した皇帝フランツは7月10日、休戦を求めた。

　スペインでは7月28日、英遠征軍３万６０００がポルトガル中央部からマドリッドを目指して東進した。ヴィクトル軍団とジョゼフ国王軍の連合フランス軍4万はマドリッド西方約130キロのタラヴェラ（Talavera）において迎撃して激戦となったが、引き分けた。英軍の損害は5300、フンタの損害は1200。フランス・スペイン国王軍の損害は7400であった。戦闘のあとフランス側はマドリッドに引き揚げたので、戦略的には英遠征軍の勝利といえるが、癇癪持ちで、嫉妬深いフンタのクエスタ（Gregorio Garcia de la Cuesta）将軍は非正規兵による派遣部隊を引き揚げて撤退してしまった。彼にとって地域の占領は価値がなく、フランス軍側を困惑させれば目的を達したのだ。ウェルズリーは英遠征軍の背後連絡線が北方からスール軍に脅かされるのでポルトガルへ撤退した。このあと英国政府はウェルズリーにウェリントン子爵の称号を与えた。

ウィーンでは8月、ナポレオンが3年前の暮れにワルシャワで惚れ込んで愛人とした20歳若いワレフスカ伯爵元夫人がナポレオンを慕ってウィーンに車を馳せた。ナポレオンはハプスブルグ家の王城シェーンブルンの宮殿に在って、ワレフスカと愛の夢を楽しみ、8月15日、40歳の誕生日を彼女と迎えた。

フランス・オーストリアの講和

1809年10月14日、シェーンブルン（Schönbrunn）の講和が締結された。ナポレオンが西欧における王者であるという権威が再確認された。オーストリアはフランスに3万2000平方マイルの領地とその地の住民135万の人口を割譲した。オーストリアは英国との貿易を完全に禁止するというミラノ布告（ベルリン教令）を厳守することを約束した。

オランダのワルヘレン島に閉じ込められていた英遠征軍1万5000はマラリアの流行のために7000が病死した。チャタム将軍は、病人を残して英国に撤退した。ナポレオンにとって、スペインのゲリラ戦と散発的なチロルのゲリラ戦を除いて西欧大陸には、英国と対立する不安定な平和の秩序が甦った。

英首相ポートランドが辞任し、パージヴァルが就任した。ナポレオンのワレフスカとの最も幸福な生活は、わずか3ヵ月で、11月にはナポレオンは多忙なパリの生活に戻らなければならなかった。ワレフスカはこのとき身ごもっていて、お産のためにポーランドの母親の元に帰り、翌年（1810年）5月、男子を出産した。ナポレオンの第2子、フロリアン・アレキサンドル・ジョゼフであり、のちにナポレオン三世の外相となった。

パリに帰還したナポレオンは戦勝祈念行事はもちろん、全欧州の統制にかかわる業務に多忙を極めたが、11月15日、皇后ジョセフィーヌと二人きりの会食の場を設け離婚を求めた。表向きの理由は実子が生まれないことであったが、真の理由はジョセフィーヌが強い嫉妬を燃やす反面、戦場往来の同居生活を好まなかったからである。そして全欧の盟主となったナポレオンは、外交上、出自の高い女性を妻にする必要があったからである。

ジョセフィーヌは泣く泣く離婚に同意し、ナポレオンは公式に惜別を発表するとともに、新しく皇后に迎える女性を探し始めた。

スペインでは1809年11月19日、フンタの新指揮官アレイザゴ（Areizago）は、フンタ軍5万3000を率いてカスティリャ・ラ・マンチャのオカナ（Ocana）においてフランス（スール）・スペイン国王連合軍3万を攻撃したが、散々に敗北し、損害5000のほか2万が捕虜になった。フランス側の損害は1000。ゲリラ部隊は決戦能力が低い。

スペインでは1810年2月、フランス・スペイン国王軍によってフンタが支配するスペイン軍港カジス（Cadis）が包囲された。ウェリントンは、すぐに８０００の英遠征軍を送り込んで防御を固めるとともに英艦隊が防御戦闘を支援した。艦載砲は野戦砲より長射程で、フランス軍野砲に対し優勢であった。カジスはやがて自由スペイン政府の首都になった。

リスボンのウェリントンは英国が西欧諸国から完全に孤立し、大陸に全く足掛かりをなくしたので、リスボンの北方40キロのトーレズ・ヴェドラシュ（Torres Vedras）東西の線にタホ（Tagus）河（ポルトガル語ではテージョ河）から海岸まで約50キロにおよぶ防壁を構築し、リスボン橋頭堡とした。防壁は３線の野戦陣地で約６００門の大砲を配備した。この橋頭堡の東側には南流する深いタホ河が障害を構成し、南側と西側は海である。

フランスでは3月、ナポレオンは、かねて新しい皇后を求めていて、第1にロシア皇后の妹を要求したが、ロシア皇太后の大反対にあって失敗。第2にザクセンの美しい王女を考えたが、年齢が30歳を越えていたので、世継ぎが生まれるかどうかの心配があって諦めた。最後に品位も容色も劣っていたが、頑健で子福の血筋であるオーストリア皇女マリー・ルイーズを選んだ。オーストリア皇室はナポレオンの申し出を受けたが、子供を産むだけが目的のような政略結婚であった。

スペインのフランス軍はマッセナがポルトガル攻略軍6万5000の司令官となり、スール将軍はアンダルシア平定軍6万5000の司令官となった。

マッセナ軍がポルトガルに侵攻してきたので、ウェリントンは英遠征軍1万8000、ポルトガル軍1万4000を率いて迎撃しようとした。

7月10日、マッセナ軍はポルト港に通ずる国境の街シュダード・ロドリゴ（Ciudad Rodrigo）を包囲攻撃して占領した。

ウェリントンは慎重に遅滞作戦を行ないながらリスボン橋頭堡のトーレズ・ヴェドラシュ陣地を目指して後退した。この間にスールはアンダルシアの平定に成功した。フランス軍はカジス軍港を陥落させることができずに包囲を解いた。

9月27日、ウェリントンはマッセナ軍が急迫してきたので、後退行動を確実にするため、撤退経路上の高地ブッサコ（Bussaco）に防御陣地を構え、追尾してくるフランス軍に対し一撃を加えようとした。それにもかかわらず、マッセナ軍は、たんなる遅滞陣地と判断し、迅速に攻撃したが、予期に反して強力な抵抗を受けて阻止され、損害4500を出した。英軍の損害は1300。

10月10日、ウェリントンはトーレズ・ヴェドラシュの陣地に防御態勢を確立した。この陣地を見たマッセナは強襲攻撃では突破できないと判断し、かつ兵站支援も困窮していたので、彼はスペインに撤退した。

1810年末は異常気象で厳冬の始まりとなった。ポルトガルとスペインの国境となっている山脈の峠、特にシュダード・ロドリゴとポルトガル国境の中央の街バダホス（Badajoz）を挟んで英・ポルトガル軍とフランス・スペイン国王軍が対峙して年を越した。

インド洋のモーリシャス（Mauritius）では12月、英艦隊がフランス艦隊と輸送船団を撃破して占領した。

1811年に入ってもフンタ・英遠征軍はフランス軍の包囲部隊に対してヒット・エンド・ラン攻撃とゲリラ戦によってスペインのカジス外郭陣地を死守していた。

パリでは、皇后マリー・ルイーズは、ナポレオンの男子を産んだ。

〔注〕ルイーズの難産で母体を守るのか、子供の命を守るのかとの選択を迫られたナポレオンは、皇后を選んだ。結果的には母子とも無事であったが、それほどナポレオンの情愛を受けながら、マリー・ルイーズはナポレオンの没落後、ウィーンに帰り、臣下の男性と不倫の同棲を続け、幾人かの子供を産んだ。

スペインでは、マッセナはウェリントン軍によって包囲されているアルメイダ（Almeida）を解放しようと前進した。同時にスールは英ベレスフォード（Beresford）によって包囲されているバダホスに向かった。

1811年5月5日、マッセナ軍4万5000とウェリントン軍3万3000は北東部ポルトガル国境の町、フエンテス・ド・オノロ（Fuentes de Onoro）で激突したが、引き分けの戦闘に終わった。この戦闘では、英歩兵方陣がフランス騎兵の突進を阻止したのが目立った。また、英軍騎兵砲隊の運動戦的運用が注目された。ラムゼイ（Norman Ramsey）大尉は、混戦の中から抜け出して砲架と牽引用前車を結合し、馬で曳かせながら敵騎兵部隊に対し射撃したのだ。彼は牽引馬が驚かないようにかねてから訓練していた。

英同盟軍側の損害は1500（4・5％）。フランス側は3000（6・6％）であった。

5月16日、バダホス付近の敵情を捜索していたスール軍団2万3000はバダホス東南20キロのアルブエラ（Albuera）にベレスフォード軍3万（フンタ2万7000、英軍7000）を発見し攻撃した。右翼のフンタがフランス軍に突入されて崩壊寸前になったが英軍が逆襲して救援した。同盟軍の損害は7000（23％）、フランス軍

第26図　1811年の西欧の覇権分布

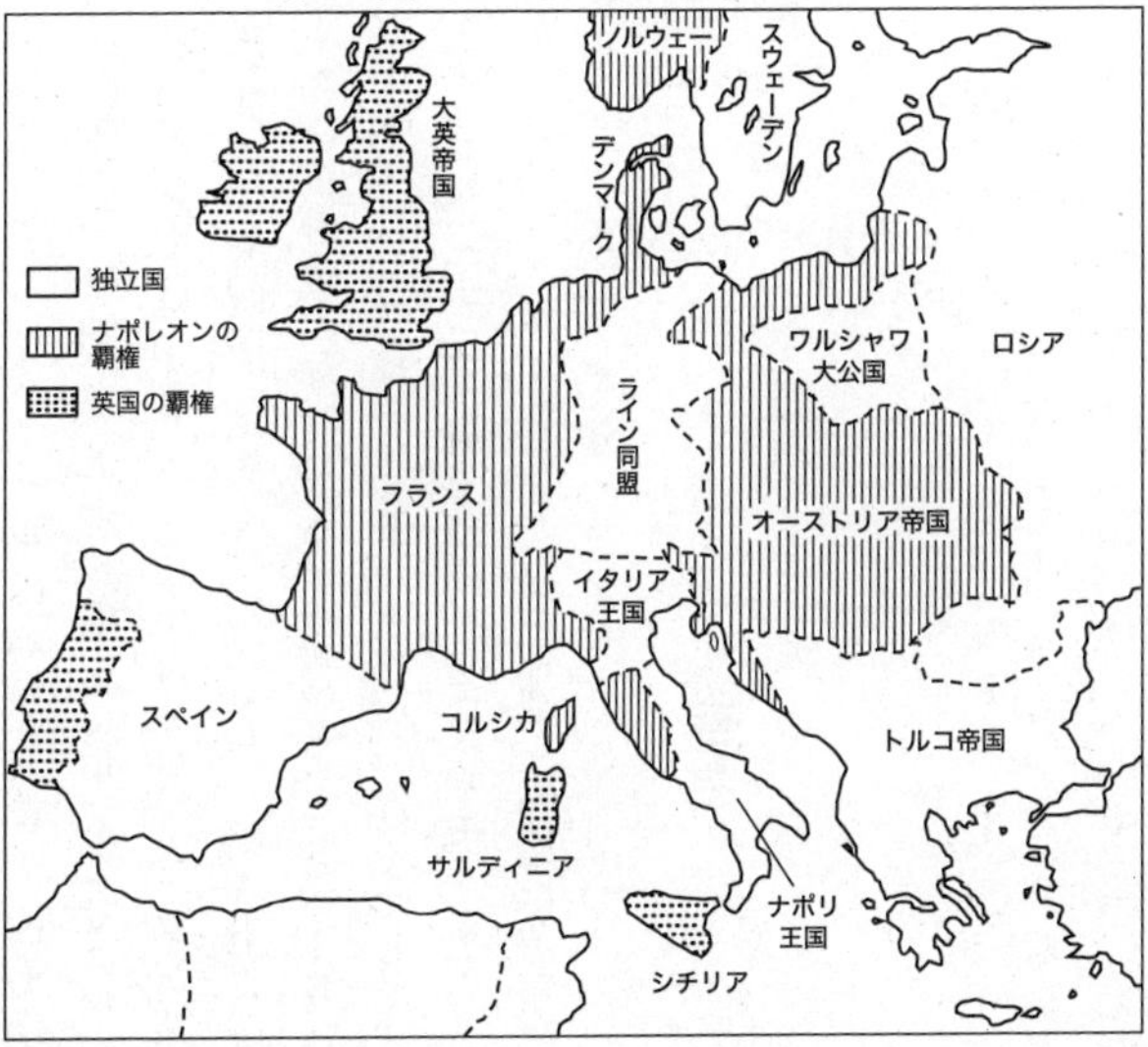

の損害は8000（34・7%）であった。ゲリラ部隊主体のフンタは次第に正規軍に成長していた。いずれにしてもゲリラ戦だけでは戦争に敗北しなくても勝利はない。最終的には決戦が必要であり、決戦を実行できる軍隊を保持する必要があることを示していた。

このあと、スペイン全域では、決定的な戦闘がなく、フンタがゲリラ戦を続けた。

ナポレオンはマッセナ元帥を在スペイン総司令官の職から更迭し、後任にマルモン元帥を就任させた。

7月28日、フランス軍はバルセロナ西南80キロの東海岸都市タラゴーナ(Tarragona)を制圧した。しかし、年末までスペインはゲリラの海であった。

スペインでは1812年1月9日、フランス軍が東海岸南部のヴァレンシア(Valencia)を制圧した。これに対し、ポルトガルからフンタを支援していたウェリントンは主導権を奪回しようと攻勢をとり、1月19日、フランス軍が支配しているジュダード・ロドリゴを急襲して奪取した。そして4月19日、バダホスを包囲し、グァジァナ(Guadiana)河を利用するマルモン軍とスール軍の補給用浮船段列を奪いとった。これでスペインにおける作戦主導権は英軍に移った。

第10章　フランス対ロシア戦争（1812）

両国の関係は1807年7月9日のティルジット条約以来、公式的には対立が解消し、ロシアもフランスの英国に対する大陸封鎖令に参加していた。しかし、ロシア皇帝（ツァー）アレキサンドルの心底では、ナポレオンが欧州大陸における主要なライヴァルであった。

特に、ティルジット条約の結果、ポーランドが切り取られてワルシャワ大公の自治領になってしまったことを恨んでいた。また、ロシア皇帝はトルコの勢力を南欧から一掃しようと考えていたが、ナポレオンから反対された。さらに、ロシアは農産物を主産品とする国家であったが、高度の加工産品について朝廷は海外からの輸入を楽しんでいたが、大陸封鎖令のために密貿易に依存していて不満が鬱積していた。

英首相はリヴァプールに交代した。独裁国家ではないので首相が交代しても基本的な海洋国家は変わらない。そして国民も大陸の人たちとは、心底から馴染む価値観を共有できなかった。だから16世紀後半におけるキャップテン・ドレイクが残した海洋国家の戦略を忠実に守っていた。

「大陸に大国を作らせるな！　大陸国家を相互に対立させせよ」

が基本方針である。だからアレキサンドル皇帝のナポレオンに対する不満を見逃すはずもなかった。

1812年5月、英国はロシア・トルコ関係の仲介を申し入れた。この結果、5月28日、ブカレスト条約が締結され、ベッサラビアがロシア領となり、モルダヴィアとワラキアはトルコの手に残ることになった。

そして6月、英国はひそかにロシアに貿易再開を打診した。そして英国はスウェーデンとロシアと講和し貿易を再開することにした。そして両国が大陸封鎖令を批難することに同意した。これはフランス経済に大きい打撃になった。

さて、ナポレオンの戦争の目的は18世紀末のイタリア会戦のころには、明らかにフランス革命の精神を引き継いでいた。すなわち、西欧の国体は「国民国家」になるべきで、それを普及しようという意図が残っていた。しかし、アウステルリッツの戦勝のあとに締結された1805年12月のプレスブルク講和条約で神聖ローマ帝国を解体し、ライン連邦を結成させてフランスの属国にしたときから、ナポレオンの戦争目的は変質し始めた。

第1は、英国に対する敵対意識である。まさしく海洋国家に対する大陸国家の永遠の対立感である。なぜなら、大陸国家と海洋国家の経済的国益はともかくも政治的国益は理論的にも歴史的経験則としても永遠に同じくしないからである。

第2は、ローマ皇帝から戴冠され、受け継がれたカロリング王朝シャルルマーニュ国王の思想であろう。それは、国家は国民の自由（リベレタス）が絶対的基本であるが、元老院（国民議会）から最高軍事指揮権を委任された終身護民官兼執政官としての皇帝は大ローマ帝国を欧州に建設することが責務であるとする野望である。それがプロイセンのルイーゼ皇后に「皇后の決意」を言わしめた原因であり、スペイン国民の抵抗運動を引き起こした原因であり、ローマ法王と対立することになった原因であり、ロシアと対決することになった原因であろう。〝大欧州〟の考え方は、その後も方法を変えて欧州に受け継がれて行く。それは中国大陸における歴代王朝も同じ性向を示してきたものである。

1812年5～6月、ナポレオンは対ロシア戦争準備を開始した。彼は46万2000の大軍をポーランドに集結した。しかし、当時のポーランドもロシアも、これだけの大軍に糧食、宿営などの軍需物資を供給する生産力はない。まして火薬や弾薬、軍馬の供給はさらに困難である。ねこそぎに民間から徴収したのでフランス軍に対する民衆の不満は高まった。

彼はロシアに侵攻してプリペット湿地の南から北方バルト海に通ずるロシア軍の背後連絡線を切断してロシア軍を撃破しようと計画した。しかし、道路事情が悪い。人口が少ない。モスクワの11月の気温は零下17度、12月では零下28度に下がることも珍しくない。

フランス軍の右（南）翼はオーストリア皇子のシュワルツェンベルグ（Karl Philipp von Schwarzenberg）軍によって防護されることとした。右翼はおおむね同兵力のマクドナルド（Jacques E. J. A. Macdonald）の指揮するプロイセン軍によって援護させることとした。中央は3個フランス軍を配置し、その左翼22万はコブノ（Kovno／今日のKaunas）とグロドノ（Grodno）の間でニーメン（Niemen）河の西方に展開した。全体としての配置は右後方への梯隊陣でオイゲン軍とナポレオンの不肖の弟ジェローム（Jerome）軍が連なり、フランス軍の背後連絡線を防護するように計画した。

兵士の構成は20万がフランス兵、残りは、ドイツ兵、ポーランド兵、イタリア兵、オーストリア兵である。彼らはフランスを中心とする大欧州連邦の概念に対して忠誠心はまったくなかったから、ナポレオンにとって頼りにならない軍勢であった。

ナポレオンは皇后ルイーズを伴い、5月17日、ザクセンの首都ドレスデンにおいて連合国の首脳を集め豪勢な祝宴を約2週間開いた。このときがナポレオンの絶頂期になるとは誰も予想できなかった。そして彼は皇后をパリに帰し、6月7日、ダンツィヒに赴いた。

ロシアも戦争準備を開始した。全動員可能兵力は43万であったが、作戦に使用できる兵力は約22万8000（53％）であった。

フランス軍の戦闘序列はつぎの通り。

総司令官ナポレオン

　参謀総長ベルティエ

近衛軍（近衛歩兵師団×2　近衛騎兵師団×1）　4万7000

第1軍団　ダヴォー（歩兵師団×5）　7万2000

第2軍団　ウーディノ（歩兵師団×3）　3万7000

第3軍団　ネー（歩兵師団×3）　3万9000
第4軍団　オイゲン（歩兵師団×4）　4万5000
第5軍団　ポニアトウスキー（歩兵師団×3）　3万6000
第6軍団　サンシール（歩兵師団×2）　2万5000
第7軍団　レイニエ（歩兵師団×2）　1万7000
第8軍団　ワンダンム（歩兵師団×2）　1万8000
第9軍団　ビクトル（歩兵師団×3）　3万3000
第10軍団　マクドナルド（歩兵師団×2）　2万3000
オーストリア軍団　シュワルツェンベルグ（歩兵師団×4）　3万0000
騎兵集団　ミュラ（第1、第4騎兵軍団）　4万0000

これに対するロシア軍の戦闘序列はつぎの通り。

総司令官アレキサンドル皇帝
第1軍　バルクレー（第1～第6軍団、第1、第2騎兵師団）　2万7000
第2軍　バグラシオン（第7、第8軍団、騎兵師団×4）　4万8000

第3軍　トルマッソフ（集成軍団×3、集成騎兵師団×1）　4万3000
プラトウ・コザック兵団　1万0000

であった。ロシアの作戦方針は、バルト海岸側と南方プリペット湿地側を固めて敵を誘致導入して好機を捕捉して攻勢に転ずるというものであった。

ロシア北西前線に沿う前哨線には6個軍がニーメン河の北岸に配置された。バルクレー（Barclay de Tolly または Michael Andreas Bogdanovich）軍である。第1軍中央はコザック騎兵で遮掩幕を張るという構想である。バグラシオン（Bagration）軍はニーメン河とプリペット湿地の間に展開した。湿地の南方には、トルマッソフ（A. P. Tormassov）の第3軍が展開し南西前線の警戒に当たった。このほか20万を越える予備軍がロシア全土に散開して警備を担当した。これが大陸国家の防衛配備の宿命的な特色である。

ニーメン河の突破

1812年6月24日、ナポレオンはニーメン河を渡り、二つのロシア軍の連接点を突いて突進した。彼はロシア軍を各個に撃破しようとしたのだ。しかし、異常気象によって馬に腹痛を起こす伝染病が蔓延し、大部分の騎兵が行動不能に陥ったとの理由で、イタリアから転進してきたジェローム軍は命令を実行しなかった。ナポレオンは彼を即座に更迭し、彼の軍団をダヴォーの軍団に編入した。

ナポレオンが全神経を対ロシア戦争に集中しているときにスペインでは、英軍が動き出していた。ウェリントン軍4万6000は、サラマンカ（Salamanca）に進撃してフランス軍の攻撃を誘うように陣地を構築した。マルモンのフランス軍4万2000が攻撃前進を始めたとき、ウェリントンは配備変更を行なって攻撃に転移し、マルモン軍を撃破した。フランス軍の損害は1万3000。英軍の損害は6000。スペイン王となっていたナポレオンの兄ジョゼフは首都マドリッドから逃亡した。

ロシア戦線では7月23日、バグラシオン（Bagration）軍がバルクレー（Barclay）と合流しようとしていたが、ダヴォー軍はドニエプル（Dnieper）河畔のモギレフ（Mogilev）において戦闘して阻止した。バグラシオン軍はドニエプル河を渡って東方に退却した。そして8月3日、スモレンスク（Smolensk）の近くでバルクレー軍に合流した。両軍の指揮はバルクレーが執ることになった。

バルクレーはフランス軍と決戦しようとしたが、参謀たちの業務が非効率なために

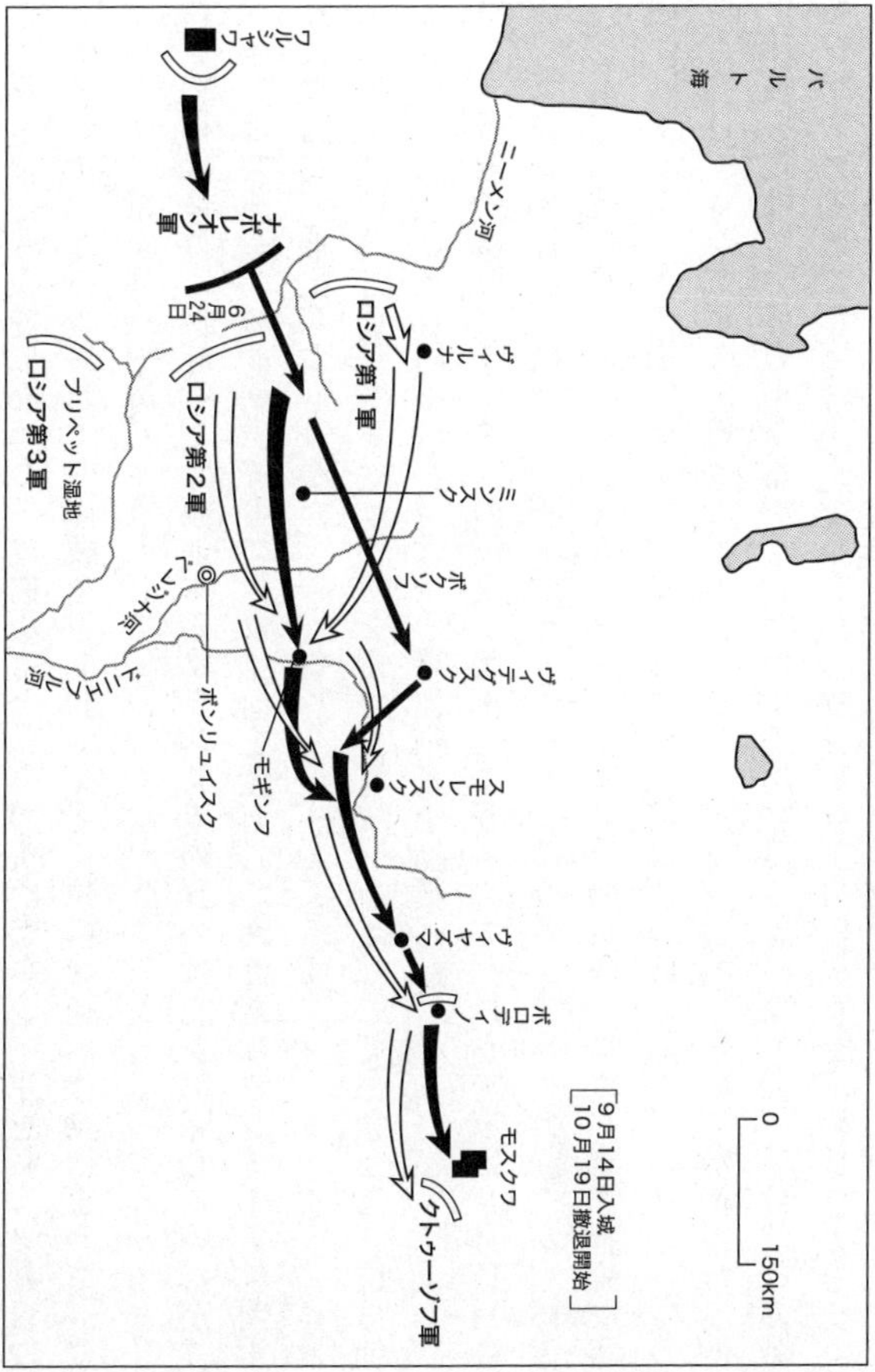

第27図　モスクワへの進撃

ロシア軍の行動も緩慢になった。皮肉なことにこの失敗がロシア軍を救うことになった。ナポレオンはバルクレーの作戦を予期していて大規模な迂回機動によって、この二つのロシア軍を捕捉撃滅しようとしていたのだ。

ロシア軍は東方に退却した。突進するフランス軍の兵力は23万に減じていたが、ナポレオンはスモレンスク南方でドニエプル河を渡河してふたたびロシア軍を包囲するように機動して捕捉しようとした。

スペインでは8月12日、ウェリントンがマドリットを攻撃して占領した。彼は捕虜1700、大砲180門のほか、大量の軍需物資を捕獲した。

ロシア戦線では、フランス軍の侵攻を阻止しようとして、ロシア軍は8月17日にスモレンスク、8月19日にヴァルチノ（Valutino）で踏み止まろうとしたが、防御に失敗し東方に逃れた。フランス軍もジュノーとミュラの失敗でロシア軍を捕捉できなかった。フランス軍の損害は1万、ロシア軍の損害は1万5000。

8月29日、ロシア軍の実質的な指揮官にクトゥーゾフ（Kutuzov）が就いた。彼は後退作戦を続けた。仕方がなくナポレオンは追随することになった。彼は、この冬をスモレンスクで過ごし、暖かくなってからロシア軍主力に決戦を求めようと考えた。そして兵站状況を調べると、彼が準備した兵站支援力では越冬が困難であることがわ

第28図　ボロディノの戦闘　1812年9月7日

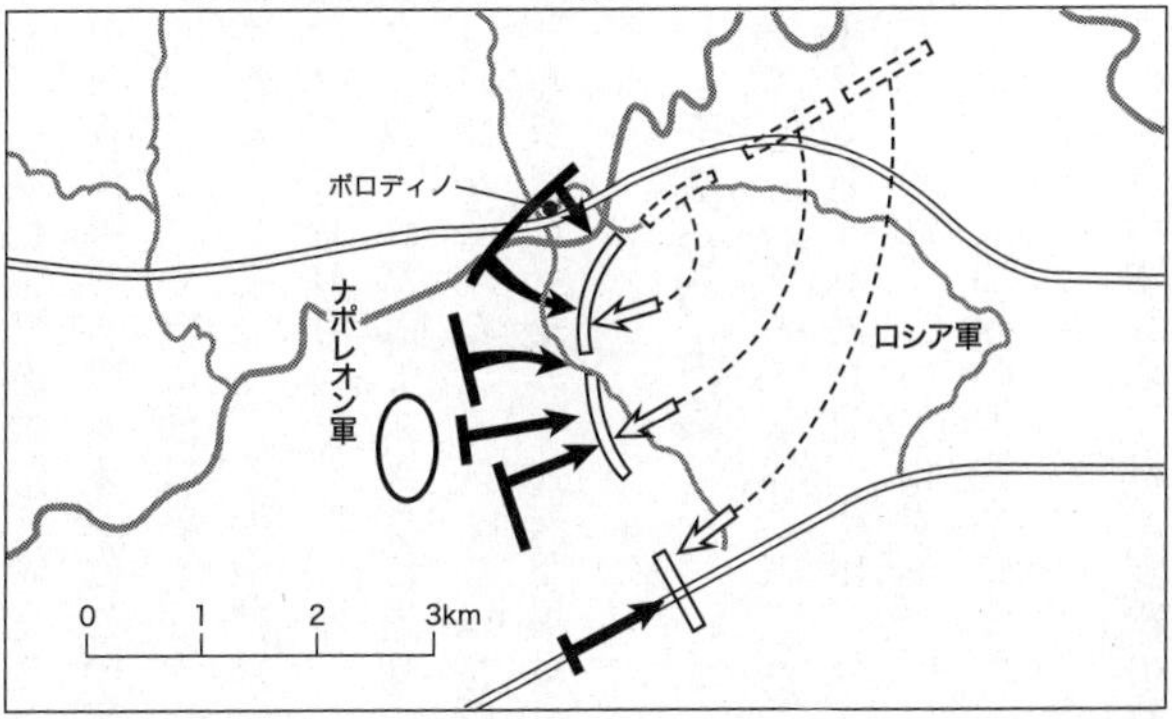

かった。ロシアに対する勝利は年内であることが絶対条件になった。

ボロディノの戦闘

クトゥーゾフは集結した兵力12万をもってモスクワ西方96キロのボロディノ（Borodino）においてフランス軍に立ちふさがった。ボロディノはスモレンスクからモスクワに至る主要道路の田舎町である。

ナポレオンもまた手持ちの兵力は12万余であった。1812年9月7日、彼は巧妙な戦術機動でロシア軍を左翼から包囲した。しかし、ナポレオンは、その戦闘指揮中に、突然、胸の痛みのために指揮を放棄した。これは彼にとって周期的に起こる発作の初めての現象であった。

多分、心臓疾患であったと考えられているが、医学的に説明されていない。とにかく、この事件以降、ナポレオンにこの症状がしばしば襲うことになった。

ボロディノの激戦が続いた。夕闇になってロシア軍は退却した。戦場には約4万の損害が残されていた。その中にはバグラシオン将軍も含まれていた。フランス軍の損害は2万8000。

クトゥーゾフはモスクワに退却した。しかし、まだ、ロシアに冬将軍が訪れるまでには時間があった。モスクワは指呼の間にあったにもかかわらずナポレオンが病のために心が怯んだため、強烈な追撃を行なわなかった。

モスクワ入城

1812年9月14日、ナポレオンはモスクワに入城した。しかし、モスクワの住民はすべて避難していてねずみ一匹住んでいなかった。そしてロシア人が各所に放火しはじめた。大部分の木造家屋はたちまち焼け落ちて灰になった。そのためフランス軍は市内に宿営できずに郊外に宿営することになった。

このときナポレオンは最前線の戦闘兵力として9万5000を持っていたが、大部分の兵士たちは疲労困憊していた。残りの部隊は、リガ（Riga）からコフノ（Kovno）を経てブレスト・リトフスク（Brest Litovsk：今日のBest）にわたるニーメン河の三角形の兵站地帯に広く分散していた。

モスクワ占領によって目標が達成されたかのようにフランス軍の士気は弛緩してしまった。そしてフランス軍と共同する連合軍は頼りにならなくなってしまった。一方、クトゥーゾフ直属軍11万は手付かずで、戦闘力が充実したまま残置されていた。全ロシア国民はフランス軍の仮借のない残虐に対して祖国を守るために燃え上がった。こうしてポロック（Polotsk）北方においてフランス軍の背後連絡線はウィトゲンシュタイン（Ludwig Adolf Wittgenstein）子爵軍によって脅威に曝された。プリペット湿地の南方においては、シッシャゴフ（Tshitshagov）提督の指揮する1軍が西方に移動し、ブレスト・リトフスクのフランス軍南翼側に脅威を与え始めた。

フランス軍は糧食不足の解決が絶望的になってきたが、ロシア皇帝アレキサンドルはナポレオンとの外交交渉を拒否しつづけた。ついにナポレオンは10月19日、スモレンスクに向かって撤退することを決心した。

戦争は、首都を占領しても勝利ではない典型的な例である。戦争における最も重要な目標は「敵軍の撃滅」であることの一つの実証である。

厳しい寒気の中、モスクワを撤退するナポレオン
(Northern 画)

10月24日、ナポレオンは撤退に先立ってクトゥーゾフ軍が追尾しないようにしておく必要があった。そこでモスクワから南西に移動し、マロヤスラヴェッツ（Maloyaslavets）においてクトゥーゾフ軍を攻撃したが撃退された。

アレキサンドル皇帝は停戦に応じない。冬将軍は例年になく早く東欧を覆い始めた。将来の戦局を読めなくする重要な要因の一つである。フランス軍にとって不幸であった。ナポレオンは退却を続けた。

11月4日、急速な気温の低下のあと、吹雪がフランス軍の行進を苦しめた。冬慣れしたロシアの正規軍や不正規軍が撤退行進するフランス軍に群がるように襲い掛かった。フランス軍の食糧兵站部は崩壊した。凍結と飢餓の行進は組織的抵抗力を失った。弱りきったフランス軍団はそれぞれ襲撃に対し弱よわしい戦闘しかできなくなっていた。

1812年11月12日、ナポレオンはスモレンスクからも撤退するに決した。大部分のフランス軍は、組織力を失った浮浪者の群れになった。

スペインでは、スール軍団とマルモン軍団が戦力を合わせてウェリントン軍をブルゴス（Burgos）において攻撃した。ウェリントンは決戦を回避して退却した。英軍は厳しい追撃を受けて7000の損害を出したが、キューダッド・ロドリゴの基地まで撤退することができた。

ロシア戦線では、クトゥーゾフ軍主力は退却するナポレオン軍主力と併行して追尾し、ときどきフランス軍を攻撃してフランス軍戦力を削り落とす作戦に出た。スモレンスクの西方クラスノイ（Krasnoi または Krasnoye）においてクトゥーゾフの前衛部隊はフランス軍の退路を遮断した。ナポレオンは優れた戦術的手腕を発揮して、なけなしの兵力を集めて阻止陣を排除した。そして兵力わずか9000にまで減っていたネー軍団が終日、絶望的な後衛戦闘を続けて主力の後退を援護した。ネー軍はこの戦闘で兵力が800になってしまった。

ベレジナ河の渡河退却

ドニエプル河の支流ベレジナ（Berezina）河をボリソフ（Borisoy）で渡ればミン

スクまで約80キロである。その対岸にはシシャゴフ軍3万4000が待ち構えていた。南東後方からクトゥーゾフ軍14万4000が迫っていた。ナポレオンの手持ち兵力は、3万7000に減っていた。

11月26〜28日、疲労困憊した部隊をもってしては、如何なる戦術も使えない。遮二無二流氷の河に架橋して戦いながら渡る方法しかなかった。架橋地点は退却部隊ごとに分散することになった。17日夜までにビクトル（第9）軍団のみが敗残の烏合の衆のような状態で東岸に留まっていた。

西岸ではウーディノ（第2）軍団とネー（第3）がシシャゴフ軍団に対し、必死に戦って渡河地点を守った。渡り終わった西岸の砲兵による火力支援を受けてビクトル軍団1万は約4万のロシア軍の攻撃を数度にわたって撃退した。

暗黒の夜を迎えて戦闘は中断したが、負傷者・病人のまだ多くが東岸に残っていた。夜が明けたとき、ついに架橋が破壊された。東岸に残されたものは、ロシアのコサック軍によって皆殺しになった。

12月5日、ベレジナ河のあと3万に減ったフランス軍は飢えた野良犬の群れのようになって退却目標のウイルナ（今日のVilnius）を目指して、ベレジナ河西方約150キロのスモルゴン（Smorgon）に到達した。ニーメン河まであと80キロだが、か

第29図　ベレジナ河畔における態勢

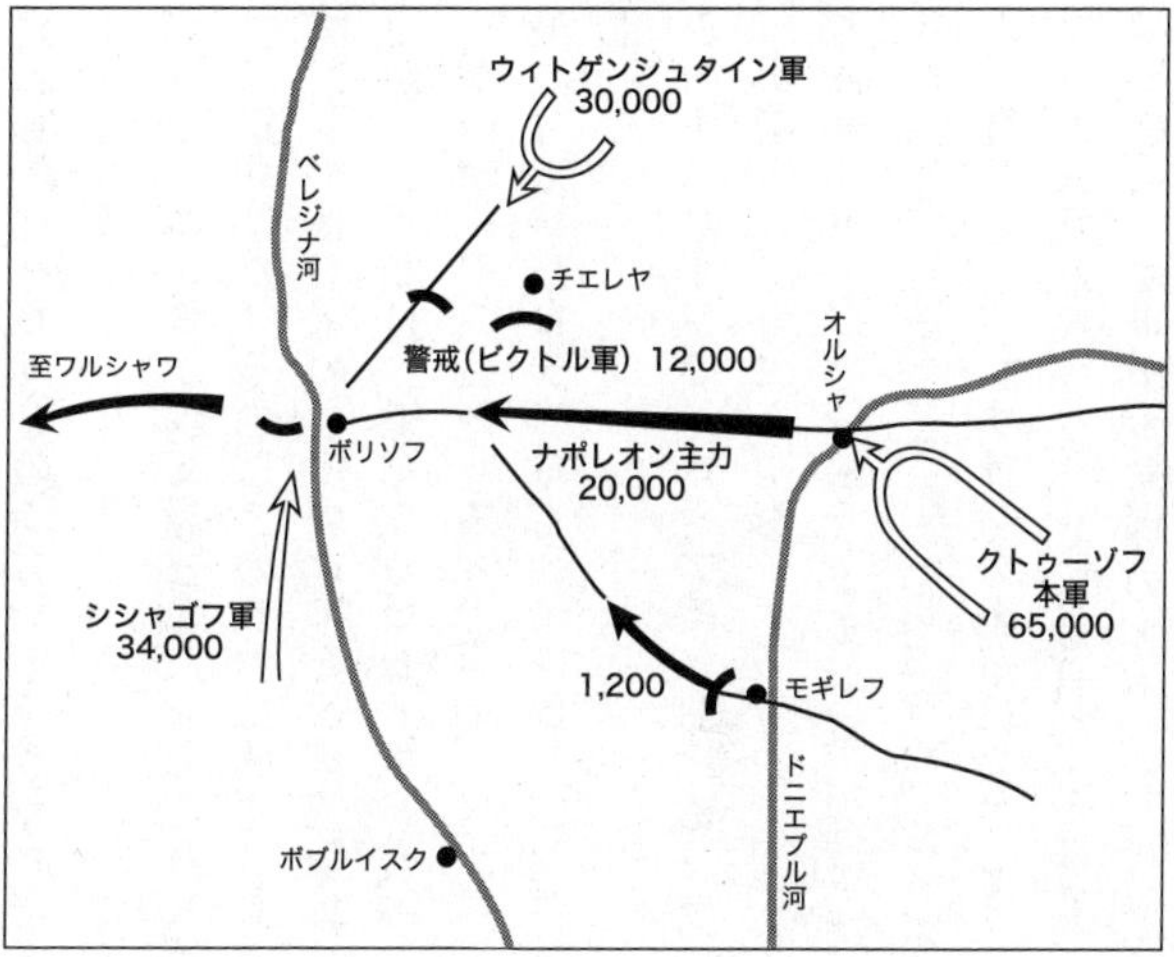

っての大フランス陸軍は1万に減っていた。ナポレオンは主力の指揮をミュラ元帥に委ね、パリに帰還した。

12月8日、ウイルナに到着したミュラの指揮するフランス軍にロシア軍が迫った。そこで1日の休養をとっただけでニーメン河畔のコウノ（Kaunas）に向かった。

ナポレオンのパリの帰還は、みじめな様相であった。1両の辻馬車に2～3名の従者とともに乗り、コサック騎兵の襲撃を避けながら、また、プロイセン人による暗殺襲撃をかわしながら12月14日、ザクセンの首都ドレスデン（Dresden）

に到着した。ベルリンの南方約150キロである。ザクセン王は信義を重んじてナポレオンを保護した。

ミュラはニーメン河で留まることはできなかった。さらにケーニヒスベルクに12月19日に退却した。そのときの兵力は約1000になっていた。

マクドナルド軍の中のプロイセン軍部隊はリガ（Riga）を経てティルジットに到着したが、12月30日、追尾するロシア軍と交渉して中立を宣言することとし、西部ポーランドのポーゼン（Posen／今日のポズナニ）に退却した。

追尾していたロシア軍も疲労困憊し、兵站支援が続かなくなってニーメン河の線で停止した。

このナポレオンの対ロシア戦におけるフランス連合軍の損害は30万であった。ロシア軍も損害は25万に上った。

1813年1月、マクドナルド軍指揮下の指揮官ヨルク（Hans D. H. Yorck von Wartenburg）はロシア軍に寝返った。そしてその他のプロイセン軍も国王ヴィルヘルム三世に対し、対フランス戦争に立つように意見具申した。

フランス軍はダンツィヒ（今日のGdansk）、ヴィスラ河畔のトルン（Thornまたは Torun）、オーデル河畔のステッチン（Stettin または Szczecin）、クストリン

（Kustrin または Kostrzyn）、フランクフルト（ライン河畔のフランクフルトとは別）に駐屯しているとともに、ミュラに交代したオイゲン軍がエルべ河畔のマグデブルクに駐留していた。ナポレオンはオイゲン軍に増援を送り、兵力は6万8000に回復した。

ミュラはナポリ国王に戻り、今度はナポレオンを裏切るために虎視眈々とするようになった。

一方、シュワルツェンベルクの指揮するオーストリア軍はワルシャワに退却し、それからナポレオンに対して裏切ってボヘミアに向かった。

第11章　新対フランス同盟の戦争（1813）

当時の同盟軍はベルリン付近にウィトゲンシュタインのロシア軍1万3000とヨルクのプロイセン軍2万が集結していた。そのほかプロイセン軍1万7000がオーデル下流地域をゆっくりと西進中であった。

第1次ライプチヒ会戦

1813年2月～3月、ロシア、プロイセン、スウェーデンそして英国が同盟を組んでナポレオンの大欧州帝国を崩壊させた。

当時のスウェーデン王は、かつてナポレオンの武将であり、ナポレオンによって補任されたベルナドットである。その彼が裏切ったのだ。

第30図 1813年春の全般態勢

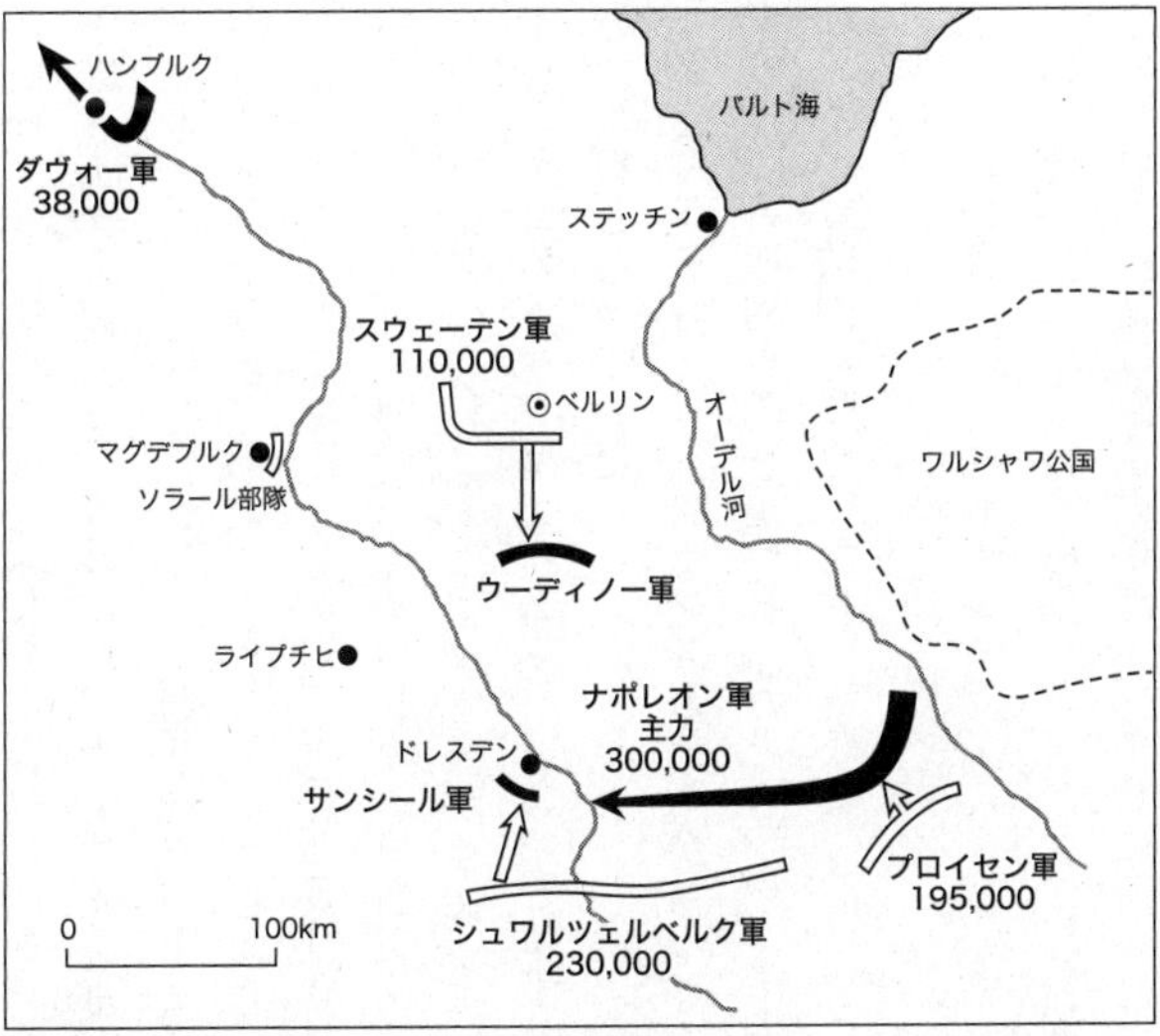

エルベ流域地帯のマグデブルクからドレスデンの間に約10万の歴戦の兵士が集結して同盟軍となった。

4月、ナポレオンは短期間のうちに新たに20万の訓練未熟な新兵を徴募した。彼は急いでドイツ全土に散在している生き残りのフランス軍に合流するためにライン河を越えた。

スペインでは、ウェリントンが同盟軍総司令官となり、兵力17万2000を集結した。しかし、在スペインのフランス軍は20万と判断していた。それでもウェリントトンは積極果敢に運動戦を展開して主導権を握り、フランス軍を防勢に追い込んでいた。

中央ドイツ戦線では、4月13日、ナポレオン軍が強力な援護部隊の傘のもとに3個縦隊でライプチヒ（Leipzig）を目指してザール河を渡った。彼は同盟軍の警戒幕を突破して敵軍を各個に撃破しようとした。しかし、訓練未熟な騎兵偵察部隊は、ウィトゲンシュタイン（Wittgenstein）軍7万5000がベルリンから南下し、ライプチヒ南方20キロ付近に移動してナポレオン軍右（南）翼に集結しているのを発見できなかった。ロシアの老将クトゥーゾフはブレスラウ（Breslau／今日のWroclau）東北約100キロのカリッツ（Kalisz）において陣没し、ウィトゲンシュタインが同盟軍の総司令官となっていた。

1813年5月2日、フランス軍前衛がライプチヒの郊外においてロシア軍の小さな警戒部隊の遅滞行動を追い払ったとき、ウィトゲンシュタイン軍が攻撃を開始した。これでネー軍団が奇襲された。

ナポレオンは、スウェーデン国王グスタフ・アドルファスが1632年、オーストリアのパッペンハイム軍を撃滅した有名な古戦場リュッツェン（Lutzen）の丘の上に立っていた。彼は敵主力がライプチヒに所在していると判断していたが、この砲声

第31図　リュッツェンの戦闘態勢

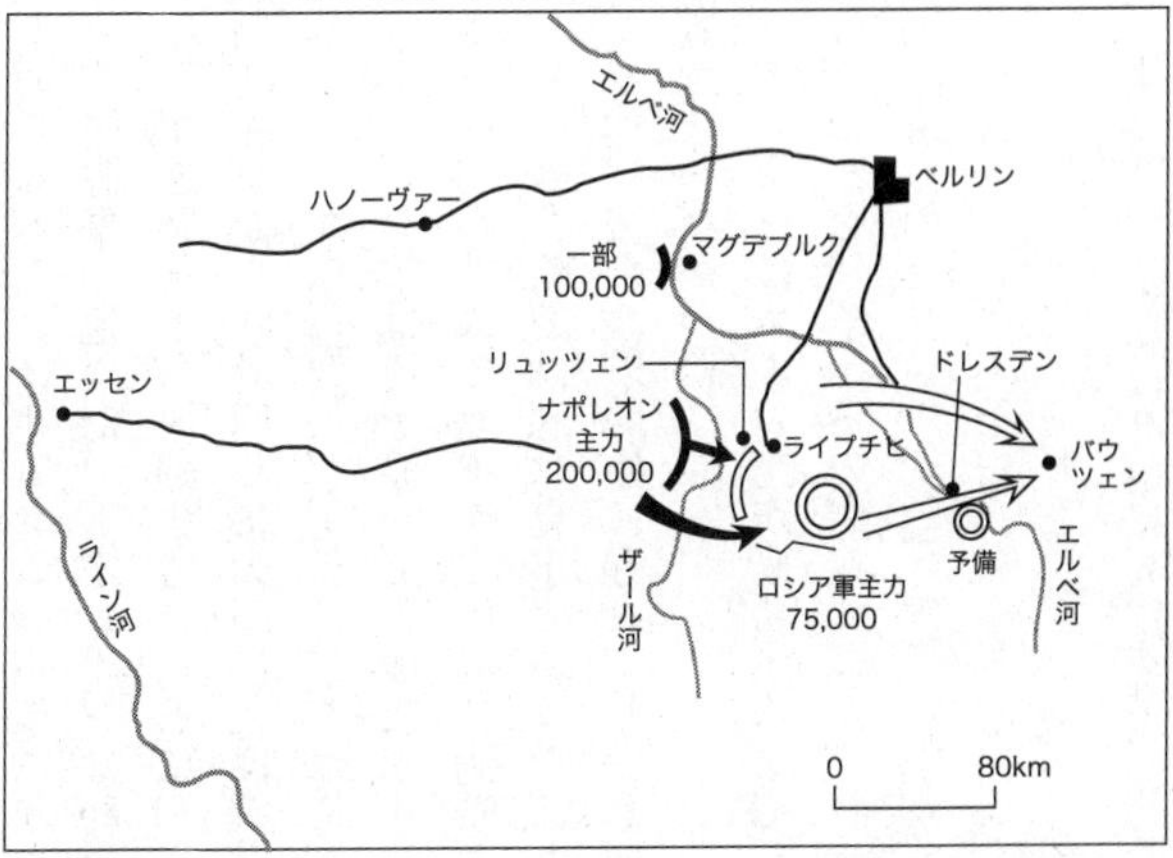

を聞いて敵主力はライプチヒ南方にあると判断を変え、砲声の轟く方向に主力を投入した。

彼は昔のナポレオンに帰っていた。瞬時に戦場の匂いを嗅ぎ、敵の弱点を把握した。主力砲兵の射撃をウィトゲンシュタイン軍中央に集中した。そして自ら主逆襲の戦闘を指導し、同盟軍陣形を分断した。

もし、フランス軍の主力が訓練未熟な新兵でなかったら、アウステルリッツの輝かしい戦史をもうひとつ描き上げたかもしれない。

ウィトゲンシュタインは手際よく敗軍をまとめて退却した。両軍の損害は、それぞれ1万8000であった。

5月7～8日、ナポレオンはドレスデンを占領した。そしてエルベ河東岸地区に退却する同盟軍を追った。ナポレオンは約半数の11万5000をもってウィトゲンシュタイン軍を背後から圧迫するとともに、半数の兵力をネーに指揮させてドレスデンの北側80キロから時計回りに大胆に包囲機動させた。ウィトゲンシュタイン軍1万はスプレー（Spree）河畔のバウツェン（Bautzen）において止まり、頑強に抵抗した。ナポレオン軍は河を渡って正面攻撃する一方、ネーの包囲攻撃を待った。しかし、ネーは夕闇が訪れて北方から戦場に到着し同盟軍の側背に位置した。しかし、このナポレオンの戦略的構想は見事であった。ところがネーはこの戦機を理解していなかった。翌朝、彼の攻撃開始は遅れ、しかも同盟軍の背後に対する機動も兵站連絡線の遮断も行なわなかった。

ナポレオンはネーの罠が成功するまで予備の投入を控えていた。彼はネーが長蛇を逸したことを理解するのが遅すぎた。ウィトゲンシュタインは戦場離脱に成功し、強行軍で東方のシレジア（Silesia）に退却した。両軍の損害は、それぞれ約2万であった。

〔注〕戦闘の勝利は計画における構想が三分の一で、戦闘間における作戦指揮が三分の一、

第32図　バウツェン付近の戦闘

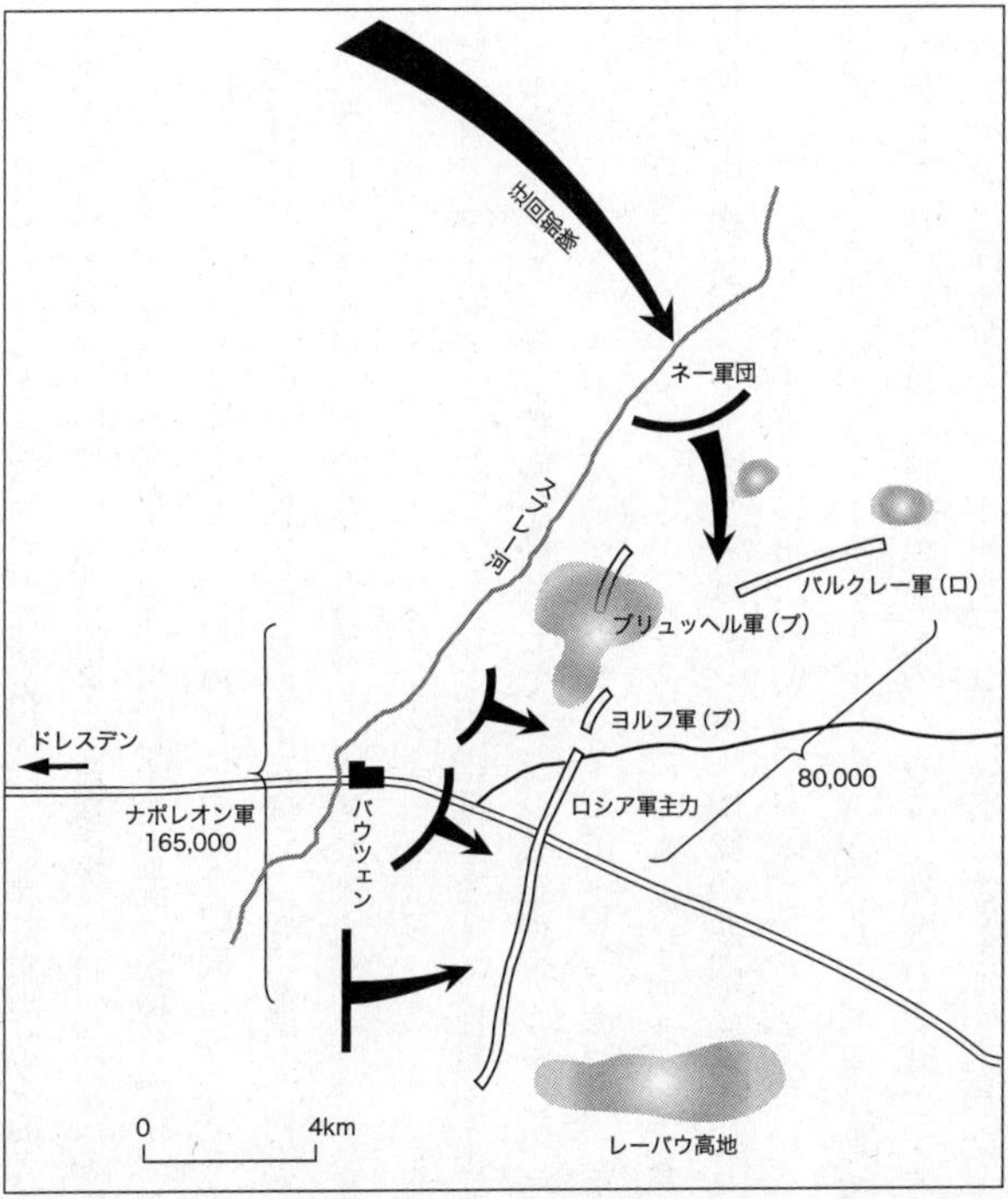

武運が三分の一といわれるが、戦闘間の作戦指揮は、作戦計画の基本的考え方を部下部隊に徹底させ、部下部隊が戦況の変化に応じて臨機応変の自主裁量（独断）を発揮しなければ、実行できない。なぜなら迅速に変転する状況を指揮官がすべて適時に把握して決断することは不可能であって、指揮官は緊要な戦機に〝クドーイユ（戦局勘）〟するだけで精一杯である。それだけに部下指揮官の戦術能力を向上させておくことと、精強な部隊を練成しておくことは勝利のために不可欠である。

スペインでは5月、マーレイ（John Murray）の指揮する英遠征軍が東海岸において海上からヒット・エンド・ラン作戦を敢行してフランス軍をタルラゴナまで圧迫した。5月17日、一時、マドリッドに戻っていたスペイン国王ジョゼフは、再び首都を捨て近衛部隊6万5０００、大砲１５０門をもってエブロ河北岸のビトーリア（Vitoria）に陣地を占領した。ビトーリアはピレネー山脈の西端を越えてフランスのバヨンヌ（Bayonne）からスペインへの出口の要点である。

中央ドイツ戦線では5月22日～6月1日、ナポレオンがエルベ河東岸地域に進撃した。進撃距離が長くなれば、背後連絡線の防護のために先端戦力が減少するのは当然であるが、ナポレオンは同盟軍の兵力が増強されつつあることを体感した。

スウェーデン国王ベルナドット（元フランス軍元帥）は12万のプロイセン・スウェーデンの同盟軍を率いてベルリンに到着した。ナポレオン皇后マリー・ルイーズの父オーストリア国王フランツ（Franz）一世は、フランスに対する宣戦布告を躊躇しつづけていたが、宰相メッテルニヒの謀略的外交によってフランスを敗戦国と呼び、ナポレオンの怒りを引き出した。そしてオーストリアの参戦の脅威が迫っていた。北部ボヘミア（今日のチェコの西部地方）に展開しているオーストリアのシュワルツェンベルク軍24万がフランス軍背後連絡線に不吉にも接近していた。

プロイセンのブリュッヘル（Blucher）将軍がウィトゲンシュタインの後継として同盟軍の総司令官となって、ナポレオンの進撃を阻止した。

同盟軍はライプチヒ会戦に敗北し、ベルリンも危険になり、差し当たり勝利の見込みもないため、1813年5月30日にナポレオンに対し一時的休戦を求めた。政略的持久策であったが、ナポレオンも騎兵の養成と軍の精強化の期間が必要であったため同意し、6月1日をもって休戦協定を結び、当初期限を7月20日までとしたが、これを8月10日までとし、6日間の猶予期間をおいて8月16日以降に戦争再開してもよいと合意した。

ビトーリアの戦闘

スペインでは1813年6月21日、ウェリントン軍8万、砲90門がビトーリアのジョゼフ軍陣地を攻撃した。攻撃は相互支援可能な距離に開いた4個縦隊でジョゼフ軍陣地中央に主攻を指向した。ジョゼフ軍中央は粉砕された。ウェリントン軍左翼縦隊はビトーリアからフランス西岸のバヨンヌに向かうフランス軍の背後連絡線に迫った。ジョゼフ軍6万5000は頑強に抵抗しながら、パムペルーナ（Pampeluna）に退却した。しかし、バヨンヌに抜ける道路は険峻なピレネー越えになった。

この戦闘はイベリア半島戦争の決定的な戦闘となった。ジョゼフ軍は7000の損害と砲143門の損失のみならず、大量の金貨と軍需物資をウェリントンの手に渡すことになった。スールがフランス軍の指揮を執り、敗軍はウェリントンの猛追撃を受けながらピレネーを越えフランスに逃れた。

7月26～8月1日、スール元帥は兵力3万を集めてバヨンヌからピレネー山脈を越えてふたたびスペインに進撃し、ウェリントン軍1万6000とソラウレン（Sorauren）において遭遇戦になった。ウェリントンが機先を制してフランス軍の前衛を撃破したため、撃退された。このあと両軍は相互に増援を受けて戦ったが、決定的な戦果を挙げることができなかった。結局、スールは損害1万3000を残してピレネーの彼方に去った。ウェリントンの損害は7000。

オーストリアの参戦

中央ドイツ戦線では1813年8月12日、オーストリアがフランスに対して宣戦布告し、英国、ロシア、プロイセン、スウェーデンの同盟に加わった。大陸の戦場には三つの軍が展開した。シュワルツェンベルクのボヘミア軍23万、ブリュッヘルのシレジア軍19万5000、そして北方にはベルナドットの11万である。英軍は内陸深く入ることを避けて、形ばかりの小部隊がベルナドットの軍の中に組み込まれていた。しかも歩兵部隊ではなくロケット部隊である。

ナポレオンはダヴォー軍をデンマーク半島の首根っこのハンブルグに要塞守備隊として配置した。これは同盟軍がプロイセンから西方に移動することを制圧するためであった。ドレスデンには、サンシール軍団を配置した。機動作戦の旋回軸にするためである。この二つの要点の間からナポレオン軍は撤退した。ただしダンツィヒには有力な部隊を残した。

こうしたナポレオンの展開は典型的な内戦作戦の態勢である。休戦の間にナポレオン軍30万に対して同盟軍は45万を整えた。同盟軍の戦略はナポレオンとの決戦を回避し、ナポレオンの部下軍団を撃破してナポレオン軍を裸にすることであった。

ベルリン南方のベルナドット軍は8月23日のグロスビーレン（Grossbeeren）の戦闘においてウーディノ軍を攻撃して後退させた。8月26日、ブリュッヘル軍はカッツバッハ（Katzbach）の戦闘においてフランスに与するマクドナルド軍を撃破した。

ドレスデンの会戦

この日、ロシア皇帝、プロイセン国王、オーストリア国王が一堂に会し、シュワルツェンベルクの指揮するオーストリア軍とともにドレスデンを守るサンシール軍団を攻撃した。

同盟軍の予期に反してナポレオンが増援を率いて駆けつけ、同盟軍の攻撃を撃退した。翌27日、ナポレオンは同盟軍の半分の兵力であったが、同盟軍の左翼に対して反

第33図 ドレスデンの戦闘　1813年8月27日

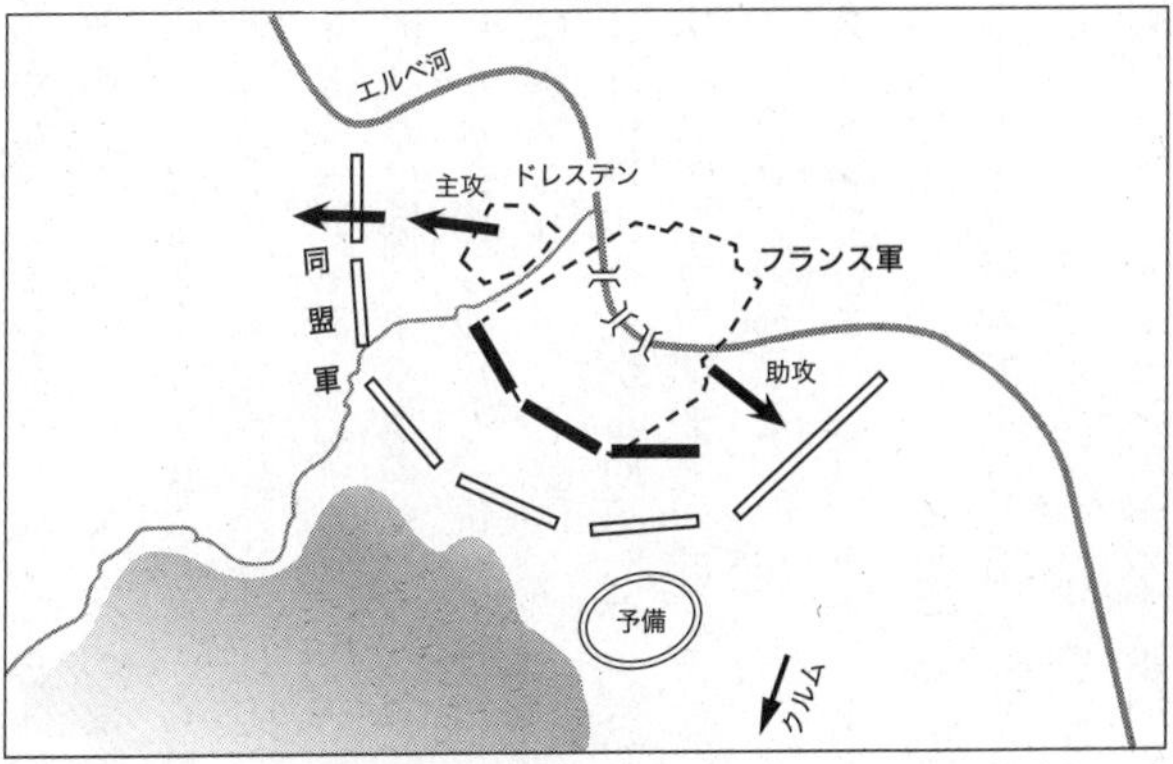

撃に転じた。これは奇襲となって勝利した。しかし彼はここでも体調を崩し、戦場を離れてドレスデンに戻った。このときまでに同盟軍の損害は3万8000、砲40門に達していた。フランス軍の損害は1万。

シュワルツェンベルクはナポレオンによる逆包囲の危機から辛うじて逃れて南方に退却した。ナポレオンの追撃は同盟軍の左翼からエルツ山脈の山麓に沿ってフライベルク（ドレスデン南西30キロ）に向かうものと、右翼からエルツ山脈の東端を南下してボヘミアに向かうものに二分していた。

前者の追撃方向はエルツ山脈の北端出口を抑えるための戦術的追撃であり、後者はオーストリア軍の背後連絡線を遮断する戦略的追撃方向であった。

しかし、ナポレオンの直接指揮を失ったフランス軍の各軍団長は追撃の作戦的意義を理解していなかった。大部分の部隊は追撃を止めてしまった。ただ第1軍団長ワンダムは、オーストリア軍の東翼から南方に向かって猛烈に追撃し、エルベ河谷に沿ってオーストリア軍の背後連絡線に迫った。

1813年8月29日、クルム（Kulm／ドレスデン南方40キロ）まで追撃した第1軍団3万は協同する他のフランス軍団もなく、オーストリア軍、プロイセン軍、ロシア軍の合計10万の兵力に包囲された。戦闘は30日まで続き、文字通りフランス第1軍団は殲滅された。

9月4日、病気から回復したナポレオンは軍を率いて東進し、シレジアに所在するブリュッヘルのプロイセン軍を決戦に誘致しようとしたが、ブリュッヘルは決戦を回避して急いで退却した。

スペインでは8月31日、ウェリントンがピレネー山脈西端近くのスペインのサン・セバスチャン（San Sebastian）を占領してフランス軍のスペイン侵攻を阻止した。

中央ドイツ戦線では9月6日、ウーディノ軍団と交代したネー軍団は、ベルリンを攻撃したが、デンネウィッツ（Dennewitz）においてベルナドットのスウェーデン軍に撃退され、ザクセン軍がネー軍団の指揮から逃亡した。

9月末、ナポレオンはドレスデンにはマクドナルドの第11軍団とセバスチャニの第2騎兵軍団を残してついにエルベ河東岸地区を放棄するに決した。

南方のシュワルツェンベルク軍20万に対しては、主としてミュラ軍を、東方のブリュッヘル軍6万に対してはマクドナルド軍を、北方のベルナドット軍6万に対しては、主としてネー軍3万をもって対抗するように配置した。

第2次ライプチヒの会戦

1813年10月1～15日、フランス軍は疲労困憊して士気を失っていた。同盟軍は北、東、南の三方向からナポレオンとの決戦を回避しつつ、次第に包囲環を縮めて、フランス軍20万はライプチヒとドレスデンの間に圧縮されていた。

ブリュッヘル軍はライプチヒ北方においてエルベ河を渡河し、大胆にも背後連絡線を開放したたまナポレオン軍の背後に迫った。シュワルツェンベルク軍はブリュッヘル軍と連携して北上した。

ブリュッヘル軍の北方にあったベルナドット軍はネー軍がライプチヒに向かって後退するのに追随しながらフランス軍の東方に回りこんだ。

第34図　1813年9月末～10月5日のフランス軍の状況

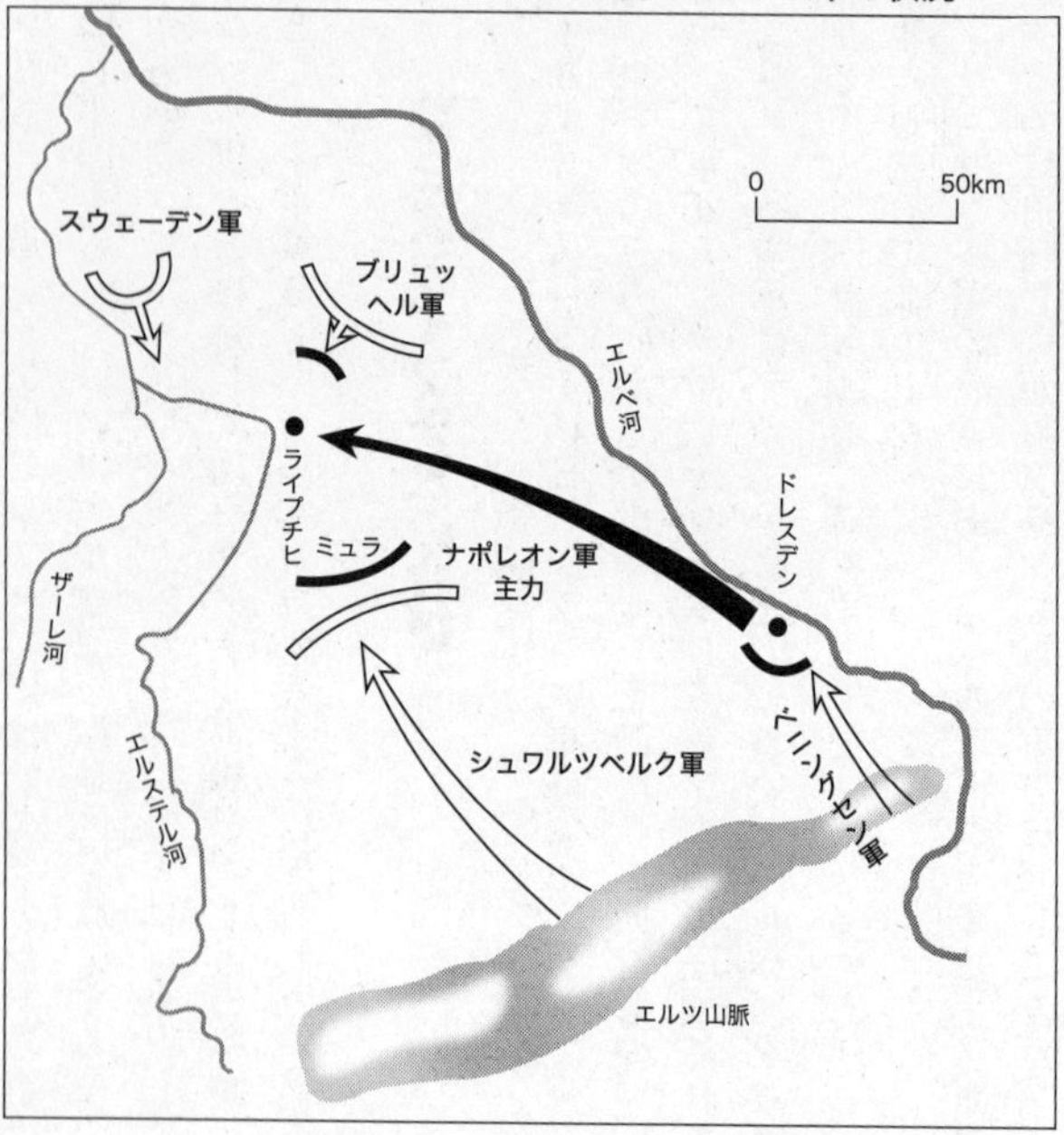

この間に、バイエルンは10月8日、ライン連邦から脱落し、リード(Ried)の条約を結んで同盟国に寝返った。これはナポレオンにとって大打撃となった。

1813年10月15日、ナポレオンは2個軍団をドレスデンに残したまま、シュワルツェンベルク軍が北進しているときに、ブリュッヘル軍を各個に撃破しようとした。

10月16～19日、〃国家

第35図　ライプチヒの戦闘　1813年10月16日～18日

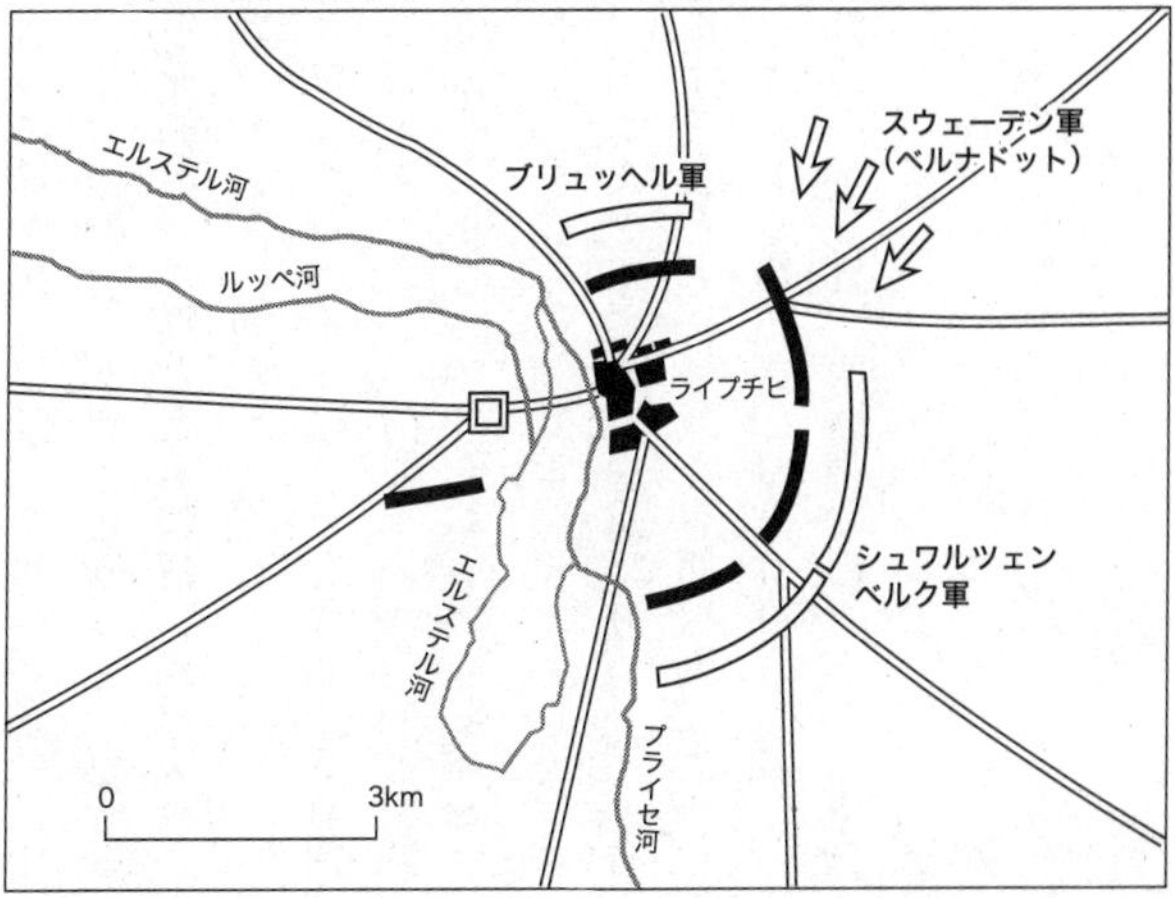

の戦闘〟と呼ばれているライプチヒの戦闘が始まった。3日間にわたってフランス軍は北面でプロイセン軍と戦い、南面でロシア・オーストリア軍と戦闘した。

10月18日、ベルナドット軍が東方から戦闘に加入した。フランス軍の背後（西方）はエルステル（Elster）河である。同盟軍は三正面から包囲攻撃を開始した。ナポレオン軍は圧縮されてライプチヒ市街に閉じ込められた。北方からブリュッヘルが西方に回り込もうと努力していた。エルステル河を渡るナポレオン軍の背後連絡線は維持されているものの、ナポレオンは10月19日、市街地から退却を決断した。

エルステル橋はフランス軍の手違いによって退却が完了する前に爆破されてしまった。第8軍団長ポニアトウスキー（Joseph Anthony Poniatowski）大将とマクドナルド元帥は、乗馬とともに河に乗り入れたがポニアトウスキーは溺死した。ナポレオンはライン河に向かって退却した。

フランス軍の損害は6万と大砲150門、荷馬車500輛であった。同盟軍の損害も6万であったが、同盟軍の決定的な勝利であった。

同盟軍に寝返ったバイエルン軍4万はフランス軍の退路を遮断するために北上した。その他の同盟軍の追撃は緩慢であった。そこでナポレオンはかつての戦局勘を働かせてバイエルン軍の弱点を見破り、ハーナウ（Hanau）の戦闘において砲兵火力を集中運用するとともに果敢な包囲機動によって撃破した。フランス軍の損害は5000。バイエルン軍の損害は9000。

11月1〜5日、四面楚歌のフランス軍はライン河を渡って帰国した。

第12章　フランスの防衛（１８１４）

１８１３年11月8日、同盟国はナポレオンに対しフランス国境をライン河とアルプスの北側と定めることを条件に停戦を申し入れた。ナポレオンはこの申し入れを一蹴した。

ネーデルラントでは革命が起こり、ライン連邦は崩壊した。ナポレオンの大欧州帝国は崩壊の一途である。11月11日、ザクセンの首都ドレスデンの要塞が同盟軍に投降した。12月1日、同盟国はフランス侵攻を決定した。そして12月21日、同盟軍がマンハイム（Mannheim）とコブレンツ（Coblenz）においてライン河を越えた。12月30日、遠くポーランドで頑張っていたダンツィヒ要塞のフランス軍が降伏した。

１８１４年1月におけるフランス軍の態勢はつぎの通りであった。ダヴォーの指揮する約5万がハンブルクに駐留していた。約10万がスペインにおいて作戦中である。

北東イタリアにはオイゲン軍5万がベレガルド（J. J. Bellegarde）の指揮するオーストリア軍5万と対峙していた。このほかに運用できる兵力はスペインから転戦中のウーディノ軍団のみであった。

イタリア王の職に帰ったミュラ元帥は、ナポレオンを裏切ってオイゲン軍を攻撃する態勢にあった。ミュラはナポレオンの妹カロリーヌを妻に迎えていたのに……。

ナポレオンはライン河西岸地区のアントワープからリヨンの間で兵力約11万8000を急募した。そして内線作戦の態勢を敷いた。ライン河上流地区にビクトルの指揮する1個軍団および1個騎兵軍団、中流地区にマルモンの指揮する1個軍団と1個騎兵軍団、下流地区にマクドナルドの指揮する2個軍団と2個騎兵軍団を配置した。彼の頭脳は、未だ衰えていなかったのだ。しかし、指揮下部隊の戦術能力は極端に低下していた。

1月1日における同盟軍の態勢はつぎの通りであった。同盟軍は三つの進攻軍に分かれていた。一つは低地帯からベルナドット軍6万が西進する態勢にあった。ブリュッヘル軍7万5000はモーゼル流域を遡ってロレーヌ地域へ、シュワルツェンベルク軍21万はベルフォート・ギャップ（Belfort Gap）を通ってスイスを機動中であった。これら3個軍の共通の目標はパリであった。

1814年1月29日、ナポレオンは兵力約4万を率いてブリュッヘルがシュワルツエンベルクから分離している機に乗じてブリエンヌにおいて攻撃し、翌30日にもラ・ロチェール（La Rothiere）において攻撃したが、ブリュッヘルは決戦を回避して後退した。そして2月1日、同盟軍が外線態勢から行なう包囲攻勢に戦機を合わせてラ・ロチェールの戦場に引き返してきた。

ナポレオンの損害は5000、ブリュッヘルの損害は8000であった。それでも同盟軍はブリュッヘルがマルヌ河に沿って、シュワルツェンベルクがセーヌ河に沿ってフランス軍をパリ方向に圧縮した。

ナポレオンはパリに接近してきたブリュッヘル軍に対し機動作戦を発揮して2月10日、シャンパウベール（Champauber）において、翌11日にモンミュライユ（Montmirail）において、12日にはシャトー・チェリー（Chateau-Thierry）において、2月14日には、ヴォーシャンプ（Vauchamps）において撃破した。

この一連の運動戦は「六日間の戦闘」と呼ばれ、ナポレオンが直接指揮した。そして同盟軍の損害は9000。フランス軍の損害は2000であった。プロイセン軍はマルヌ河の北方に退却した。ナポレオンは持病に悩みつつなお名将の光を放っていた。

パリ防衛のため戦った「六日間の戦闘」。ナポレオンが勝利を得た最後の戦いといわれる（Naudet 画）

2月18日、ナポレオンは返す刀で軍を南方に向けた。そして兵力2倍のシュワルツェンベルク軍をセーヌ河畔のモントレー（Montereau）において攻撃して撃破した。フランス軍の損害は２５００、同盟軍の損害は６０００。

この間にブリュッヘルは軍を再編成して2月27日、パリからわずか40キロのマルヌ河畔のラ・フェルテに再進出した。

ナポレオンはシュワルツェンベルク軍を拘束するためにマクドナルド軍をセーヌ支流のオーブ（Aube）河畔に残し、主力を率いて北上した。

一方、シュワルツェンベルク軍はバール・シュール・オーブ（Bar-sur-Aube）の戦闘においてマクドナルド軍を撃破し、緩慢にパリに向かって進軍した。

南部フランスでは、ウェリントンはバイヨンヌの北方オルテズ（Orthez）に上陸作戦を敢行してフランス軍を奇襲し、バイヨンヌを包囲しようとした。スールは損害

4000を残して内陸のトゥールーズ（Toulouse）へ退却した。ウェリントンの損害は2000。

シャンパーニュでは3月7日、ナポレオンはブリュッヘル軍をエーヌ（Aisne）河畔のクラオンヌ（Craonne）において捕捉し、その後衛のロシア軍団を撃滅した。両軍の損害はそれぞれ5000であったがブリュッヘルはエーヌ河北岸のラオン（Laon）に退却した。ラオンにおいてブリュッヘルはベルナドットから2個軍団の増援を受けて兵力10万としてナポレオン軍3万に対抗することになった。

兵力三分の一にかかわらずナポレオンはラオン（Laon）においてブリュッヘル軍を攻撃した。頑強な抵抗ののち、ブリュッヘルは夜間の逆襲を敢行した。フランス軍の1個軍団が潰滅し、ナポレオンは向こう見ずな攻撃に失敗し、止むなくソアッソン（Soissons）まで退却した。フランス軍の損害は6000、同盟軍の損害は3000であった。

3月11日、増援のプロイセン軍1万5000がライン河を越えてソアッソン東方約50キロのライム（Rheims）に到着したとの情報を得たナポレオンは大胆にもラオンのブリュッヘル軍の正面を横切ってライムのプロイセン軍を奇襲した。プロイセン軍の損害は約半数の6000。フランス軍の損害は700であった。

第36図　シャンパーニュの作戦地域

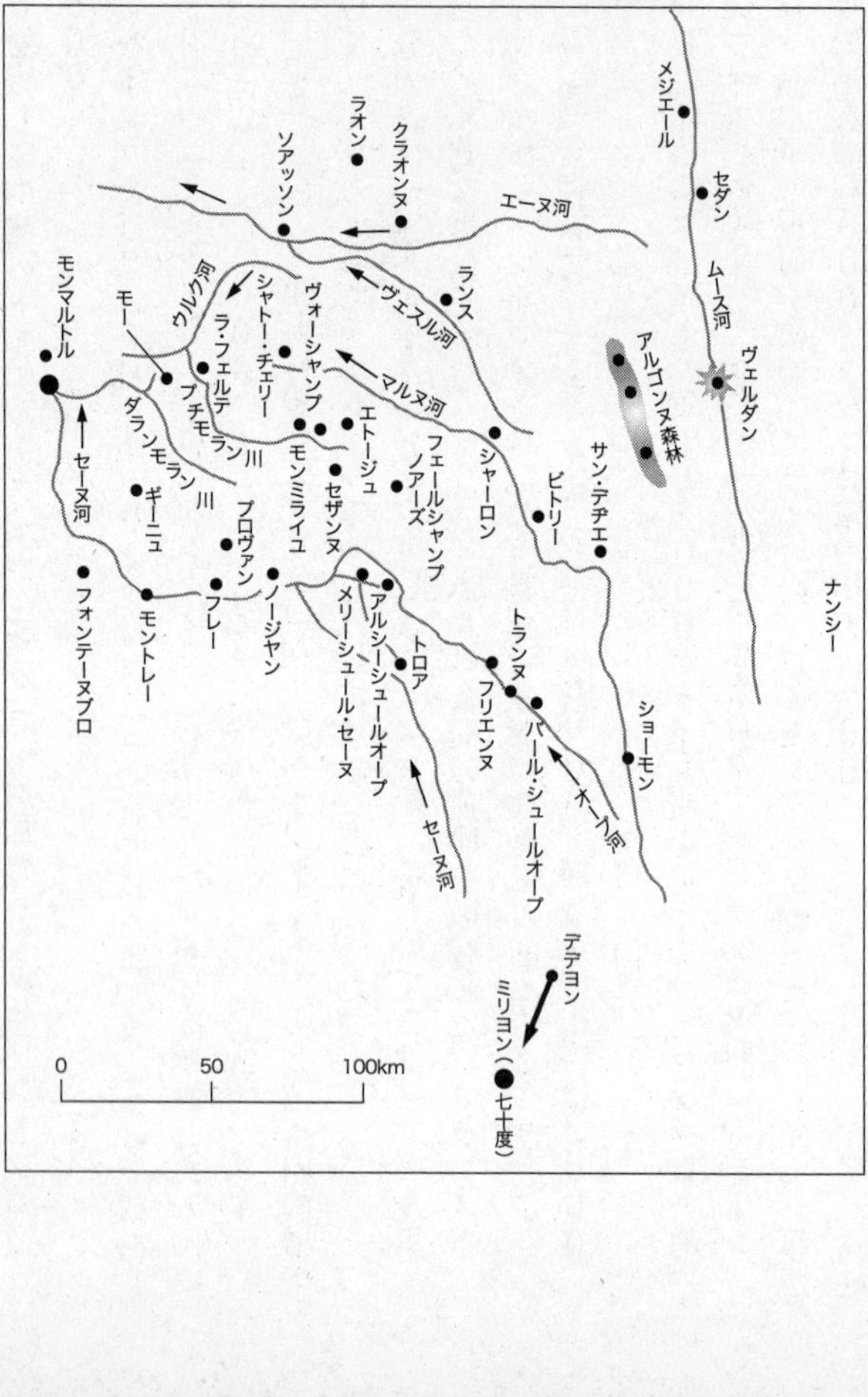

ナポレオンはすかさず南方に軍1万5000を進めてアルシー・シュール・オーブを経てシュワルツェンベルクの背後連絡線を遮断しようとした。

南部フランスでは、ウェリントン軍がボルドー（Bordeaux）を占領し、それから南東に転じてトゥールーズに向かった。

このころセーヌ河の支流オーブ河に沿って作戦していたシュワルツェンベルク軍はようやくトロヤ（Troyes）を占領し、さらにマクドナルド軍を圧迫してセーヌ河の北側のプロヴァン（Provin）にまで進出していた。

3月20〜21日、シュワルツェンベルクは、背後連絡線が危険になったので急遽引き返し、アルシー・シュール・オーブ（Arcis-sur-Aube）の戦闘においてナポレオン軍の攻撃を破砕した。

ナポレオンはすぐにマルモン軍団とモルチェ軍団に対し、ナポレオン主力に合流するように命令した。

3月25日、シュワルツェンベルク軍は、さらにパリに接近し、フェール・シャンプノアーズ（Fere-Champenoise）の戦闘において圧倒的に優勢な兵力を集中してマルモン軍団とモルチェ軍団を撃破した。両フランス軍団はパリに向かって退却した。同盟軍は慎重にパリに前進した。

パリの防衛戦闘とナポレオンの退位

1814年3月28日、ブリュッヘル軍とシュワルツェンベルク軍はパリを目前にして、ついに合流し兵力は11万となった。マルモン軍団とモルチェ軍団のフランス軍合計兵力2万2000の5倍である。

3月30日、同盟軍は整斉と攻撃を開始した。フランス軍はパリ市外を射程の中に入れるモンマルトル（Montmartre）の丘に大砲を敷置して立て籠った。しかしパリを廃墟にするに忍びない。マルモンは同盟軍の申し出に応じて休戦に同意し、翌31日、ついに降伏した。パリ攻防戦におけるフランス軍の損害は4000、同盟軍の損害は8000であった。

皇后ルイーズと息子のローマ王はフランス外相タレーランが彼らを一時的にランブィエに退避させ、それからナポレオンに逢わせることなく、ウィーンに帰郷させた。

ナポレオンはアルシー・シュール・オーブからパリに向かって退却していたが、同盟軍に遮られてパリに入れなかった。そしてフォンテンブロー（Fontainebleau）に止まった。この軍集結地にワルシャワからナポレオンの愛人ワレフスカが面会を求めて訪ねてきたが、門衛に追い帰され、虚しく帰郷した。

スペインでは、タルラゴナで頑張っていたスーシェのフランス軍もピレネーを越えてフランスに退却した。

4月6日、ナポレオンの部下将軍たちはナポレオンの息子を後継者とすることを条件にナポレオンの退位を同盟軍に申し入れた。

南部フランスでは4月10日、ウェリントンはトゥールーズのスール軍を攻撃して占領した。ウェリントン軍の損害は5000、スール軍の損害は3000であった。

しかし同盟軍は4月11日、ナポレオンの無条件退位を要求した。フランスはこの要求を受け入れた。翌日、この情報が南部フランス戦線に伝わり、ウェリントンとスールは現地停戦に署名した。

1814年5月4日、ナポレオンはコルシカ島北端とイタリア半島の間に浮かぶ小さなエルバ（Elba）島の一領主として流刑されることになった。

エルバ島の面積は約358平方キロで当時の人口は1万3000であった。ここで彼は陸軍兵力1300、小型軍艦5隻を保有することになった。そして同盟国はルイ十六世の弟をルイ十八世としてフランス国王に就任させた。

フランス国民は歓呼の声を挙げて「王制の復活」を歓迎し、知識人はフランス革命の思想〝共和制〟を批判した。しかし、ルイ十八世の王制の論理はやがて民心を失うようになるのに多年の年月を必要としなかった。

5月30日、第1次パリ条約が締結され、フランスの領土は1792年時の領域とし、ナポレオン帝国のときに拡大された地域は独立が認められるとともに、英国はフランスとオランダの大部分の植民地を獲得した。

〔注〕ナポレオンのフランス防衛戦は一ヵ月余の作戦であり、その作戦地域はパリ東側のシャンパーニュ（Champagne）とイル・ド・フランス（Ile de France）の一部の地域であった。

しかし、その作戦行動は当時の西欧諸国の将軍たちに、あらためてナポレオンの戦術能力の高さを印象付けただけでなく、後世の戦術研究家たちは、それまでのナポレオンの戦跡のいずれも及ばないほどの〝輝かしい職人芸〟であると評価している。結果的にナポレオンは敗北したが、それは彼が病に冒されていたことと、一度も訓練を受けたこともないような練度の低い部隊を指揮した作戦であったことを思えば、やむをえないことであった。歴史に「もし」が許され、1805年当時のフランス軍であれば、間違いなく同盟軍は大敗していたと判断できる作戦指導であった。

第13章　ワーテルロー会戦（1815）

エルバ島脱出

エルバ島に実質的に幽閉され、英軍の監視下に置かれているナポレオンであっても、英国は彼の実力を恐れ、より遠くの離島に移そうと企んだ。

オーストリア政府はルイーズ皇后を淫乱の生活に陥れようとした。ナポレオンを裏切ったフランス政府外相タレーランはナポレオンに対する仕送りを断ち、暗殺を計画した。

世継ぎを生めなかったために政治的に離婚させられたジョセフィーヌはナポレオンを慕いつつ病死した。ワレフスカは6歳に育った愛児とともにエルバ島を訪ね、しばらく滞在していたが、オーストリア政府の陰謀によってワルシャワに送り帰された。60歳を過ぎたナポレオンの母親レティシアと実妹ボーリーン（美貌、奔放、快活、才気と侠気のあった女性として知られている）とナポレオンの家族3人の水入らずの生活が36年ぶりに甦っていた。

ところが流刑生活10ヵ月がすぎた1815年2月12日、パリから密使の婦人がエルバ島を訪れ、フランス国民はルイ十八世の政治に不満を持ち、ナポレオンの復活を求めていることが伝えられた。

決心したナポレオンは部下と図って2月25日までに脱島の準備を密かに整えた。翌26日、夕刻に兵1000とともにフランスに向かって出航した。

3月1日、ナポレオンはカンヌ（Cannes）に上陸した。彼がパリに着くまでのパリの新聞記事を羅列すると、

〝コルシカの兇漢、カンヌに上陸〟

〝軽率な簒奪者がグレノーブルで歓迎さる〟

〝ボナパルト将軍、リオンに進入（3月13日）〟

3月13日にウィーンの宮廷で同盟国が緊急会議を開いてナポレオンを「無法者」と決議し、ふたたびフランスを軍事占領することに議決した。しかし3月16日、フラン

ス国王ルイ十八世は逃亡した。タレーランもウィーンに亡命した。パリの新聞は、〝3月20日夕、皇帝はチュイルリー宮に御帰還〞と報じた。フランスにおけるナポレオンの人気が読み取れる。ナポレオンはただちにフランス防衛の準備を開始した。フランス国民は祖国のために血を流すこと惜しまなくなった。

約18万の野戦軍が編成された。その他に10万の兵士が砦の防衛や補給基地に配備された。30万以上の徴兵がフランス全土で軍事訓練に勤しんだ。１８１５年3月～6月に動員した兵力は58万に達した。

ナポレオン直属の野戦軍12万４０００がパリ周辺に集結した。その他の戦闘部隊は国境に展開した。

南部イタリアでは、ナポレオンを裏切って反旗を翻していたナポリ国王ミュラは困惑した。しかし、翻意した彼はナポレオンを支持すると宣言して中央イタリアに北進を開始した。

これに対してオーストリア軍がトレンチノ（Tolentino）において迎撃し、撃破した。ミュラはフランスに逃亡してナポレオンに面会を求めた。信義のない武将は許されるはずはなかった。

6月1日、同盟軍はフランス国境に兵力を集中した。ベルギーには、ウェリントンの指揮する英・オランダ連合軍9万5000とブリュッヘルが指揮するプロイセン・ルクセンブルグ連合軍12万4000が展開した。ルクセンブルグ軍2万6000の指揮官はクライスト（Friedrich Emil Kleist）であった。

シュワルツェンベルク軍21万はライン河正面を担当し、マンハイム（Mannheim）からバーゼル（Basel）の間に展開した。

北部イタリア正面では、フリモント（Johann M. P. von Frimont）が指揮するオーストリア軍7万5000が集結した。

そして中部ドイツには、バークレイ（Barclay）が率いるロシア軍16万7000がゆっくりと西進していた。同盟軍の戦略展開兵力は合計67万1000であった。

リニイの戦闘

ナポレオンは同盟軍が1815年7月中旬まで作戦行動を開始できないと見積もって、同盟軍に先立って攻勢を開始し、各個に撃破しようと考えた。彼が最初に撃破しようと選んだ同盟軍は〝最も近い相手〟であった。それはベルギーに所在する同盟軍である。この作戦計画は、きわめて大胆かつ戦理に適ったものであった。

しかし、ここでもナポレオンの欠点が現われた。それは部下の選択であった。ナポレオンは最も有能なダヴォー将軍をパリ防衛司令官にした。調整の上手くないスールを参謀長にしたのも失敗だった。

軽薄な剛将ネーと忍耐に欠けるグルーシー（Emmanuel de Grouchy）を野戦軍の両翼の指揮官に任命した。

6月11日、ナポレオン軍主力は密かにパリ周辺を離れ、14日、ベルギーの首都ブラッセルの南方約30キロ、サムブル（Sambre）河畔のシャルルロア（Charleroi）付近に集結した。その位置はウェリントンとブリュッヘルの中間で、どちらかを打撃できるように均衡のとれた場所であった。

6月15日、ブリュッヘルは敏感に反応した。夕刻までに3個軍団をシャルルロア北東16キロのソンブレッフ（Sombreffe）近傍に集結させた。ウェリントンは、もっと神経質になっていた。彼は背後連絡線が遮断されるのを恐れシャルルロア西方25キロに集結を始めた。

緊要地形はブリュッヘル軍とウェリントン軍が連携できるカートル・ブラ（Quatre-Bras）村の十字路であった。リニイ（Ligny）村はソンブレッフ村の南方3キロであ

第37図　リニイの戦闘　1815年6月16日

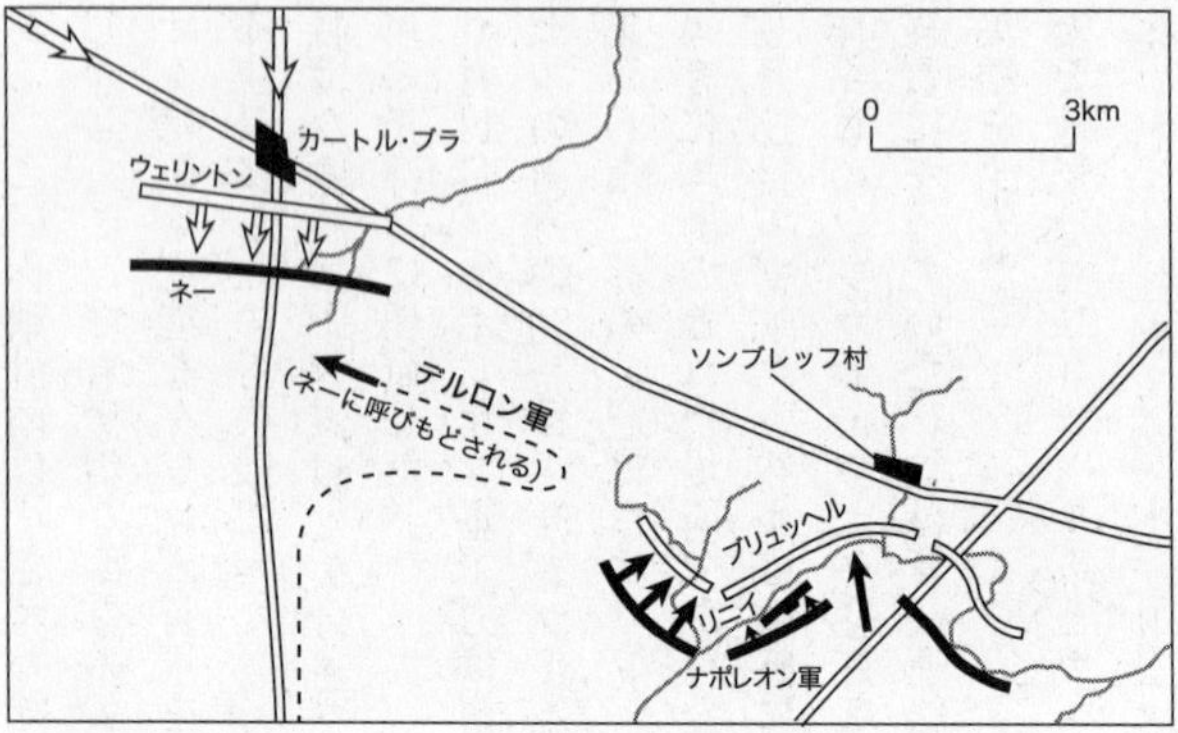

る。

6月16日、ナポレオンは、ネー軍2万5000に対しフランス軍左翼になるカートル・ブラの占領を命じた。そして中央軍と右翼軍の合計7万7000をもってリニイ村のブリュッヘル軍8万3000を攻撃した。午後までにナポレオン軍はプロイセン軍を動揺させた。そして当然、カートル・ブラを占領しているはずのネー軍に対してブリュッヘル軍の右（西）翼に対する側背攻撃を命じた。それは完璧に勝利になるはずだった。

ところが、カートル・ブラ村では、勇敢な英旅団の健闘によってネー軍は夕刻まで手間取っていた。その間にウェリントンは兵力3万6000の集結を完了した。

英近衛旅団がカートル・ブラに急進すると、

ウェリントンは逆襲に転じ、ネー軍を押し戻してしまった。カートル・ブラ村の十字路はついにフランス軍の手に入らない。

フランス軍予備となっていたデルロン（Jean Baptiste d'Erlon）軍団2万が増援に駆けつけようとしたが、命令が混乱してどちらの戦場にも間に合わなかった。結局、ウェリントンもネーも損害４５００で日没を迎えた。

この間、リニイでは、ナポレオンの適切な戦闘指揮によってブリュッヘルの中央が突破されそうになって、プロイセン軍は退却し始めた。ネー軍が適時に駆けつけていたらブリュッヘル軍は潰滅していたであろう。そしてナポレオンはカートル・ブラのウェリントンに襲い掛かり蹂躙していたであろう。それはまことに重要な歴史の「もし」の数時間であった。

敗北したブリュッヘルはリニイ北方20キロのワーヴル（Wavre）に退却した。この二つの戦闘における同盟軍の損害は1万９５００、フランス軍の損害は合計1万４５００であった。

１８１５年6月17～18日、フランス軍はブリュッヘル軍を追撃した。早朝、ナポレオンは右翼のグルーシー軍3万３０００に対し追撃を先導するように命じた。しかし、グルーシーの動きは遅い。

ワーテルローの戦闘

ナポレオン主力はカートル・ブラの戦場を離脱し、ブラッセル（Brussels）に向かって退却中のウェリントンを攻撃するために前進した。ウェリントンはフランス軍の追尾を知って、ワーテルローにおいて防御陣地を構成した。真っ先にウェリントンを追撃する立場にあったネーの行動も鈍かった。そしてナポレオン主力がウェリントン軍に接触を始めるまで動かなかった。滝のような豪雨がフランス軍の機動を妨げた。その上、ナポレオンの前衛は英軍陣地によって威力偵察を妨げられた。

ナポレオンは周到な統制・調整に基づく攻撃開始を翌日に延期した。翌朝、ナポレオンは戦場の土質を調べたが泥土状態であったので、地表面土質が乾くまで攻撃開始をさらに数時間、遅らせることにした。

この攻撃延期はナポレオンにとって致命的となった。ネーよりもさらに優柔不断なグルーシーがブリュッヘル軍との接触を失っていた。フランス将兵に名も知られていないプロイセンの老将軍ブリュッヘルはリニイの敗北から迅速に指揮統制を回復し、15キロ先のウェリントン陣営に合流するために西方に機動した。

第38図　ワーテルローの戦闘 1815年6月18日正午すぎ

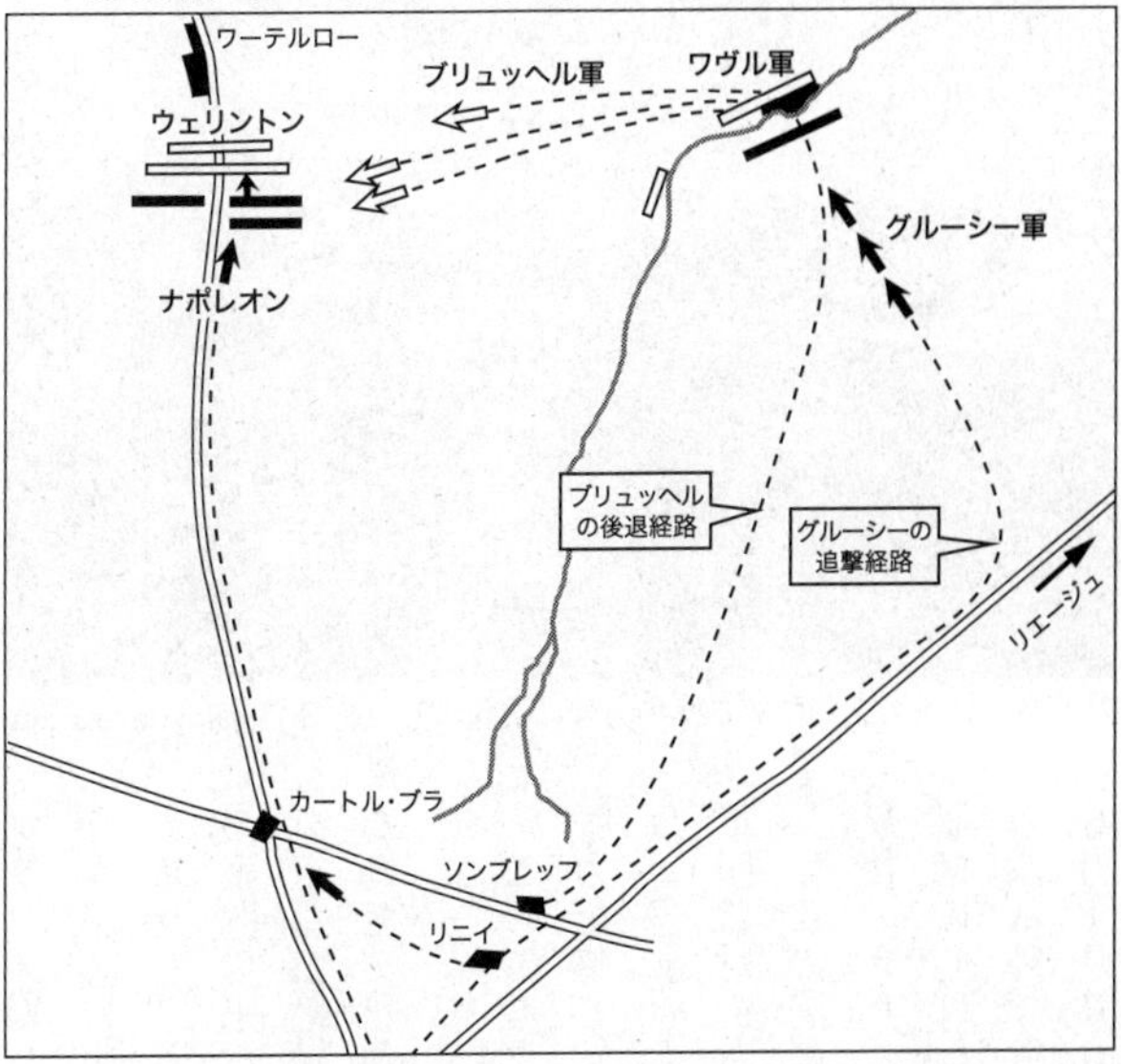

6月18日、ナポレオン軍7万2000は右翼を主攻にして正午からウェリントン軍6万8000に対し攻撃を開始した。頑強な抵抗にかかわらず午後4時までに英軍は全正面において圧迫されて後退した。

ネーが直接指揮するフランス騎兵は英軍中央に突撃した。ここでも歴史の「もし」があった。もし、フランス軍近衛部隊がネーの突撃に協同していらウェリントン陣地は真っ二つに突破されていただろう。

戦局勘の鋭いナポレオンは

ワーテルローの戦いで英歩兵の方陣に突撃する仏騎兵（Philippoteaux 画）

フランス軍右翼にプロイセン軍が出現するような予感によって、近衛部隊の突撃を思い止まらせた。英軍歩兵は1346年のクレシーの戦闘以来、騎兵単独の突進に対しては方陣を組んで絶対に突破されないように訓練されていた。だからネーの騎兵集団は突破に失敗した。

このころフランス軍右翼はプロイセン軍の圧力を感じ始めていた。ナポレオンはローバウ（Georges Lobau）軍団1万をプロイセン軍団に対応させるために右翼に展開した。そしてこの間にウェリントンを撃破するために最後の1兵、1門までも投入した。ネーの突撃はのちに〝赤い（血の）紙一重〟と言われる歩兵陣で食い止められた。ブリュッヘル軍6万1000が全力でフランス軍の右翼に殺到し、ローバウ軍団は蹴散らされた。フランス近衛軍団が後退したので、ウェリントンは逆襲を発動した。

フランス軍主力が動揺し、崩壊しはじめた。その右翼は一晩中、プロイセン軍の圧迫を受けた。

両軍の損害は膨大であった。ウェリントンは1万5000を失い、ブリュッヘルは7000を失った。フランス軍は2万3000を失い、7000が捕虜になった。

この日、グルーシーはブリュッヘルの後衛部隊2万に追い付いて攻撃した。彼は作戦全般の態勢を推察する想像力に欠けていた。時間的にも距離的にも、戦術態勢的にも彼には行動の自由があったにもかからず遮二無二攻撃するだけであった。夕刻までに部分的に攻撃は成功したが、わずか13キロしか離れていないワーテルローでフランス軍本隊が悲劇の最高潮を演じていることは知らなかった。

セント・ヘレナへの流刑

1815年6月21日、ナポレオンは軍の指揮をグルーシーに委ね、捲土重来を期してパリに帰還した。しかし、それまでナポレオンの復位を熱狂的に支援していた政治家たちは保身のために態度を一変し、王制復帰を唱えだした。議会はナポレオンに退位を迫った。同盟軍はパリを目指して殺到していたのだ。

ナポレオンはアメリカ大陸への亡命の道を探すために数名の従者とともにビスケー湾に臨むロッシュフォール（Rochefort）港に辿り着いた。しかし、英艦隊がフランス海軍の行動を監視していた。ついにナポレオンは英国に投降するに決し、英軍艦「ベレロフォン（H. M. S. Bellerophon）」に乗艦した。「ベレロフォン」は英国海峡の港町トルベイ（Torbay）に到着した。しかし、英国政府はナポレオンの上陸を許さず、プリマス（Plymouth）に回航を命じ、そこで大西洋の孤島「死の島」と呼ばれるセント・ヘレナ（St. Helena）島への流刑を命じた。英領セント・ヘレナはわずか１２０平方キロの高温高湿の小島で、当時白人５００、黒人１２００、中国人若干が居住していたが、島民の平均寿命は50歳に届かないといわれていた。このときナポレオン46歳であった。

11月20日、第2次パリ条約が締結され、フランスの国土は１７９０年当時の領域にまで狭められ、膨大な賠償金が課せられた。

逃亡していたブルボン王家のルイ十八世が国王につき、英国、オーストリア、プロイセン、ロシアが四国同盟を結成して欧州を支配することになった。

冷酷な英国官憲の監視のもとでナポレオンは体調を崩し、やがて病魔に冒されて1821年5月5日、51歳の生涯を閉じた。

ナポレオンは戦略・戦術書を書き残していない。しかし、訪れた英人記者に語った115の言葉は軍事的価値が高い。「ナポレオンの金言」と名付けられている。("The Military Maxims of Napoleon" 1831, Ed., David Chandler. Tr. George C. D'Auilar. London: Greenhill Books, 1987)

ナポレオンはアレキサンダー大王、ハンニバル・バルカ、ジンギス・カーンと肩を並べる稀代の英雄とされている。しかし、英雄たちの末路は悲劇的である。アレキサンダー大王は雄図むなしくその半ばにおいて熱病に罹って病死した。ハンニバルは、カルタゴの愚かな政治家に請われて祖国を去り、小アジアのビチュニアにおいて孤独のうちに自殺した。ジンギス・カーンも戦場に体調を崩して帰国途上に病死した。

大西洋の死の島セント・ヘレナで病死したナポレオンは石碑に名前を刻まれることなく、埋葬された。かつてのフランス皇帝は無縁仏になったのだ。

それから19年後、英国はナポレオンの亡骸を祖国に移送することを許した。フランスはセーヌ河畔にアンヴァリッド（廃兵院）を建設して1840年、ナポレオンの亡骸をその一番南側の黄金のドームの真下の大理石の棺に移した。

人生の生き様は、「栄華」を目指すか、「栄達」を望むか、「栄光」に死すか、のいずれかである。死せば栄華の富は何も残らない。死して権力を失えば栄達も路傍の石である。栄光は財産も地位も残さない。しかし、人類の歴史がつづくかぎり、その名が残り、人々の尊敬を持ちつづける。どの道を選ぶべきか、腹をくっていきたいものである。

あとがき

セントヘレナに流刑されるとき、ナポレオンは、
「予は、英国の海洋戦略思想に敗れた」
とつぶやいたと伝えられている。ナポレオンの真の敵は英国だったのだ。大陸国家の国益と海洋国家の国益は永遠に一致することはない。特に、安全保障に対する感覚が全く違うのだ。

海洋国家と大陸国家の国家戦略は必ず衝突する。そして大陸国家は海洋国家に対する警戒心と深層における対立心は永遠に消えることはない。

その衝突が戦争にならないようにするには、海洋国家が制海権を握り、強大化に向かって絶えず成長を続ける軍事力に対してパワー・バランスを維持しているときである。

21世紀における日本の国家戦略を樹立するために、このナポレオン戦史が役立つことを祈念するとともに、日本の若者たちの教育に一人の英雄の歴史が寄与すれば望外の喜びである。

松村　劭

参考文献

「The Campaigns of Napoleon」David Chandler. New York, 1966
「The Wars of the French Revolution and of the Napoleonic Wars」
　Trevor N. Dupuy, Cambridge, Mass., 1956
「奈翁戦史略」梅崎延太郎、偕行社、昭和17年
「Napoleon and The Campaign of 1815 Waterloo」
　Henry Houssaye, Worley Publication, 1991
「Harper Encyclopedia of Military Biography」
　Trevor N. Dupuy, Harper Collins Publication, 1992

ナポレオン戦争時代のヨーロッパ

□ フランス及び同盟国・支配国
■ 独立国
● 主要な都市
▲ 主要な戦場

デンマークおよびノルウェー王国
スウェーデン王国
北海
アウエルシュタット
バルト海
イギリス王国
アムステルダム
プロイセン
オランダ帝国
ベルリン
ロンドン
ライプチヒ
大西洋
ワーテルロー
ボヘミア
ライン同盟
イエナ
イギリス海峡
アミアン
パリ
ヴァグラム
ウィーン
フランス帝国
サン=ベルナール峠
カンポ・フォルミオ
ヴェネツィア
マレンゴ
イタリア王国
バイヨンヌ
ニース
リスボン
トゥーロン
ポルトガル王国
アジャクシオ
エルバ島
マドリード
コルシカ島
ローマ
スペイン王国
ナポリ
サルディニア王国
（サルディニア島）
バレンシア
ナポリ王国
カルタヘナ
シチリア王国
カディス
（シチリア島）
トラファルカル
マルタ島

ナポレオン関連年譜

1758年
ネルソン誕生（英国、9月29日）
1769年　0歳
ナポレオン誕生（コルシカ島、8月15日）
1774年　5歳
ルイ16世フランス王に即位（5月）
1775年　6歳
アメリカ独立戦争始まる（1783年終結）
1776年　7歳
ラファイエット米国独立戦争応援。米独立宣言（7月）
1778年　9歳
ナポレオンが父、兄、叔父と共に渡仏
1779年　10歳
ナポレオンがブリエンヌ王立幼年学校（シャンパーニュ）に入る（5月）
1784年　15歳
ナポレオンが幼年学校卒、王立陸軍士官学校（パリ）入学（10月）
1785年　16歳
ナポレオンの父カルロ・ブオナパルテ死去（39歳）（2月）
ナポレオンが士官学校卒、砲兵少尉に任官（9月）
ヴァランス市駐屯のラ・フェール砲兵連隊付となる（11月）
1789年　20歳
フランス革命勃発（全国三部会・バスティーユ監獄占拠・封建制廃止・人権宣言他）
1791年　22歳
ルイ16世逃亡未遂で捕わる（6月）
フランス憲法成立し立憲王政に（9月）

1792年　23歳
フランス国民議会が対外宣戦しフランス革命戦争始まる。フランス国民公会が開かれ王政廃止（第一共和制）
ナポレオンが大尉になる
1793年　24歳
ルイ16世処刑（1月）、王妃マリー・アントワネット処刑
ジロンド派追放、ジャコバン派の独裁下で恐怖政治
ナポレオンが英占領下のトゥーロンを攻撃奪還
1794年　25歳
ナポレオンがイタリア方面軍砲兵司令官になり、南フランスでイタリア遠征軍に勤務（2～6月）
エーベル派、ダントン派処刑、テルミドールのクーデターでロベスピエール派処刑、革命は退潮に入る
1795年　26歳
ナポレオンが西部砲兵司令官に任ぜられたが応ぜず、免官（7月）
ナポレオンがデジレ・クラリーと婚約
ナポレオンが王党派やジャコバン残党などのパリ暴徒鎮圧（10月）
国民公会を解散、フランス総裁政府成立（10月）
ロシア・プロイセン・オーストリアで第3回ポーランド分割（ポーランド滅亡）
1796年　27歳
ナポレオンがイタリア方面軍総司令官になる（3月）
ナポレオンがジョセフィーヌと結婚（3月）
モンテノットの戦い（4月）
ロジの戦い（5月）
マンチュア要塞の救出作戦
アルコレ遭遇戦（11月）

1797年　28歳
リボリの戦い（1月）
サン・ヴィセンテ沖の海戦
レオベンの和約（4月）
カンパーダウン沖の海戦
フランス共和派がクーデターで王党派の野望を阻止（9月）
フランスとオーストリアがカンポ・フォルミオ条約締結（10月）

1798年　29歳
フランス政府、エジプト遠征軍を編成しナポレオンを指揮官に任命（4月）
ナポレオンがエジプト遠征に出発（5月）
ナイルの海戦（アブキールの海戦）（8月）
ロシア、英国、オーストリア、ポルトガル他で第2次対仏欧州同盟結成される

1799年　30歳
シリアでトルコ軍を破る（2月）
アブキールの陸戦
ナポレオン、フランスへ帰還、パリ到着（10月）
ブリュメール18日のクーデターによりナポレオンが政権を握り、第1執政官に就任（11月）

1800年　31歳
ナポレオンのアルプス越え
マレンゴの戦い（6月）

1801年　32歳
ルネヴィユ条約（対オーストリア戦終結）（2月）
コペンハーゲンの海戦

1802年　33歳
アミアンの講和（対英戦終結）（3月）

1803年　34歳
英国が西欧大陸の海上封鎖、対フランス戦争計画（5月）

1804年　35歳
国民投票の信任を受けて、ナポレオン皇帝になる（5月）
1805年　36歳
英、オーストリア、ロシア、スェーデンによる第3次欧州同盟結成
ウルムの会戦
トラファルガル沖の海戦（10月21日、ネルソン戦死）
アウステルリッツの三帝会戦
プレスブルクの協定（ドイツ・イタリアにおけるオーストリア領をフランス領土に）（12月）
1806年　37歳
ライン同盟結成（中央ドイツまでフランス覇権を伸張）（7月）
イエナの会戦
アウエルスタットの戦い
ベルリン占領
ポーランド侵攻
ナポレオンがワレフスカ伯爵夫人と出会う
ナポレオンがベルリン勅令公布（大陸封鎖令）（11月）
1807年　38歳
アイラウの会戦（2月）
フリートラントの会戦（6月）
ティルジット条約（ロシアとプロイセンの敗北、ナポレオンの覇権が西欧から東欧へ伸張）（6月）
第2次コペンハーゲンの海戦
ナポレオンがポルトガルに侵攻
ミラノ勅令公布し大陸封鎖強化
1808年　39歳
マドリードで蜂起、イベリア半島の戦争始まる（5月）
ナポレオンが実兄ジョゼフをスペイン王に任命（5月）サラゴサの第1次包囲戦

１８０９年　40歳
ナポレオンがスペインからパリに帰還し、対オーストリア作戦に備える
フランス・オーストリア開戦
ウィーン入城（5月）
アスペルンの会戦
ワグラムの会戦（7月）
シェーンブルンの講和（10月）
ウェリントンの英遠征軍がスペインへ侵入
ナポレオンが皇后ジョセフィーヌを離婚（12月）

１８１０年　41歳
ナポレオンがオーストリア皇女マリー・ルイーズを皇后に迎える（4月）

１８１１年　42歳
マリー・ルイーズ皇太子を生む（3月）

１８１２年　43歳
フランスがロシアに宣戦布告、20ヵ国からなるナポレオンの軍勢はニーメン川を越えてロシア領に進軍（6月）
英国ウェリントンのスペイン遠征軍がサラマンカでフランス軍に大勝し、ナポレオンの兄・スペイン王ジョゼフは首都マドリッドから逃亡（7月）
スモレンスクの戦い（8月）
ボロディノの戦い（9月）
モスクワ入城（9月）
モスクワ撤退（10月）
ベレジナ河の渡河退却（11月）
ナポレオンのパリ帰還（12月）

１８１３年　44歳
ロシア、プロイセン、スウェーデン、英国が対フランス大同盟を結成（3月）
リュッツェンの戦い（5月）
バウツェンの戦い（5月）
ドレスデンの会戦（8月）

ライプチヒの会戦（10月）
ナポレオンがパリに帰還（11月）
同盟軍がフランスに侵攻（12月）

1814年　45歳

同盟軍がパリ入城（3月）
ナポレオン退位（4月）
ナポレオンがエルバ島に流刑になる（5月）
ウィーン会議始まる（9月）（フランス革命とナポレオン戦争後の、ヨーロッパ秩序再建と領土分割を議題に、ヨーロッパ諸国代表がウィーンで1814年から1815年にかけて開催。議長はオーストリア首相兼外相のメッテルニヒ。各国の思惑が錯綜し「会議は踊る、されど進まず」といわれた。会議期間中のナポレオンのエルバ島脱出に危機感を感じて妥協がなり、ウィーン体制が成立した）

1815年　46歳

ナポレオンがエルバ島を脱出（2月）
ナポレオンがパリに入り、チュイルリー宮に戻る（3月）
シャルルロアの戦い（6月）
リニイの戦い（6月）
ワーテルローの戦いに敗れる（6月）
ナポレオン2度目の退位（6月）
ナポレオンが、ロッシュフォールで英国艦に投降（7月）
ナポレオンが流刑地セント・ヘレナ島に到着（10月）

1821年　51歳

ナポレオン死去（5月5日）（同島に葬られる。1840年、パリのセーヌ河畔に改葬される）

単行本　２００６年１月『ナポレオン戦争全史』改題　原書房刊

NF文庫

ナポレオンの戦争

二〇二四年四月二十三日　第一刷発行

著　者　松村　劭

発行者　赤堀正卓

発行所　株式会社　潮書房光人新社

〒100-8077　東京都千代田区大手町一-七-二

電話／〇三-六二八一-九八九一(代)

印刷・製本　中央精版印刷株式会社

定価はカバーに表示してあります
乱丁・落丁のものはお取りかえ
致します。本文は中性紙を使用

ISBN978-4-7698-3353-6　C0195

http://www.kojinsha.co.jp

刊行のことば

第二次世界大戦の戦火が熄《や》んで五〇年——その間、小社は夥しい数の戦争の記録を渉猟し、発掘し、常に公正なる立場を貫いて書誌とし、大方の絶讃を博して今日に及ぶが、その源は、散華された世代への熱き思い入れであり、同時に、その記録を誌して平和の礎とし、後世に伝えんとするにある。

小社の出版物は、戦記、伝記、文学、エッセイ、写真集、その他、すでに一、〇〇〇点を越え、加えて戦後五〇年になんなんとするを契機として、「光人社NF（ノンフィクション）文庫」を創刊して、読者諸賢の熱烈要望におこたえする次第である。人生のバイブルとして、心弱きときの活性の糧《かて》として、散華の世代からの感動の肉声に、あなたもぜひ、耳を傾けて下さい。

NF文庫